गार्डन पार्टी और अन्य कहानियाँ

गार्डन पार्टी

और अन्य कहानियाँ

कैथरीन मैन्सफील्ड

अनुवाद

शाहिद अख़्तर

ISBN : 978-81-267-1381-3

मूल्य : ₹200

पहला संस्करण : 2007
पहली आवृत्ति : 2024

प्रकाशक : राजकमल प्रकाशन प्रा.लि.
1-बी, नेताजी सुभाष मार्ग, दरियागंज
नई दिल्ली-110 002

शाखाएँ : अशोक राजपथ, साइंस कॉलेज के सामने, पटना-800 006
पहली मंजिल, दरबारी बिल्डिंग, महात्मा गांधी मार्ग, प्रयागराज-211 001
1, अनमोल सोराबजी संतुक लेन, धोबी तलाव, मरीन लाइंस, मुम्बई-400 002

वेबसाइट : www.rajkamalprakashan.com
ई-मेल : info@rajkamalprakashan.com

आवरण-चित्र · *ओल्ड वुमन, सूज़न विल्सन*
चयन *रामबाबू*
संयोजन *हरीश आनंद*

मुद्रक : बी.के. ऑफसेट
नवीन शाहदरा, दिल्ली-110 032

GARDEN PARTY AND OTHER STORIES
Stories by Katherine Mansfield
Translated by Shahid Akhtar

प्रकाशकीय

नई शताब्दी के प्रवेश-वर्ष में हिन्दी पाठकों के लिए विशेष उपहार के तौर पर हम आधुनिक विश्व-क्लासिकी की तीन शृंखलाएँ प्रस्तुत कर रहे हैं–**धरोहर, परम्परा** और **विरासत**।

'धरोहर' के अन्तर्गत हम पुनर्जागरण (रेनेसाँ) और प्रबोधनकाल (एज ऑफ एनलाइटेनमेण्ट) के लगभग साढ़े तीन सौ वर्षों के दौरान की उन महानतम साहित्यिक क्लासिकी कृतियों का अनुवाद हिन्दी पाठकों के समक्ष प्रस्तुत करेंगे जो किसी एक देश या राष्ट्र की नहीं बल्कि पूरी मानव-सभ्यता की धरोहर हैं। आधुनिक विश्व साहित्य के ये प्रारम्भिक कीर्ति-शिखर, वैज्ञानिक तर्कणा और मानव-मुक्ति के भविष्य-स्वप्नों के जन्म और विकास के साक्षी दस्तावेज हैं।

'परम्परा' के अन्तर्गत उन्नीसवीं शताब्दी की स्वच्छन्दतावादी और महान यथार्थवादी कृतियों का प्रतिनिधि चयन प्रस्तुत किया जाएगा जिसमें मुख्यतः, "बूढ़े यूरोप" और दीर्घ निद्रा से जागते रूस से लेकर अमेरिका की "नई दुनिया" तक के सभी महत्त्वपूर्ण लेखकों की कृतियाँ शामिल होंगी। इस युगान्तरकारी शताब्दी के साहित्य में उस समय का सजीव चित्र मिलेगा जब मुक्ति-स्वप्नों को पैर टिकाने के लिए यथार्थ की ठोस खुरदरी जमीन मिल रही थी और उड़ान भरने के लिए स्वच्छन्द कल्पना का अनन्त आकाश।

'विरासत' बीसवीं शताब्दी की श्रेष्ठतम क्लासिकी रचनाओं की शृंखला है। राष्ट्रीय मुक्ति-संघर्षों और सर्वहारा क्रान्तियों के पहले चक्र के जय-पराजय की महागाथा अपने भीतर समेटे हुए, इस शताब्दी ने मानव-सभ्यता की कलात्मक सम्पदा को अतुलनीय रूप से समृद्ध किया है। नए यथार्थ की जटिलता, मानव-चेतना के उन्नत धरातल और उन्नत सामाजिक प्रयोगों ने इस शताब्दी के साहित्य को नई व्यापकता, नई ऊँचाई और अपूर्व वैविध्य प्रदान किया। औपनिवेशिक दासता से लड़ते हुए और मुक्त होते हुए लातिनी अमेरिका, एशिया और अफ्रीका के देशों में बीसवीं शताब्दी में जो साहित्य रचा गया,

उसने विश्व साहित्य को नई ऊष्मा-ऊर्जा देकर नई ऊँचाइयों तक पहुँचाया।

हिन्दी में विश्व-क्लासिकी कृतियों के अनुवाद पहले भी प्रकाशित होते रहे हैं, पर इस दिशा में अब भी बहुत कम काम हुआ है और जो हुआ है, वह भी काफी अव्यवस्थित ढंग से। **'राजकमल'** से विश्व की प्रसिद्ध कृतियों के अनुवाद पहले भी लगातार छपते रहे हैं। अब हमने इस काम को व्यवस्थित ढंग से, संकल्पपूर्वक, नए सिरे से हाथ में लिया है। हमारी यह महत्त्वाकांक्षी परियोजना इसके सम्पादकों के एक वर्ष से भी अधिक समय के श्रमसाध्य शोध-अध्ययन का सुफल है और हिन्दी के योग्य-अध्यवसायी अनुवादकों की सहायता से हम इसे कार्यान्वित कर रहे हैं।

हिन्दी में स्तरीय-गम्भीर साहित्य की प्रस्तुति और विचार की संस्कृति के विकास के लक्ष्य से **'राजकमल'** की प्रतिबद्धता का लगभग आधी सदी पुराना इतिहास रहा है। इन शृंखलाओं का प्रकाशन इसी क्रम में हमारा एक और प्रयास है। हमें हिन्दी पाठकों से विशेष समर्थन-प्रोत्साहन पाने की आशा है। हमारा अनुरोध है कि इस परियोजना के बारे में अपनी राय और सुझाव हमें अवश्य भेजें।

इस श्रृंखला के बारे में

बीसवीं शताब्दी सामाजिक-राजनीतिक और वैचारिक-कलात्मक—दोनों ही दृष्टियों से घटना-बहुल और आवेगमय शताब्दी रही है।

इस पूरी शताब्दी के दौरान विनाशक और सर्जक प्रवृत्तियाँ, गतिरोध और प्रयोग की धाराएँ, संशय और विश्वास की अवस्थितियाँ तथा निश्चितता और अनिश्चितता की चिन्तन सरणियाँ परस्पर सतत् द्वन्द्वरत रही हैं। इन सघन टकरावों के जीवन पर संघात ने कला-साहित्य के क्षेत्र में महान क्लासिकी रचनाओं को जन्म दिया है जिनके सही मूल्य के आकलन के लिए अभी कुछ दशाब्दियों या शायद एक शताब्दी तक और प्रतीक्षा करनी चाहिए। निकट भविष्य का पूर्वानुमान जितना सुगम होता है, निकट अतीत का मूल्यांकन उतना ही कठिन। चीजों को जानने के लिए उनसे कुछ दूरी लेना जरूरी होता है।

और एक बात यह भी है, जो गौरतलब है, कि इतिहास की शताब्दियाँ सामान्य गणितीय ढंग से कैलेंडर के वर्ष गिनकर नहीं चलतीं। जैसे प्रबोधन काल से जो शताब्दी शुरू हुई थी, उसका समापन-बिन्दु पहला विश्वयुद्ध था। और पहले विश्वयुद्ध से जो सदी शुरू हुई, वह ऐतिहासिक-अभिलाक्षणिक अर्थों में 1980 के दशक के अन्त में, एक नए नवउदारवादी, भूमंडलीकृत भौतिक-वैचारिक विश्व की सुनिश्चित शक्ल उभरने के साथ, समापन-चरण तक पहुँच चुकी थी। नई शताब्दी की 'शुरुआत' हो चुकी थी, गतिरोध और विपर्यय के एक नए दौर के साथ। साहित्य-कला और विचारों की दुनिया में इस 'उदास-मनहूस दौर' की आहटें पहले से ही मिलने लगीं थीं।

बीसवीं शताब्दी की महान क्लासिकी कृतियों के अनुवादों की श्रृंखला—'**विरासत**' प्रस्तुत करते हुए, हम फिर भी, सुविधा की दृष्टि से कैलेंडर के वर्षों के हिसाब से ही शताब्दी निर्धारित कर रहे हैं। निकट अतीत के साहित्य के मूल्य-निर्धारण में मनोगतता के खतरों से बचने के लिए, अनुवाद की इस परियोजना में पहले हम बीसवीं शताब्दी के पूर्वार्द्ध की कृतियों को चुन रहे हैं।

विगत शताब्दी के बारे में एक कामकाजी या आरजी (प्रॉविजनल) मूल्यांकन रखते

हुए, इतना तो अवश्य ही कहा जा सकता है कि यदि एक शताब्दी या उससे भी अधिक समय बाद, जब कभी बीसवीं शताब्दी के रचनात्मक लेखन की बात होगी तो **मक्सिम गोर्की, रोम्याँ रोलाँ, गाल्सवर्दी, अनातोल फ्रांस, जॉर्ज बर्नार्ड शॉ, अप्टन सिंक्लेयर, जैक लण्डन, सिंक्लेयर लेविस, मयाकोव्स्की, फ़देयेव, फ़ेदिन, शोलोख़ोव, लू शुन, रवीन्द्रनाथ ठाकुर, प्रेमचन्द, शरत, ब्रेष्ट, लोर्का, सार्त्र, हावर्ड फ़ास्ट, हरमन हेस, सॉमरसेट मॉम, ग्राहम ग्रीन, हेमिंग्वे, फ़ॉकनर, नाज़िम हिकमत, पाब्लो नेरूदा, ग्युण्टर ग्रास, मारखेज़, वोले शोयिंका, शिम्बोर्स्का** आदि-आदि के लेखन को महान कालजयी रचनाओं में शामिल किया जाएगा। यहाँ यह स्पष्ट कर देना जरूरी है कि महान सर्जकों के नामों का यह कोई प्रातिनिधिक चयन नहीं है, न ही इसका कोई प्राथमिकता-क्रम है। इसी श्रेणी में, नामों की कम से कम इससे दोगुनी संख्या तो अवश्य बनती है। इस आधार पर यह विश्वासपूर्वक कहा जा सकता है कि बीसवीं शताब्दी सर्जनात्मक प्रयोगों के नए-नए आयामों, ऊँचाइयों और वैविध्य की दृष्टि से बेहद उर्वर शताब्दी रही है।

बीसवीं शताब्दी की क्लासिकी कृतियों का यह प्रतिनिधि चयन एक तरह से विगत शताब्दी के साहित्यिक परिदृश्य का एक सिंहावलोकन भी होगा। सिंहावलोकन 'इतिहासकार का गुप्त अस्त्र' कहलाता है। ऐसे समय में इस 'गुप्त अस्त्र' के इस्तेमाल की खास जरूरत है जब इस आशय के दावे खूब बड़े पैमाने पर किए जा रहे हैं कि महान आदर्शों से प्रेरित गत शताब्दी के सारे उद्यम निष्फल हो गए और सभ्यता एक दीप्तिमान, प्रतापी लेकिन अन्धी-बहरी बर्बरता की ओर मुड़ गई है। इस आशय की बात करनेवाले उत्तर-आधुनिकतावादी और उनके सगे-सहोदर सिर्फ बीसवीं शताब्दी के महान वैज्ञानिक-सामाजिक प्रयोगों के आदर्शों और भविष्य-स्वप्नों पर ही नहीं, बल्कि पुनर्जागरण काल की बुनियादी देन—मानवतावाद और प्रबोधनकाल की मूल आस्था--तर्कबुद्धिसंगति पर ही प्रश्न खड़े कर रहे हैं। वे सर्वहारा क्रान्तियों की विफलता का साक्ष्य प्रस्तुत करते हुए विश्व इतिहास के विकास-क्रम की व्याख्या को ही खारिज कर रहे हैं, यह कहते हुए कि अब इन 'भव्य आख्यानों' का समय बीत चुका है। इस ऐतिहासिक दावे का सत्यापन या खण्डन व्यवहार में नई शताब्दी तो करेगी ही, तार्किक-वैचारिक धरातल पर गुजरी हुई शताब्दी के इतिहास के पर्यवलोकन एवं समीक्षा के आधार पर भी देखा जा सकता है कि संशयवाद, अनिश्चयवाद और पराजयवाद का यह ऐन्द्रजालिक शब्दाडम्बर मानवद्रोही तंत्र से नाभिनालबद्ध बौद्धिक क्रीतदासों की अपनी रिक्तता और दिशाहीनता है।

बीसवीं शताब्दी के बारे में जो ज्ञानमीमांसीय संशयवादी मुक्त चिन्तन हो रहा है उसकी अनर्गलता अकेले इस तथ्य से भी सिद्ध हो जाती है कि मानवीय सारतत्त्व की इतनी महान विरासत हमें सौंप जानेवाली शताब्दी के महाकाव्यात्मक मानवतावादी सामाजिक प्रयोग निष्फल-निस्सार नहीं हो सकते। क्रान्तियों की पराजय से कभी विचारधारा

की मृत्यु नहीं होती और न ही उनके गर्भ से उपजी कलात्मक-सांस्कृतिक सम्पदा का नाश होता है। कुछ समय के लिए गतिरोध और विभ्रम बना रहता है, लेकिन फिर, जैसा कि **गोएठे** ने कहा है, *"विचार लौटकर आते हैं, आस्थाएँ नए सिरे से जन्म लेती हैं, परिस्थितियाँ सदा के लिए लुप्त हो जाती हैं।"*

भविष्य-स्वप्नों की कभी मृत्यु नहीं होती। उनकी धातु को गलाकर मुक्ति और सृजन की नई परियोजनाएँ, नए सिरे से गढ़ी जाती हैं। बीसवीं शताब्दी से जो कलात्मक-साहित्यिक विरासत हमें मिली है, उसमें नए भविष्य-स्वप्नों की धातु है। हमें अतीत की समस्त सर्जनात्मक समृद्धि और ऊर्जस्विता को विस्मृति के अँधेरे कोटरों से बाहर लाना होगा। जड़ होने से बचने के लिए हमें जड़ों तक जाना होगा। कवि **रसूल हमज़ातोव** को **अबू तालिब** ने जो नसीहत दी थी, वह हम सभी को याद रखनी चाहिए–*"यदि तुम अतीत पर पिस्तौल से गोली चलाओगे, तो भविष्य तुम पर तोप से गोले बरसाएगा।"*

बसन्त के आगमन के बारे में **हजारी प्रसाद द्विवेदी** ने जो कहा था, उन्हीं शब्दों को उधार लेकर कहा जा सकता है कि शताब्दी आती नहीं, उसे लाया जाता है। भविष्य स्वयं नहीं आता, उसका आवाहन किया जाता है। बीसवीं शताब्दी जा चुकी है। पर इक्कीसवीं शताब्दी वास्तव में अभी आनी है। इसे बुलाने की वाणी और लाने की शक्ति हमें इतिहास से लेनी है, अपनी सांस्कृतिक विरासत से लेनी है।

जीवन में जो कुछ भी असुन्दर है, अनैसर्गिक है, अमानवीय है, उसके विरुद्ध संघर्ष की निरन्तरता अक्षुण्ण है। इस संघर्ष में विश्व-साहित्य की विरासत भी हमारा एक अस्त्र है। यह जीवन में सौन्दर्य के सृजन का संघर्ष है, जो अविराम जारी है। **दोस्तोयेव्स्की** का कहना था *"सुन्दरता ही दुनिया को बचाएगी।"* बीसवीं शताब्दी की साहित्यिक विरासत भी हमें यही विश्वास दिलाती है। और आनेवाला समय हमारे इस विश्वास को और अधिक पुख़्ता बनाएगा, इसका भी हमें विश्वास है।

–सम्पादक

कैथरीन मैन्सफील्ड
उसका जीवन और उसकी कहानियाँ

कैथरीन मैन्सफील्ड (मूल नाम कैथलीन मैन्सफील्ड बोशैम्प) का जन्म 14 अक्टूबर 1888 को न्यूजीलैंड के वेलिंगटन में हुआ था। उसके पिता हैरोल्ड बोशैम्प एक कामयाब बैंकर थे जो मैन्सफील्ड के किशोर होने तक बैंक आफ न्यूजीलैंड के एक निदेशक बन गए थे। उसकी माँ ऐनी डायर एक नाजुक और अपने आप में सिमटी रहनेवाली महिला थी। अपनी प्रसिद्ध कहानी 'प्रेल्यूड' में माँ का चरित्र उकेरने में मैन्सफील्ड ने उसके व्यक्तित्व को आधार बनाया है। इस कहानी की माँ एक ऐसी स्त्री है जिसे हमेशा यह विचार संत्रस्त किए रहता है कि पारिवारिक जीवन उसके व्यक्तित्व को खा जाएगा।

बचपन के छह वर्ष मैन्सफील्ड ने करोरी नाम के गाँव में बिताये। बाद में अपनी डायरी में उसने लिखा है, "*मुझे लगता है कि मैं हर वक्त लिखती रहती थी। बेशक यह बेसिरपैर का होता था, लेकिन कुछ न लिखने से अच्छा है कि बेसिरपैर की चीजें लिखो, कुछ तो लिखो।*" नौ वर्ष की उम्र में पहली बार उसका लिखा हुआ कुछ प्रकाशित हुआ। अपने माहौल और पृष्ठभूमि से बगावत का पहला कदम उसने पन्द्रह वर्ष की उम्र में उठाया और जिद करके लन्दन के क्वींस कालेज में दाखिला लिया जो स्त्रियों की उदारवादी शिक्षा के लिए जाना जाता था। तीन वर्ष बाद, अपनी इच्छा के विरुद्ध उसे न्यूजीलैंड वापस लौटना पड़ा, लेकिन तब तक उसके व्यक्तित्व में दबा विद्रोह का अंकुर पनपने लगा था और उसके दिमाग में तमाम तरह के विचार खदबदा रहे थे। सोलह साल की उम्र में अपनी एक स्कूली दोस्त को लिखे खत में मैन्सफील्ड ने इसके संकेत दे दिये थे : "*मैं किस कदर चाहती हूँ कि सभी स्त्रियों का एक निश्चित भविष्य हो—क्या तुम नहीं चाहती ? बैठे-बैठे एक अदद पति का इन्तजार करने के ख्याल से ही मुझे सख्त नफरत है, लेकिन बहुतेरी लड़कियाँ तो ऐसे ही सोचती हैं।...तुम्हारी इस ख्वाहिश के बारे में पढ़कर मैं मुस्कुरा उठी कि तुम अपनी तकदीर खुद बनाना चाहती हो—ओह,*

कितनी ही बाद मैंने खुद भी ऐसा ही महसूस किया है। मेरी ललक है कि मैं परिस्थितियों को अपने वश में कर सकूँ।"

न्यूजीलैंड लौटकर कैथरीन ने खुद को संगीत में डुबो दिया। वह पेशेवर चेलोवादक बनना चाहती थी लेकिन उसके पिता ने साफ इनकार कर दिया। वह वेलिंगटन टेक्निकल कालेज से टाइपिंग और बुककीपिंग सीखने लगी। आखिरकार 1908 में उसकी अन्तरंग मित्र इडा बेकर ने कैथरीन को वापस इंग्लैंड भेजने के लिए उसके पिता को राजी कर लिया। इस समय तक कैथरीन ने कहानियाँ और कविताएँ लिखना शुरू कर दिया था पर इन्हें प्रकाशित नहीं कराया था। उसकी शुरुआती रचनाएँ उतनी ही अनगढ़ और कच्ची हैं जितनी किसी भी लेखक की आरम्भिक कृतियाँ होती हैं, लेकिन इनमें भी कहीं-कहीं भावी लेखिका का फितरती स्वर सुनाई दे जाता है। उसके एक अधूरे छोड़ दिये गए उपन्यास का एक अंश है : *"इस जीवन को जियो, जूलियट। क्या शॉपेन अपनी आकांक्षाओं को, अपनी नैसर्गिक इच्छाओं को पूरा करने से डरा था ? नहीं, इसीलिए वह इतना महान है। तुम ठीक उसी चीज को अपने से दूर क्यों कर रही हो जिसकी तुम्हें जरूरत है—परम्पराओं की वजह से ? अपनी नैसर्गिकता को इस तरह बौना क्यों बनाती हो, क्यों अपना जीवन बरबाद करती हो ?...तुमने उस सबसे आँखें मूँद ली हैं, कान बन्द कर लिये हैं जिसके लिए कोई इनसान जी सकता है।"* जीने के लिए यह उद्‌बोधन, परम्पराओं और रूढ़ियों का विरोध, यह विचार कि भविष्य अपनी इच्छाओं से भी बनता है, यह मैन्सफील्ड के लेखन का केन्द्रीय तत्व है। यहाँ जो बातें सपाट ढंग से कह दी गई हैं, आगे अपनी कहानियों के ताने-बाने में इस सोच के धागों को करीने से बुनना उसने सीख लिया।

लन्दन में कैथरीन पूरी तरह लिखने में जुट गई। वह फिर कभी न्यूजीलैंड लौटकर नहीं गई, पर उसका देश बार-बार उसकी कहानियों में लौटकर आता रहा। उसकी कुछ सबसे अच्छी कहानियाँ न्यूजीलैंड की पृष्ठभूमि में लिखी गई हैं। विरोधाभासी व्यवहार कैथरीन का स्वभाव था। वह अकसर कहती थी कि उसे इंग्लैंड की हर चीज नापसन्द है। दूसरी ओर उसके कई समकालीनों का कहना था कि वह कुछ ज्यादा ही "अंग्रेज" थी।

इन्हीं दिनों उसने अपनी डायरी में लिखा था कि "हमें इस सिद्धान्त से पिण्ड छुड़ा लेना होगा कि प्रेम ही दुनिया में सब कुछ है। हमें इस हौवे से पीछा छुड़ाना ही होगा—तभी सुख और स्वतंत्रता का अवसर आएगा।" इसके कुछ ही समय बाद उसे गार्नेट ट्रावेल नाम के युवा वायलिनवादक से प्यार हो गया। जब यह रिश्ता अचानक टूटा तो झोंक में आकर कैथरीन ने एक संगीत शिक्षक जार्ज बाउडन से शादी कर ली, पर अगले ही दिन उसे छोड़कर चल दी। कुछ दिनों तक वह एक

आपेरा मंडली के साथ एक्स्ट्रा के तौर पर शहर-शहर घूमती रही। फिर वह गार्नेट के पास लौट गई और कुछ समय बाद उसे पता चला कि वह गर्भवती है। कैथरीन की माँ उसे जर्मनी में बवेरिया के एक सेनेटोरियम में ले गई जहाँ उसने एक मृत बच्चे को जन्म दिया।

सेनेटोरियम में रहने के दौरान कैथरीन ने तीखे व्यंग्य से भरी कहानियाँ लिखना शुरू किया जो लन्दन से निकलनेवाली 'न्यू एज' नाम की एक साप्ताहिक साहित्यिक पत्रिका में छपने लगीं। 1911 में ये कहानियाँ उसकी पहली किताब 'इन ए जर्मन पेंशन' में संकलित हुईं। जर्मन मध्यवर्ग के आडम्बर और पाखण्ड का मजाक उड़ानेवाली इन कहानियों को सराहा गया और एक हाजिरजवाब, स्पष्टवादी और तेज-तर्रार प्रतिभा के रूप में कैथरीन को लन्दन के साहित्यिक दायरे में प्रवेश मिल गया। पर उसे उनकी साहित्यिक पार्टियाँ रास नहीं आईं। उसने लिखा : *"सुन्दर कमरे और सुन्दर लोग, सुन्दर कॉफी और चाँदी की ट्रे में रखी सिगरेटें...मैं इस सबसे तंग आ गई।"* इससे पहले 1910 में जर्मनी से लन्दन लौटने पर कैथरीन को गनौरिया हो गया जिसका कभी ठीक से इलाज नहीं हुआ और इसकी वजह से वह जीवनभर अस्वस्थ रही।

1911 में कैथरीन की मुलाकात **जॉन मिडलटन मरी** से हुई। उस वक्त वह बाईस साल का था और 'रिद्म' नाम से एक साहित्यिक पत्रिका निकालता था। मरी और कैथरीन जल्दी ही करीब आ गए और कुछ ही दिनों बाद मरी लन्दन में कैथरीन के फ्लैट में आकर रहने लगा। कैथरीन की कई कहानियाँ 'रिद्म' में प्रकाशित हुईं। आर्थिक दिक्कतों के चलते 1913 में 'रिद्म' बन्द हो गई लेकिन जल्दी ही मैन्सफील्ड और मरी के सम्पादन में 'ब्लू रिव्यू' नाम से एक नई पत्रिका शुरू हुई। यह पत्रिका भी ज्यादा दिन नहीं चल पायी। इसकी बन्दी से मरी को आर्थिक संकट ने घेर लिया। उन दोनों को पेरिस से लन्दन लौट आना पड़ा। इस भौतिक असुरक्षा और दोनों के अस्थिर तथा उद्विग्न स्वभाव के चलते अलग होने और फिर मेल-मिलाप का एक ऐसा सिलसिला शुरू हुआ जो कैथरीन की उम्रभर चलता रहा। इसी दौरान **डी.एच. लारेंस** और उनकी पत्नी फ्रीडा से उनकी ऐसी गहरी दोस्ती की शुरुआत हुई जिसमें बीच-बीच में झगड़े और कड़वाहट के दौर आते रहे।

हालाँकि वे लेखन में जमने के इरादे से पेरिस गए थे, पर वहाँ रहने के दौरान मैन्सफील्ड ने सिर्फ एक कहानी लिखी, 'समथिंग चाइल्डिश बट वेरी नेचुरल'। इंग्लैंड में वे मुश्किलों में दिन गुजार रहे थे और उन्हें अकसर मकान बदलना पड़ता था। पहला विश्वयुद्ध छिड़ जाने के कुछ ही समय बाद वे ग्रेट मिसेनडेन में रहने लगे जहाँ लारेंस दम्पति उनके पास में ही रहते थे। यहीं मैन्सफील्ड की दोस्ती

उक्रेनी लेखक **एस.एस. कोतेलिआंस्की** से हुई जिसके साथ मिलकर उसने बाद में **चेखव** की चिट्ठियों का रूसी से अंग्रेजी में अनुवाद किया। इसी दौरान एक समय जब लगने लगा कि मरी के साथ उसका रिश्ता टूटने के कगार पर है तो वह 1915 के शुरू में पेरिस में बोहेमियन फ्रांसीसी लेखक और पत्रकार फ्रांसिस कार्को से उधार लिये घर में रहने चली गई। लेकिन इससे पहले वह फ्रांसीसी युद्धक्षेत्र में तैनात कार्को से मिलने भी गई। यह संक्षिप्त प्रेमप्रसंग उसकी कहानी 'ऐन इनडिस्क्रीट जर्नी' का आधार बना।

मरी के पास लौटने से पहले मैन्सफील्ड ने अपने परिवार पर आधारित उपन्यास 'दि ऐलो' लिखना शुरू किया। ब्रिटिश सेना में शामिल हो गए अपने प्रिय छोटे भाई लेस्ली से मिलने के बाद यादें और ताजा हो गईं। मरी और लारेंस द्वारा शुरू की गई पत्रिका 'सिग्नेचर' में उसने वेलिंगटन में अपने बचपन और किशोरावस्था की सुन्दर तस्वीर खींची थी। अक्टूबर 1915 में बेल्जियम में उसके भाई की मौत ने न सिर्फ उसे न्यूजीलैंड की सेटिंग और स्मृतियों की ओर धकेला बल्कि कहने के नए ढंग की तलाश के लिए भी प्रेरित किया। युद्ध ने यूरोपीय संवेदना को पूरी तरह झिंझोड़कर रख दिया था। मैन्सफील्ड युद्ध छिड़ने से ही व्यथित थी, लेकिन इस निजी क्षति के बाद उसे लगा जैसे सब कुछ बदल गया। उसने एक पत्र में लिखा : *"मुझे बहुत गहराई से यह लगता है कि अब कुछ भी पहले जैसा नहीं रहेगा—कि कलाकार के रूप में अगर हम कुछ और महसूस करते हैं तो हम गद्दार हैं। हमें इसे पहचानना होगा और अपने नए विचारों और नई अनुभूतियों के लिए नई अभिव्यक्तियाँ, नए साँचे ढूँढ़ने होंगे।"* दो वर्ष बाद, जब वर्जीनिया वुल्फ ने अपने प्रकाशन के लिए उससे एक कहानी माँगी तो मैन्सफील्ड ने 'दि ऐलो' की कथावस्तु को एक लम्बी कहानी 'प्रेल्यूड' में ढाल दिया। बारह खण्डों की इस कहानी में पाठक थोड़े-थोड़े पृष्ठों तक किसी व्यक्ति—कभी बच्चे, कभी वयस्क, कभी परिवार के लोग, कभी नौकर-चाकर—के मानस में दाखिल होता है। वह तैरता हुआ-सा बच्चों से वयस्कों तक और फिर वापस आता-जाता है। कहानी विधा में ऐसी तरलता पहले कभी नहीं देखी गई थी। कहानी में गहन और सजीव भावनात्मकता के साथ प्रतीकात्मकता और यथार्थवाद दोनों साथ-साथ चलते हैं। मैन्सफील्ड को डर था कि कहानी सराही नहीं जाएगी। उसने कहा, "और 'बुद्धिजीवी' तो उसे फौरन खारिज कर देंगे। वे सोचेंगे कि यह कमउम्र पाठकों के लिए कोई नई बालपोथी है। सोचने दो उन्हें।" पर जब कहानी छपकर आई तो सबने माना कि यह कुछ खास है। उपन्यासकार **रेबेका वेस्ट** ने इसे "एक जीनियस की कृति" करार दिया।

इस समय तक लारेंस दम्पति से मैन्सफील्ड की दोस्ती संकट में पड़ गई थी।

डी.एच. लारेंस पर बीच-बीच में पड़नेवाले गुस्से के दौरों से उसे ज्यादा परेशानी नहीं थी क्योंकि वह खुद भी कई बार आपा खो बैठती थी। लेकिन उसे लगता था कि लारेंस की पत्नी फ्रीडा उन पर कुछ ज्यादा ही हावी रहती है। वह वर्जीनिया वुल्फ के और करीब हो गई लेकिन उन दोनों के बीच प्रतिद्वन्द्विता की भावना हमेशा मौजूद रही। मैन्सफील्ड अपने व्यवहार से लोगों में अपने प्रति अन्तरविरोधी भाव पैदा करने में माहिर थी। एक ओर उसका सौन्दर्य, बुद्धिमत्ता, उन्मुक्त और निर्भीक व्यक्तित्व लोगों को आकर्षित करता था, दूसरी ओर वह बेहद महत्वाकांक्षी, अड़ियल और गलतबयानी करनेवाली मानी जाती थी। **बर्ट्रेण्ड रसेल** उसकी ज़हानत के मुरीद थे और कुछ समय तक उसके अन्तरंग बनने की भी कोशिश करते रहे। दूसरी तरफ **टी.एस. इलियट** उसे एक "सम्मोहक व्यक्तित्व" मानते थे लेकिन **एजरा पाउंड** को लिखे खतों में उन्होंने चेताया कि मैन्सफील्ड "मोटी खालवाली मेढकी" और "खतरनाक औरत" है।

मैन्सफील्ड का स्वास्थ्य अब लगातार खराब रहने लगा था। 1918 के शुरू में तपेदिक ने उसे जकड़ लिया। इसी वर्ष उसने जार्ज बाउडन को औपचारिक रूप से तलाक देकर मरी से शादी कर ली। हालाँकि शादी के बाद भी वह देखभाल और संग-साथ के लिए अपनी दोस्त इडा बेकर पर ही निर्भर रही क्योंकि मरी युद्धकालीन कामों और फिर पत्रकारिता में व्यस्त रहता था। मैन्सफील्ड की गर्मियाँ अब इंग्लैंड में और सर्दियाँ दक्षिणी फ्रांस में समुद्र तट के पास की जगहों पर बीतने लगीं। इस दौरान उसने कई कहानियाँ लिखीं जो 1920 में 'ब्लिस ऐण्ड अदर स्टोरीज़' नाम से उसके दूसरे संकलन में प्रकाशित हुईं। 1919 के शुरू में मरी 'एथेनियम' नाम की पत्रिका का सम्पादक हो गया था और मैन्सफील्ड को अब लम्बे-लम्बे समय तक उससे दूर रहना पड़ता था। इससे उसके लेखन के एक और पहलू को खुलकर विकसित होने का मौका मिला। वह मरी को लम्बी-लम्बी चिट्ठियाँ लिखती थी। मैन्सफील्ड की मृत्यु के बाद प्रकाशित उसकी चिट्ठियों और डायरियों को आज साहित्य में ऐसी प्रतिष्ठा मिल चुकी है जो उसकी कहानियों से कुछ ही पीछे है। ये प्रेम, कला, समाज, एकाकीपन, नजदीक आती मृत्यु और युद्ध के बारे में एक आधुनिक स्त्री की भावनाओं और विचारों को बहुत नजदीक से और तफसील से जानने का मौका देती हैं। लड़ाई खत्म होने के बाद उसने लिखा, "युद्ध हम सबमें समा गया है।" अपने शारीरिक क्षय की तुलना उसने समाज में चारों ओर हो रहे क्षरण से की है।

मैन्सफील्ड के रचनात्मक जीवन का सबसे फलप्रद दौर तब शुरू हुआ जब वह 1920 में फ्रांस के मेन्तों शहर में एक बँगला किराये पर लेकर रहने लगी। पिछले अठारह महीनों में उसका ज्यादातर समय और ऊर्जा चेखव के पत्रों का

अनुवाद करने और 'एथेनियम' के लिए साप्ताहिक समीक्षाएँ लिखने में खर्च हुई थी। अब वह खुद अपने काम में ध्यान लगाना चाहती थी। यहाँ उसने 'मिस ब्रिल', 'दि स्ट्रेंजर' और 'दि डाटर्स ऑफ दि लेट कर्नल' जैसी कहानियाँ लिखीं जो उसकी बेहतरीन कहानियों में शुमार की जाती हैं। मई 1921 में 'लन्दन मर्करी' में प्रकाशित होने पर **थामस हार्डी** ने इनकी भरपूर सराहना की। इसी महीने मैन्सफील्ड स्विट्जरलैण्ड चली गई जहाँ उसने और मरी ने एक पहाड़ी काटेज किराये पर लिया था। मरी ने पत्रिका से इस्तीफा दे दिया था। यहाँ मैन्सफील्ड ने 'स्फीयर' पत्रिका से मिलनेवाले तगड़े भुगतान के बदले कुछ चलताऊ किस्म की भी कहानियाँ लिखीं लेकिन न्यूजीलैंड की पृष्ठभूमि की उसकी कुछ सबसे अच्छी कहानियाँ भी इसी दौर में लिखी गई–'खाड़ी के किनारे', 'उसका पहला नाच', 'गार्डन पार्टी' और 'दि डॉल्स हाउस'। उसे लगने लगा था कि उसके पास समय ज्यादा नहीं है और वह न्यूजीलैंड की अपनी स्मृतियों को ज्यादा से ज्यादा कहानियों में ढाल देना चाहती थी। पर ये कहानियाँ पूरी तरह आत्मकथात्मक नहीं हैं। इनमें उस माहौल की छवियों का सजीव चित्रण है जिसे उसने जिया था। इन कहानियों में उस गुजरे हुए समय को लेकर उदासी तो है पर अतीत का मोह नहीं है।

उस समय चल रही दवाओं से कोई सुधार न होते देख मैन्सफील्ड ने काफी महँगा एक्सरे उपचार आजमाने का फैसला किया पर यह एकदम बेकार साबित हुआ। 1922 के शुरू में वह पेरिस आ गई। यहाँ उसने अपनी प्रसिद्ध कहानी 'दि फ्लाई' लिखी जो युद्ध, जीवन की नश्वरता और साहस पर उसके विचारों को तो सामने लाती ही है, अपने पिता को चित्रित करने की भी एक आखिरी कोशिश है। 'दि कैनरी' उसकी आखिरी कहानी थी जिसमें गानेवाली बीमार चिड़िया एक हद तक खुद उसका और उसके लेखन की सीमाओं का प्रतिनिधित्व करती है। अपनी मृत्यु से दो हफ्ते पहले उसने बेचैन होकर कहा था : "मुझे और सामग्री चाहिए; मैं पिंजरों में पलनेवाली चिड़ियों जैसी अपनी कहानियों से थक गई हूँ।"

पेरिस में मैन्सफील्ड प्रवासी रूसी बुद्धिजीवियों के ग्रुप के सम्पर्क में आई। चेखव से तो वह पहले ही बहुत प्रभावित थी, अब वह रूसी अधिभूतवादी दार्शनिक पीटर ऊस्पिंसकी के प्रभाव में आ गई। वह कहने लगी कि आखिरकार वह "अपने लोगों" के बीच आ गई है। वह रूसी ढंग के कपड़े पहनने लगी और यहाँ तक कि कात्या और कतेरिना जैसे रूसी नाम अपना लिये। 1922 के अक्टूबर में वह पेरिस के पास फोन्तेनब्लो में गूर्दिएव नाम के रूसी बोहेमियन गुरु द्वारा संचालित कम्यून में इलाज कराने चली गई। कई लोगों का मानना है कि वह गूर्दिएव की शिष्या कभी नहीं बनी बल्कि युद्धोत्तर कालीन यूरोप के दमघोंटू बौद्धिक माहौल से उकताकर वहाँ चली गई थी। गूर्दिएव द्वारा निर्धारित खान-पान और आचार

के सख्त नियमों, व्यायाम और इलाज के अजीबोगरीब तरीकों से उसे कोई फायदा नहीं हुआ और 9 जनवरी, 1923 को फोन्तेनब्लो में 34 वर्ष की उम्र में उसकी मृत्यु हो गई। उसे पेरिस के निकट एवों में दफनाया गया। इसके कुछ ही हफ्ते बाद 'गार्डन पार्टी और अन्य कहानियाँ' प्रकाशित हुआ जिसने अपनी पीढ़ी के कहानीकारों में उसका दर्जा और ऊँचा कर दिया।

रूस के प्रति सहसा पैदा हुए मैन्सफील्ड के गहरे लगाव की वजह को लेकर तरह-तरह के कयास लगाए जाते हैं। कुछ लोग इसे उसके अस्थिर स्वभाव की एक और सनक मानते हैं, पर उसके कई जीवनीकारों को लगता है कि मैन्सफील्ड को उम्रभर एक पहचान की तलाश थी जो उसे जीवन के अन्तिम दिनों में रूसियों के बीच मिली। न्यूजीलैंड का औपनिवेशिक परिवेश और सुस्त जीवन उसे रास नहीं आया और इंग्लैंड में वह हमेशा 'मिसफिट' रही। कौन-सी चीज उसे रूस के करीब ले गई, यह ठीक-ठीक कहना मुश्किल है लेकिन इतना तो कहा जा सकता है कि रूसी साहित्य का इसमें बड़ा योगदान था।

रूस के साथ मैन्सफील्ड का सम्बन्ध दोतरफा था। हालाँकि वह खुद कभी अपने सपनों के देश नहीं गई लेकिन उसके साहित्य ने यह सफर तय किया और उसे खूब पढ़ा और पसन्द किया गया। अपने सामाजिक यथार्थवाद, कमजोरों के प्रति सहानुभूति और बाद के दौर में, अन्तश्चेतना पर उसके जोर के कारण, सोवियत संघ में वह हमेशा ही लोकप्रिय रही। उसके सभी कहानी संग्रहों का रूसी तथा सोवियत संघ की अन्य भाषाओं में अनुवाद हुआ।

अपने अन्तिम वर्षों में जब वह तपेदिक से लड़ रही थी तो वह अपने आपको बदलने और एक बेहतर इनसान बनने के लिए खुद से भी जूझ रही थी। और इस लड़ाई में उसकी मदद कर रहे थे अन्तोन चेखव। उसकी एक प्रसिद्ध जीवनी लिखनेवाली जोआना वुड्स के अनुसार 1919-20 के आसपास उसकी जिन्दगी मोड़ लेती दिखाई देती है, और इसके पीछे चेखव के पत्रों का बहुत बड़ा हाथ था। यह वही समय था जब मैन्सफील्ड अपने मित्र सैमुअल कोतेलिआंस्की के साथ मिलकर चेखव के पत्रों का अनुवाद कर रही थी। चेखव की गर्मजोशी, परिहास, ईमानदारी और निष्ठा ने उसे गहरे छुआ और उसने अपनी डायरी में लिखा : *"ओह, कितने शुद्ध होते हैं कलाकार, कितने साफ और आस्थावान। जरा चेखव के बारे में सोचो।"* इन चिट्ठियों को पढ़ते हुए उसे अहसास हुआ कि इनसान के तौर पर वह चेखव से कितना पीछे है। उसे यकीन हो गया कि एक अच्छा कलाकार बनने के लिए एक अच्छा इनसान बनना जरूरी है।

वुड्स के अनुसार मैन्सफील्ड खुद को बदलने पर ध्यान देने लगी और उसमें तब्दीली महसूस की जा सकती है। उसकी चिट्ठियों से पता चलता है कि उसने

अचानक लोगों से रिश्ते सुधारने शुरू कर दिये और झूठ और गलतबयानी के लिए माफी भी माँगी। उसकी कहानियों में भी बदलाव दिखता है। बाद की उसकी कहानियों में ज्यादा गहराई और एक ऐसा गुण है जो उन्हें ज्यादा दीर्घजीवी बनाता है।

मैन्सफील्ड की मृत्यु के बाद उसके पति जे.एम. मरी ने उसकी अप्रकाशित कहानियों, कविताओं, पत्रों और डायरियों के कई संकलन सम्पादित किए। उसी वर्ष जून में 'डव्स नेस्ट एंड अदर स्टोरीज़' प्रकाशित हुआ। इसके बाद एक कविता संकलन और फिर एक और कहानी संग्रह 'समथिंग चाइल्डिश' छपकर आया। 1927 में उसकी डायरी और पत्रों का संकलन प्रकाशित हुआ। मरी ने अपनी पत्नी की कई तीखी टिप्पणियों और बहुत-सी नागवार लगनेवाली बातों को सम्पादित कर दिया था, लेकिन दो दशक बाद जब उसकी डायरियों और पत्रों के ज्यादा पूर्ण संस्करण निकले तो मैन्सफील्ड का व्यक्तित्व समग्रता में लोगों के सामने आया।

—कात्यायनी

सत्यम

अनुक्रम

खाड़ी के किनारे

अलस्सुबह। सूरज अभी निकला नहीं था और समूची क्रिसेण्ट बे सफेद समुद्री धुन्ध में छिपी थी। पृष्ठभूमि में झाड़ियों से ढँकी बड़ी पहाड़ियों की धुँधली आकृतियाँ थीं। आप नहीं देख सकते थे कि कहाँ पहाड़ियाँ खत्म हुईं और कहाँ से जानवरों के बाड़ों और बँगलों का सिलसिला शुरू हुआ। रेतीली सड़क और उसकी दूसरी तरफ जानवरों के बाड़े और बँगले धुन्ध में विलीन थे; उनसे आगे रक्ताभ घास से ढँके सफेद रेत के टीले भी गायब थे। कुछ पता ही नहीं चलता था कि कहाँ साहिल है और कहाँ समुद्र ! ओस की जैसे बारिश हुई थी और घास नीली दिख रही थी। झाड़ियों से बड़ी-बड़ी बूँदें टँगी थीं जो बस टपकने ही वाली थीं। टोइ-टोइ के रुपहले रोयेंदार फूल अपनी लम्बी डंठलों पर सुस्त पड़े थे और बँगलों के बगीचों में गेंदे और गुलाब के तमाम पौधे इतने गीले हो गए थे कि वे झुककर जमीन पर नतमस्तक से पड़े थे। फ्यूशा की सर्द झाड़ियाँ ओस से नहाई थीं और नेस्टर्शियम की चपटी पत्तियों पर ओस के कतरे मोतियों की तरह चमक रहे थे। ऐसा लगता था मानो अँधेरे में समुद्र के पानी की फुहारें उड़ी हों। जैसे समुद्र की एक जोरदार लहर लहराते-लहराते वहाँ पहुँची हो—कहाँ तक ? आप अगर आधी रात को जागे होते तो आपने एक बड़ी मछली को फड़फड़ाते और खिड़की से टकराकर वापस होते देखा होता।...

हाहा-हाहा ! उनींदा समुद्र ठाठें मार रहा था। और झाड़ियों से छोटी जलधाराओं के बहने की आवाज आ रही थी जो चिकने-चिकने पत्थरों के बीच से तेजी से फिसलती हुई पर्णांगों से ढँके गड्ढों में पूरे आवेग से घुस और निकल रही थीं; और बड़े-बड़े पत्तों पर पानी की बड़ी-बड़ी बूँदों के छींटे पड़ रहे थे; वहाँ कुछ और भी हो रहा था—क्या था वह ?—एक हल्की-सी हलचल और हिलने की, किसी टहनी के टूटने की-सी आवाज थी, और फिर कुछ इस तरह की खामोशी मानो कोई कान लगाए सुन रहा हो।

खाड़ी के एक कोने के पास टूटे पत्थरों के ढेर के बीच से भेड़ों का एक झुंड शोर मचाता निकला। भेड़ें छटपटाती एक-दूसरे से चिपटी थीं और छड़ी के समान

दिखती उनकी पतली-पतली टाँगें कुछ इस तेजी से हिल-डोल रही थी जैसे ठंड और खामोशी का खौफ उन्हें सता रहा हो। उनके पीछे भेड़ों की निगरानी करनेवाला एक कुत्ता था जिसके पंजे रेत से सने थे। वह जमीन से अपना थूथन सटाए ऐसी लापरवाही से दौड़ रहा था जैसे वह कुछ और सोच रहा हो। और फिर पथरीले प्रवेशद्वार से खुद गड़ेरिया नमूदार हुआ। वह एक दुबला-पतला खुद्दार बूढ़ा था। उसके मोटे ऊनी कपड़े के कोट पर नन्ही-नन्ही बूँदों की एक तह जमी थी। मखमल की पतलून उसने घुटनों के नीचे बाँध रखी थी और सिर पर चौड़ी किनारी का टोप था जिस पर तह किया हुआ नीला रूमाल बँधा था। उसने अपना एक हाथ बेल्ट में ठूँस रखा था और दूसरे हाथ से एक खूबसूरत और चिकनी पीली छड़ी पकड़ रखी थी। वह खरामाँ-खरामाँ चल रहा था और बड़े धीमे सुरों में सीटियाँ बजाए जा रहा था जिसकी आवाज मुलायम और दर्द में डूबी-सी लगती थी। तभी बूढ़े कुत्ते ने बेवकूफी भरे अन्दाज में एक-दो कुलाँचें मारीं और फिर अपनी इस छिछोरी चपलता पर शर्माता हुआ फुर्ती से उठा और मालिक के बगल में जाकर बड़ी शान से कुछ कदम बढ़ाए। इस बीच शोर मचाती भेड़ें आगे की तरफ दौड़ीं और फिर मिमियाने लगीं। समुद्र के अन्दर से शैतानी झुंडों और रेवड़ों ने उनका जवाब दिया। "बा ! बा !" कुछ देर के लिए लगा कि वे हमेशा-से एक ही जगह खड़ी हैं। उनके आगे कीचड़-भरी रेतीली सड़क फैली थी जिसकी दोनों तरफ वही गीली झाड़ियाँ और वही सायेदार बाड़ दिखती थी। तभी बाँहें फैलाए विकराल झबरैला दैत्य दिखा। वह मिसेज स्टब्स की दुकान के बाहर लगा यूकेलिप्टस का विशाल पेड़ था। जब वे वहाँ से गुजरे तो वहाँ यूकेलिप्टस की तेज बू थी। अब कोहरे के बीच से रोशनी फूटने लगी थी। गड़ेरिए ने सीटियाँ बजाना बन्द कर दिया। उसने कोट की नम आस्तीन से अपनी सुर्ख नाक और गीली दाढ़ी पोंछी और आँखें घुमाते हुए समुद्र की तरफ निगाह दौड़ाई। सूर्योदय हो रहा था। यह नजारा बड़ा मजेदार था कि कैसे आनन-फानन कोहरे की परत पतली हुई, फिर तेजी से जमीन पर ऐसी पिघली और झाड़ियों से ऐसी सरकी जैसे उसे भागने की कोई जल्दबाजी हो। जैसे-जैसे रोशनी की लकीरें मोटी होती गईं, अँधेरे के स्याह धब्बे एक-दूसरे में गड्डमड्ड होकर हल्के पड़ने लगे। दूर चटख नीले आकाश के अक्स पानी के डबरों में झलक रहे थे और टेलीफोन के खम्भों के इर्द-गिर्द तैरती बूँदें रोशनी के बिन्दुओं की तरह कौंधती थीं। अब ठाठें मारता और दमकता समुद्र इस कदर चमकीला हो गया था कि उसे देखने से आँखों में दर्द होने लगता। गड़ेरिए ने अपनी ऊपरवाली जेब से पाइप निकाला। उसका कटोरा बंजुफल जितना छोटा था। फिर उसने चुटकी-भर चित्तीदार तम्बाकू निकाला, उसे छितराया और पाइप में भर लिया। वह एक संजीदा और बढ़िया दिखनेवाला बुजुर्ग था। जब उसने पाइप सुलगाया और उसके सिर के पास नीले धुएँ का छल्ला बना तो उस पर निगाह जमाए उसका कुत्ता गर्वान्वित दिखा।

"बा ! बा !" भेड़ें एक दायरे में फैल गईं। वे गर्मियों की बस्ती के ठीक पास थे जब पहले जगनेवाले ने नींद में करवट बदली और नींद से भारी अपना सिर उठाया । उनकी आवाजें छोटे बच्चों के सपनों में सुनाई दीं जिन्होंने अपनी बाँहें उठाई और नींद की नन्ही ऊनदार भेड़ों को अपने करीब लाकर अपनी छाती से लगा लिया। तभी वहाँ का पहला बाशिन्दा नमूदार हुआ। यह हर दिन की तरह तड़के दरवाजे पर बैठी बरनेल परिवार की बिल्ली फ्लोरी थी जो ग्वालिन का इन्तजार कर रही थी। जब उसकी निगाह गड़ेरिए के कुत्ते पर पड़ी तो वह झट उठ खड़ी हुई। उसने कमान की तरह अपनी पीठ मोड़ी और अपना रोयेंदार सिर आगे कर लिया। वह सिहरती-सी दिखी। फ्लोरी ने कहा, "उफ, कितना भद्दा और घिनौना प्राणी है यह !" लेकिन बूढ़े कुत्ते की निगाहें ऊपर की तरफ नहीं थीं। वह अपने पैर हिलाने-डुलाने और उन्हें इधर-उधर पटकने में मशगूल था। बस उसका एक कान फड़का जिससे पता चला कि उसने उसे देख लिया है और उसकी निगाह में वह बस एक अहमक जवान मादा थी।

सुबह की हवा झाड़ियों से ऊपर उठी और पत्ते तथा काली नम जमीन की बू समुद्र की तीखी बू के साथ घुल-मिल गई। चिड़ियों के झुंड चहचहा रहे थे। एक सुनहरी तूती गड़ेरिए के सिर के ऊपर से उड़ी और एक फुहारे के ऊपर पाँव टिकाकर अपने नन्हे पर फड़फड़ाते हुए सूरज की तरफ रुख कर लिया। तब तक वे मछुआरे की झोंपड़ी को पार कर चुके थे और अब ग्वालिन लीला की बोसीदा झोंपड़ी के पास से गुजर रहे थे जहाँ वह अपनी बूढ़ी दादी के साथ रहती थी। भेड़ें पीली दलदली जमीन से कतरा कर निकलीं और कुत्ता वैग उनके पीछे हो लिया। कुत्ते ने उन्हें समेटा और तंग पहाड़ी रास्ते की तरफ ले चला जो क्रिसेण्ट बे से निकलकर डेलाइट कोव नामक एक छोटी खाड़ी की तरफ जाता है। अब वे तेजी से खुश्क होते रास्ते पर झूलते हुए चल रहे थे। एक हल्की-सी आवाज आई "बा ! बा !" गड़ेरिए ने अपना पाइप बुझाया और उसे अपनी ऊपर वाली जेब में इस तरह डाला कि उसका नन्हा कटोरा जेब से झाँकने लगा। उसकी सीटियों की लयदार आवाज अब फिर से गूँजने लगी थी। वैग को किसी चीज की बू लगी और वह एक उभरी हुई चौरस चट्टान पर दौड़ता हुआ गया। उसके चेहरे पर नागवारी उभरी और वह वापस आ गया। एक-दूसरे को धक्के और टहोके देती भेड़ों ने तेजी से मोड़ को पार किया। गड़ेरिया आँखों से ओझल होती भेड़ों के पीछे लपका।

कुछ ही क्षणों के बाद एक बँगले के पिछवाड़े का किवाड़ खुला। चौड़ी धारियोंवाला नहाने का लिबास पहने एक आदमी ने पशु-बाड़े में कदम रखा। उसने सीढ़ी हटाई और लम्बी घास के बीच से होता हुआ रेतीली पहाड़ी पर डगमगाते हुए चढ़ने लगा। वह दौड़ता हुआ बड़ी तेजी से छिद्रिल बड़े पत्थरों से गुजरा। उसके तेज कदम ठंडे,

गीले कंकड़ों पर और तेल की तरह चमकती सख्त रेत पर पड़े। उल्लसित मन से कदम बढ़ाते स्टेनली बरनेल के पाँवों के इर्द-गिर्द पानी के बुलबुले खदबदा रहे थे। हमेशा की तरह सुबह-सवेरे घर से निकलनेवाला वहाँ का वह पहला इनसान था। उसने आज एक बार फिर सबको मात दे दी थी। उसने अपने सिर और गर्दन को भिगोने के लिए तेजी से डुबकी लगाई।

"स्वागत भाई, स्वागत ! सभी पर ऊपरवाले का करम !" पानी के ऊपर से एक मखमली आवाज गूँजी।

धत् तेरे की ! नासपीटा ! स्टेनली उठा तो उसने देखा दूर कोई काला-सा सिर पानी में ऊपर-नीचे हो रहा है और बाँहें फैलीं हैं। उसके सामने जोनाथन ट्रॉउट था। "आज की यह शानदार सुबह मुबारक हो !" उसकी गुनगुनाती-सी आवाज आई।

"हाँ, बहुत बढ़िया," स्टेनली ने संक्षिप्त-सा जवाब दिया। आखिर क्यों यह शख्स समुद्र में अपने इलाके में टिका नहीं रहता ? क्यों ठीक यहीं आ टपका ? उसने पैर झटके, एक तरफ झपटा और तैरने के लिए हाथ-पाँव मारने शुरू कर दिए। लेकिन जोनाथन भी उतना ही दमदार था। वह वहाँ भी आ पहुँचा। उसके काले बाल उसकी पेशानी पर चिपके थे और उसकी दाढ़ी भी चिपकी हुई थी।

"कल रात मैंने एक अजीबो-गरीब सपना देखा !" जोनाथन चिल्लाया।

आखिर यह आदमी किस ढब का है ? बातचीत के उसके जुनून से स्टेनली को हमेशा चिढ़ होती है। और हमेशा यही घटना होती है--हमेशा यही बेहूदगी कि मैंने सपना देखा है, या फिर उसके सिर में समाया कोई उलजुलूल ख्याल या फिर कोई सड़ी-सी किताब जिसे वह पढ़ रहा है। स्टेनली अब चित हो गया और इतनी जोर से पाँव मारने लगा कि वह एक जीवित फव्वारा बन गया। लेकिन तब भी उसे जोनाथन से निजात नहीं मिली..."मैंने सपना देखा कि मैं एक भयंकर ऊँची चट्टान से लटका हूँ और नीचे किसी को पुकार रहा हूँ।" स्टेनली मन ही मन बुदबुदाया, 'तुम जरूर लटके होगे !' अब वह यहाँ ज्यादा देर तक नहीं टिक सकता था। उसने छींटे उड़ाने बन्द किए। "देखो ट्रॉउट," वह बोला, "आज मैं कुछ जल्दबाजी में हूँ।"

"क्या ?" जोनाथन के लहजे में इस कदर आश्चर्य था--या उसने ऐसा जताने की कोशिश की--कि वह पानी में गहरे घुस गया, फिर हाँफता हुआ पानी की सतह पर उभरा।

"मैं बस यही कहना चाहता था," स्टेनली ने कहा, "कि-कि-कि बेवकूफ बनने के लिए मेरे पास समय नहीं है। मैं यह सब खत्म कर देना चाहता हूँ। मैं जल्दी में हूँ। मुझे सुबह काम करना है--समझे ?"

जब तक स्टेनली अपनी बात पूरी करता, जोनाथन जा चुका था। उसकी मन्द आवाज आई, "चलें, दोस्त !" वह पानी पर कुछ इस तरह फिसला कि शायद ही कोई

लहर बनी...लेकिन लानत हो उस पर ! उसने स्टेनली का स्नान बर्बाद कर दिया था। कैसा अव्यावहारिक और बेवकूफ है यह आदमी ! स्टेनली ने समुद्र में दोबारा डुबकी लगाई और फिर तेजी से तैरना शुरू कर दिया। अब वह तट की तरफ लपक रहा था। वह खुद को छला-सा महसूस कर रहा था।

जोनाथन पानी में कुछ ज्यादा देर तक रहा। वह मछली के पंखों की तरह आहिस्ता-आहिस्ता हाथ हिलाता हुआ पानी पर तैरता रहा। समुद्र उसके लम्बे और दुबले-पतले शरीर को हिलकोरे दे रहा था। वह कुछ अजीब था, लेकिन इन तमाम चीजों के बावजूद स्टेनली से उसे बड़ा स्नेह था। बेशक, कभी-कभी उसमें स्टेनली को तंग करने, उसका मजाक उड़ाने की निष्ठुर इच्छा भी जगती थी, लेकिन उसके दिल में उसके लिए बहुत जगह थी। हर चीज को मुश्किल बनाने की उसमें खराब आदत थी। तभी एक जोरदार लहर ने उसे उछाल दिया और फिर वह उससे गुजरकर किलकारियाँ करती साहिल पर बिखर गई। क्या खूबसूरती है ! और तभी एक दूसरी लहर आ पहुँची। जीने का यही तरीका था—लापरवाही और उतावलेपन से भरपूर, खुद को जलाकर भी जीना। वह खड़ा हो गया और ऊबड़-खाबड़ रेत पर पंजे जमाता हुआ तट की तरफ बढ़ने लगा। जरूरत थी कि चीजों को सहजता से लिया जाए, भाटा और जीवन के प्रवाह से लड़ा नहीं जाए, बल्कि उसको जगह दी जाए। यही वह तनाव है जिसे पालना सबसे बड़ी गलती है। जीना है—जीना है ! और वह एक शानदार सुबह थी, रोशनी में धुली ताजा और शफ्फाफ सुबह, जैसे अपनी खूबसूरती पर इतराती हुई खिलखिला रही हो और सरगोशियाँ कर रही हो, "हाँ, क्यों नहीं !"

पानी से निकलने के बाद जोनाथन ठंड से नीला पड़ गया था। उसका शरीर दर्द से ऐंठ रहा था जैसे कोई उसका खून निचोड़ रहा हो। उसकी मांसपेशियाँ अकड़-सी गईं थीं और वह सिहर रहा था। धीरे-धीरे साहिल पर चलते हुए उसने महसूस किया कि उसका भी स्नान चौपट हो चुका है। वह समुद्र में ज्यादा देर तक रह गया था।

बेरिल डाइनिंग रूम में तन्हा थी जब स्टेनली नीले रंग का सर्ज का सूट, कलफदार कमीज और एक सुन्दर टाई पहने वहाँ नमूदार हुआ। वह रहस्यमय ढंग से साफ-सुथरा और सजा-सँवरा दिख रहा था। कुर्सी में धँसते हुए उसने अपनी घड़ी खींचकर निकाली और उसको अपनी तश्तरी के बगल में रख दिया।

"मेरे पास बस पच्चीस मिनट हैं," उसने कहा। "बेरिल, जरा जाकर देखो दलिया तैयार है ?"

"बस कुछ ही देर पहले माँ गई है इसके लिए," बेरिल ने जवाब दिया। वह मेज पर बैठ गई और उसके लिए चाय ढालने लगी।

"शुक्रिया," स्टेनली ने चाय की एक चुस्की ली। "बेरिल !" उसने आश्चर्यभरी

आवाज में कहा, "तुम चीनी डालना भूल गई।"

"ओह, सॉरी !" लेकिन तब भी बेरिल ने उसकी मदद नहीं की। उसने चीनी का कटोरा सरका दिया। इसका क्या मतलब है ? स्टेनली अपनी चाय में चीनी मिला रहा था, तो उसकी नीली-नीली आँखें फैल गई थीं और काँपती-सी दिख रही थीं। उसने अपनी साली पर एक तेज निगाह डाली और कुर्सी पर पीछे झुक गया।

"कोई दिक्कत ?" अपने कालर पर उँगलियाँ फेरते हुए उसने लापरवाही से पूछा।

बेरिल का सिर झुका था; उसने अपनी उँगलियों से तश्तरी को घुमाया।

"कुछ नहीं," उसने मद्धिम आवाज में जवाब दिया। फिर उसने भी निगाहें ऊपर कीं और मुस्कुराई। "क्यों होगी दिक्कत ?"

"ओह ! जहाँ तक मुझे पता है कोई कारण नहीं। मैंने सोचा कि तुम कुछ..."

उसी क्षण दरवाजा खुला और तीन छोटी लड़कियाँ दिखीं। हरेक के हाथों में दलिया की एक तश्तरी थी। सबने एक जैसी नीली जर्सी और निकर पहन रखे थे; उनकी भूरी टाँगें खुली थीं और हरेक ने अपने बालों को घुँघराला बनाकर पोनीटेल में बाँध रखा था। उनके पीछे ट्रे लिये मिसेज फेयरफील्ड थीं।

"सावधानी से, बच्चो !" उन्होंने आगाह किया। लेकिन लड़कियाँ पूरा एहतियात बरत रही थीं। उन्हें अच्छा लगता था जब उनसे कोई चीज लाने या ले जाने के लिए कहा जाता था। "क्या तुमने अपने पिता को गुड मॉर्निंग कहा ?"

"हाँ नानी।" तीनों स्टेनली और बेरिल के सामनेवाली बेंच पर बैठ गईं।

"गुड मॉर्निंग, स्टेनली !" बूढ़ी मिसेज फेयरफील्ड ने उसे उसकी तश्तरी पकड़ा दी।

"मॉर्निंग, माँ ! बच्चा कैसा है ?"

"बढ़िया ! पिछली रात वह बस एक बार जागा। कैसी शानदार सुबह है !" बूढ़ी एक क्षण के लिए रुकी। डबलरोटी पर हाथ रखे उसने खुले दरवाजे से बाहर बाग में निगाह डाली। समुद्र शोर मचा रहा था। खुली हुई खिड़की से आकर धूप पीली वार्निश की गई दीवारों और नंगे फर्श पर पसरी थी। मेज पर रखी हर चीज दमक रही थी। बीच में पीले और सुर्ख नेस्टरशियम से भरा सलाद का एक पुराना कटोरदान पड़ा था। वह मुस्कुराई और सन्तुष्टि की एक चमक उसकी आँखों में कौंधी।

"माँ, डबलरोटी का एक टुकड़ा आप मेरे लिए काट देंगी ?" स्टेनली ने कहा। "कोच गुजरनेवाली है और मेरे पास अब सिर्फ साढ़े बारह मिनट बचे हैं। क्या नौकरानी को मेरे जूते दे दिये गए हैं ?"

"हाँ, वे तैयार हैं।" मिसेज फेयरफील्ड बिलकुल शान्त थीं।

"ओह, केजिया ! आखिर क्यों तुम इतनी अल्हड़ हो !" बेरिल मुँह सिकोड़ते हुए चिल्लाई।

"मैं, बेरिल मौसी ?" केजिया ने उसकी तरफ घूरकर देखा। अब उसने क्या कर दिया ? उसने तो बस अपनी दलिया के बीच में एक नदी बनाई थी, उसे भरा था और अब उसके किनारे चट कर रही थी। लेकिन यह काम तो वह रोज सुबह करती थी, और अभी तक किसी ने उसे एक लफ्ज भी नहीं कहा था।

"आखिर इसाबेल और लॉटी की तरह तुम ठीक तरीके से खाना क्यों नहीं खा सकती ?"

ये बड़े लोग कैसे जालिम हैं !

"लेकिन लॉटी तो हमेशा तैरता हुआ द्वीप बनाती है, है ना लॉटी ?"

"मैं नहीं बनाती।" इसाबेल ने हाजिरजवाबी दिखाई। "मैं तो बस चीनी छिड़कती हूँ और फिर दूध मिलाकर उसे चट कर जाती हूँ। सिर्फ छोटे बच्चे अपने खाने के साथ खेल करते हैं।"

स्टेनली ने अपनी कुर्सी खिसकाई और उठ खड़ा हुआ।

"माँ, क्या तुम मेरे जूते ला दोगी ? और, बेरिल, क्या तुम लपककर फाटक तक जाओगी और कोच को रोकोगी ? और, हाँ, इसाबेल, अपनी माँ के पास भागकर जाओ, और उससे पूछो कि मेरा बाउलर हैट कहाँ रखा है। अरे, एक मिनट रुको—बच्चो, क्या तुम मेरी छड़ी से खेल रहे थे ?"

"नहीं, पापा !"

"लेकिन मैंने तो उसे यहीं रखा था।" स्टेनली ने गरजना शुरू किया। "मुझे याद है, मैंने इसी कोने में रखा था। अब वह किसके पास है ? अरे, वक्त नहीं है। ठीक से ढूँढ़ो ! छड़ी तो मिलनी ही चाहिए।"

नौकरानी एलिस भी इस हंगामे की चपेट में आ गई। "कहीं अनजाने में तुम बावर्चीखाने की आग कुरेदने के लिए तो उसका इस्तेमाल नहीं कर रही थी ?"

स्टेनली बेडरूम में गया जहाँ लिंडा लेटी थी। "बड़ी अजीब बात है। मैं अपनी एक भी चीज अपने पास नहीं रख पाता हूँ। अब उन्होंने मेरी छड़ी गायब कर डाली।"

"छड़ी ? कैसी छड़ी ?" स्टेनली ने सोचा कि ऐसे मौके पर लिंडा का यह रुख वास्तविक नहीं हो सकता। क्या कोई मेरे साथ हमदर्दी नहीं बरत सकता ?

"कोच ! स्टेनली, कोच !" फाटक से बेरिल के चीखने की आवाज आई।

स्टेनली ने हाथ हिला कर लिंडा को विदा कहा। वह चिल्लाया, "गुड बाई कहने का वक्त नहीं है।" उसने उसे सजा देने के मकसद से यह बात कही थी।

उसने झपटकर अपना बाउलर हैट उठाया और घर से निकलकर तेजी से लपका। वहाँ कोच उसका इन्तजार कर रहा था, और खुले फाटक पर झुकी बेरिल किसी आदमी पर या बस यूँ ही हँस रही थी जैसे कुछ भी नहीं हुआ हो। ओह, औरतों की संगदिली ! वे मानती हैं कि मर्दों को उनकी गुलामी करनी है जबकि उन्हें यह भी देखने की जहमत

नहीं गवारा है कि आपकी सैर की छड़ी है भी या गुम हो चुकी है। कोचवान केली घोड़ों पर अपना चाबुक फेरता रहा।

बेरिल बड़े उल्लास और प्यार से चीखी, "स्टेनली, गुड बाई !" हाँ, गुड बाई कहना तो आसान है ! वह खड़ी थी सूरज की किरणों से बचाने के लिए आँखों को अपने हाथों से ढँके, अकर्मण्य। सबसे बुरा तो यह रहा कि स्टेनली को भी दिखावे के लिए चीख कर जवाब में गुड बाई कहना पड़ा। तभी उसने देखा कि बेरिल मुड़ी, हल्की-सी उछली और फिर घर की तरफ दौड़ गई। वह उससे निजात पाकर खुश थी !

हाँ, वह खुश थी। वह लपककर बैठक में पहुँची और चिल्लाई "वह चला गया !" लिंडा ने अपने कमरे से पुकारा : "बेरिल, क्या स्टेनली चला गया ?" तभी बूढ़ी मिसेज फेयरफील्ड फलालेन के एक छोटे-से कोट में लिपटे शिशु को हाथ में उठाए वहाँ नमूदार हुईं।

"गया ?"

"गया !"

आह, क्या राहत है। मर्द के बाहर जाने से कैसा फर्क आ जाता है। उनके एक-दूसरे को पुकारने के ढंग ही बदल गए। उनके बीच गर्मजोशी और प्यार झलकने लगा जैसे वे हमराज हों। बेरिल मेज की तरफ गई। "माँ, चाय का एक और प्याला हो जाए। यह अब भी गर्म है।" दरअसल वह इस हकीकत का जश्न मनाना चाहती थी कि अब वे जो चाहे कर सकती थीं। उन्हें तंग करने के लिए अब वहाँ कोई मर्द नहीं था। अब पूरा का पूरा शानदार दिन उनका अपना था।

बूढ़ी मिसेज फेयरफील्ड ने मना कर दिया, "नहीं, मेरी बच्ची, नहीं।" लेकिन उसी क्षण उन्होंने जिस तरह बच्चे को ऊपर उछाला और "अले-अले ! मेरी बच्ची, अले-अले !" कहा, उससे जाहिर था कि वह भी कुछ ऐसा ही महसूस कर रही हैं। नन्ही लड़कियाँ पशु-बाड़े की तरफ इस तरह दौड़ीं जैसे वे दड़बे से निकले चूजे हों।

बावर्चीखाने में बर्तन माँज रही नौकरानी एलिस को भी इसकी छूत लग गई। वह टंकी में भरा बेशकीमती पानी पूरी लापरवाही से बहाने लगी।

वह बुदबुदाई, "ओह, ये मर्द !" और बेसिन में चायदानी को डुबो दिया और उसे पानी में अन्दर तब भी दबाए रखा जब उससे बुलबुले निकलने बन्द हो गए, जैसे यह भी कोई मर्द हो और उसे डुबोना कोई नेक काम हो।

"मेरा इन्तजार करो, इसा-बेल ! केजिया, मेरा इन्तजार करना !"

यह बेचारी नन्ही लॉटी थी जो एक बार फिर पिछड़ गई थी, क्योंकि डर के कारण वह खुद सीढ़ी नहीं चढ़ पा रही थी। जब वह सीढ़ी के पहले पायदान पर खड़ी हुई, उसके घुटने डगमगाने लगे; उसने झट खम्भा थाम लिया। अब एक पैर ऊपर रखना

पड़ेगा। लेकिन कौन-सा पैर ? वह कभी यह तय नहीं कर पाती। और आखिर में जब हताश-निराश उसने एक पैर रखा—तो उसे एक बड़ा भयानक अहसास हुआ। वह आधी बाड़े के इस ओर थी और आधी दूसरी ओर घास पर। उसने बड़ी निराशा के साथ सीढ़ी के डंडे को जकड़ लिया और जोर की चीख लगाई : "मेरा इन्तजार करो !"

"नहीं, उसका इन्तजार मत करो, केजिया !" यह इसाबेल की आवाज थी। "यह गजब की अहमक है। हमेशा कोई न कोई झमेला खड़ी करती रहती है। चलो।" और उसने केजिया की जर्सी झटके से खींची। उसने बड़े नर्म लहजे में कहा, "अगर तुम मेरे साथ आई, तो तुम मेरी बाल्टी इस्तेमाल कर सकती हो। वह तुम्हारीवाली से बड़ी है।" लेकिन केजिया नन्ही लॉटी को तन्हा नहीं छोड़ सकी। वह दौड़कर वापस उसके पास गई। तब तक लॉटी का चेहरा सुर्ख हो चुका था और उसकी साँसें भारी हो रही थीं।

केजिया ने लॉटी को हिदायत दी, "यहाँ रखो अपना दूसरा पैर।"

"कहाँ ?"

लॉटी ने केजिया को कुछ इस तरह देखा मानो वह उसे किसी पहाड़ की ऊँचाई से देख रही हो।

"अरे यहाँ, जहाँ मेरा हाथ है।" केजिया ने उस जगह को थपथपाया।

"ओह, तो तुम यहाँ बता रही थी !" लॉटी ने एक लम्बी साँस ली और दूसरा कदम रख दिया।

केजिया ने कहा, "अब थोड़ा घूमो और फिर बैठ जाओ और फिसलो।"

लॉटी ने सवाल किया, "लेकिन केजिया, यहाँ बैठने के लिए कुछ भी नहीं है।"

आखिर किसी तरह वह पार हो गई। और जब वह काम पूरा कर चुकी तो उसने अपने पूरे बदन को झाड़ा और फिर मुस्कुराना शुरू किया।

"मैं सीढ़ियों पर चढ़ना सीखती जा रही हूँ, है ना केजिया ?"

लॉटी आशावादी थी।

गुलाबी और नीले रंग की चौड़ी टोपी इसाबेल की शोख सुर्ख टोपी के पीछे-पीछे फिसलनदार पहाड़ी पर ऊपर चली जा रही थी। ऊपर जाकर वे कुछ देर के लिए रुकीं ताकि फैसला किया जा सके कि उन्हें किधर का रुख करना है और यह देखा जा सके कि वहाँ पहले से कौन मौजूद है। चमकीले आसमान की पृष्ठभूमि में अपने बेलचों की मदद से इशारों में बातें करते हुए वे उलझन में पड़े छोटे-छोटे खोजियों-सी दिख रही थीं।

सैमुएल जोसफ का पूरा परिवार अपनी नौकरानी के साथ वहाँ हाजिर था। नौकरानी एक स्टूल पर बैठी थी और अपने गले से बँधी सीटी की मदद से सारा इन्तजाम सँभाले थी। उसके हाथ में एक छोटी-सी छड़ी थी जिससे वह तमाम

कार्रवाइयाँ चला रही थी। सैमुएल जोसफ परिवार कभी खुद से नहीं खेलता था और न ही अपने खेल का संचालन करता था। अगर उन्होंने कभी ऐसा करना भी चाहा तो खेल का अन्त लड़कों के लड़कियों के ऊपर पानी डालने या लड़कियों के लड़कों की जेब में अपने छोटे-छोटे काले केकड़े घुसेड़ने जैसी स्थितियों में हुआ। इसलिए मिसेज एस. जे. और वह बेचारी नौकरानी उनके "बनोरंजन और ब्यस्तता" के लिए हर सुबह "ब्रोग्राम" बनाती थीं। यह किसी न किसी तरह की प्रतियोगिता या दौड़ या इसी तरह की चीजें होतीं। सारे खेल नौकरानी की कान-फाडू सीटी की आवाज से शुरू और खत्म होते। उन प्रतियोगिताओं में ईनाम भी होते। ये कागज के बड़े, लेकिन गन्दे पार्सल होते जिन्हें नौकरानी जहरीली मुस्कुराहट के साथ एक फूले हुए थैले से निकालती। सैमुएल जोसफ परिवार के बच्चे इन पुरस्कारों के लिए जान लड़ा देते। वे एक-दूसरे को हराने के लिए बेईमानियाँ करते और एक-दूसरे की बाँहों में चुटकियाँ काटते—सब के सब चुटकियाँ काटने में माहिर थे। बस एक ही बार बरनेल के बच्चे उनके साथ खेले थे तो केजिया ने ईनाम जीता था। जब उसने कागज की एक-के-बाद-एक तीन परतें हटाई थीं तो वहाँ जंग लगा एक छोटा-सा बटन-हुक पड़ा था। वह समझ नहीं पायी कि आखिर उन्होंने इस पुरस्कार के लिए इतना हंगामा क्यों मचाया था।

अब वे सैमुएल जोसफ परिवार के बच्चों के साथ नहीं खेलते थे। यहाँ तक कि उनकी पार्टियों में भी हिस्सा नहीं लेते थे। सैमुएल जोसफ परिवार हमेशा खाड़ी के किनारे बच्चों की पार्टियाँ आयोजित करता जिसमें हमेशा एक ही जैसा पकवान परोसा जाता। इन पार्टियों में एक बड़े-से कटोरे में फलों का भूरा-सा सलाद और चार टुकड़े किए हुए बन होते। साथ ही किसी चीज से भरा एक जग होता जिसे बूढ़ी नौकरानी "लिमोनाडियर" कहती थी। और आप शाम जब उनके यहाँ से निकलेंगे तो आपके फ्राक का आधा फ्रिल फटा होगा या फिर शानदार कढ़ाईवाले आपके पसन्दीदा फ्राक के दामन किसी चीज से सने होंगे जबकि सैमुएल जोसफ परिवार अपने लॉन में वहशी की तरह उछल-कूद मचा रहा होगा। ओह, वे बड़े बदतमीज थे।

साहिल की दूसरी तरफ पानी के नजदीक दो नन्हे लड़के मकड़ों की तरह उछल रहे थे। उनकी निकर ऊपर चढ़ी थी। उनमें से एक गड्ढा खोद रहा था जबकि दूसरा पानी में दौड़-दौड़कर एक छोटी-सी बाल्टी भर रहा था। वे ट्राउट के बच्चे पिप और रैग्स थे। पिप गड्ढा खोदने में इतना व्यस्त था और रैग्स उसकी मदद करने में इतना लगा हुआ था कि जब तक लड़कियाँ उनके करीब नहीं पहुँच गईं, वे अपनी नन्ही चचेरी बहनों की आवाज नहीं सुन पाए।

"देखो !" पिप चिल्लाया, "हमने क्या खोज निकाला है !" और उसने उन्हें एक पुराना दबा-कुचला-सा गीला जूता दिखाया। तीनों लड़कियों ने उसे घूरकर देखा।

केजिया ने पूछा, "तुम इसका क्या करोगे ?"

"रखूँगा, और क्या !" पिप ने बड़ी हिकारत के साथ कहा। "यह एक खोज है, समझी ?"

हाँ, केजिया ने उसे देखा।

पिप ने समझाया, "रेत में ढेर सारी चीजें दबी हैं। वे बरबाद हुए जहाजों में से आई हैं। खजाना है ! क्यों, तुम भी शायद पा सकती हो।"

लॉटी ने पूछा, "लेकिन रैग्स पानी क्यों उड़ेलता जा रहा है ?"

"ओह, रेत को नम करने के लिए।" पिप ने कहा, "उससे काम में थोड़ी आसानी होती है। डालते रहो रैग्स।"

और रैग्स दौड़-दौड़कर पानी डालता रहा जो कोको की तरह मटमैला हो जाता था।

पिप ने राजदाराना लहजे में कहा, "यहाँ आओ, मैं तुम्हें दिखाऊँ कि कल मैंने क्या पाया ?" उसने रेत में अपना बेलचा मारा। "लेकिन पहले वादा करो कि किसी से नहीं कहोगी।"

उन्होंने वादा किया।

"दिल पर हाथ रखकर कसम खाओ।" उन्होंने ऐसा ही किया।

पिप ने अपनी जेब से कोई चीज निकाली, अपनी जर्सी से उसे देर तक रगड़ता और साफ करता रहा, उसके बाद उस पर एक फूँक मारी और फिर उसे रगड़ा।

"अब मेरी तरफ घूम जाओ।" उसने हुक्म दिया।

लड़कियाँ उसकी तरफ घूमीं।

"सब एक साथ देखो ! चुपचाप खड़ी रहो ! अब देखो !"

और उसने अपनी मुट्ठी खोल दी। वह मुट्ठी में बन्द चीज को रोशनी में लाया। वह चमकी, फिर टिमटिमाई। वह खूबसूरत हरे रंग की कोई चीज थी।

पिप ने बड़े रहस्यमय ढंग से कहा, "यह पन्ना है।"

"सच, पिप ?" इसाबेल तक उससे प्रभावित थी।

प्यारी-सी हरी चीज पिप की उँगलियों पर नाचती-सी दिख रही थी। बेरिल मौसी की अँगूठी में एक पन्ना है, लेकिन वह तो बहुत छोटा है। यह तो तारे जितना बड़ा है और बेहद खूबसूरत है।

जैसे-जैसे दिन चढ़ा तमाम लोग नहाने के लिए साहिल पर आते गए। यह तय था कि ग्यारह बजे समुद्र ग्रीष्म कालोनी की औरतों और बच्चों के लिए पूरी तरह छोड़ दिया जाए। पहले औरतों ने अपने कपड़े उतारकर नहाने के कपड़े पहने और स्पंज के थैले जैसी टोपियों से अपने सिर ढँके; फिर बच्चों के कपड़े उतारे गए। साहिल पर यहाँ-वहाँ

कपड़ों, जूतों और गर्मियों में पहने जानेवाले बड़े हैट के छोटे-छोटे ढेर बिखरे थे जिनपर पत्थर रखे गए थे ताकि वे कहीं उड़ नहीं जाएँ। ये विशाल शंखों से दिखते थे। आश्चर्य की बात थी कि जब वे लोग उछलते-कूदते-हँसते हुए समुद्र की लहरों में घुसते तो समुद्र की आवाज भी बदली-सी लगती। बकायन के रंग का सूती लिबास पहने और ठुड्डी पर काला हैट बाँधे मिसेज फेयरफील्ड ने अपने बच्चों को जुटाया और उन्हें तैयार किया। ट्राउट के लड़कों ने अपनी कमीजें अपने सिरों के ऊपर घुमाईं और भाग निकले जबकि उनकी दादी बैठ गई। उसका हाथ बुनाई के थैले से ऊन का गोला निकालने के लिए तैयार था।

मोटी-तगड़ी और मजबूत-सी दिखने वाली लड़कियाँ बहादुरी में नाजुक दिखने वाले लड़कों की आधी भी नहीं थीं। सिहरते-काँपते और पानी पर हाथ मारते पिप और रैग्स कभी नहीं हिचकिचाते। लेकिन बारह कदम तक तैर सकनेवाली इसाबेल और करीब आठ कदम तक तैर सकनेवाली केजिया बस इसी शर्त पर उनके पीछे जातीं कि उन पर पानी के छींटे नहीं मारे जाएँगे। जहाँ तक लॉटी का सवाल है, वह उनके साथ कभी नहीं जाती। वह चाहती कि उसे अपनी मर्जी पर छोड़ दिया जाए। वह पानी के किनारे इस तरह बैठती कि उसकी टाँगें सीधी रहतीं और उसके घुटने एक-दूसरे से जुड़े होते। वह अपने हाथों को कुछ इस तरह इधर-उधर घुमाती जैसे वह समुद्र में खुद को बहा लिए जाने का इन्तजार कर रही हो। लेकिन जब आम लहरों से बड़ी और गलमुच्छेदार लहर उसकी तरफ लपकती आई तो वह दहशत से उठ खड़ी हुई और भाग निकली।

"माँ, मेरी ये चीजें रख लो। रखोगी ना ?"

दो अँगूठियाँ और सोने की एक पतली चेन मिसेज फेयरफील्ड की गोद में आ गिरीं।

"हाँ, क्यों नहीं। लेकिन क्या तुम यहाँ नहीं नहा रही हो ?"

"न-हीं," बेरिल धीरे-धीरे बोली। उसकी आवाज अजीब-सी थी। "मैं अपने कपड़े आगे उतारूँगी। मैं मिसेज हैरी केम्बर के साथ नहाउँगी।"

"ठीक है।" लेकिन मिसेज फेयरफील्ड ने अपने होंठ भींच लिये। वह मिसेज केम्बर को नापसन्द करती थी। बेरिल को भी यह बात मालूम थी।

बेचारी बूढ़ी माँ, वह पत्थरों के ऊपर से गुजरती हुई मुस्कुराई। "बेचारी बूढ़ी माँ, बूढ़ी ! हाँ, अरे जवानी की भी अपनी क्या मस्ती होती है !"

"बहुत खुश नजर आ रही हो," मिसेज हैरी केम्बर ने पूछा। वह पत्थरों पर उकडूँ बैठी थी। उसकी बाँहें उसके घुटनों पर थीं और वह सिगरेट का कश ले रही थी।

बेरिल ने मुस्कुराते हुए कहा, "हाय, क्या शानदार दिन है !"

"हाँ, मेरी प्यारी !" मिसेज हैरी केम्बर ने कुछ इस अन्दाज में कहा जैसे वह उससे

बेहतर जानती हो। लेकिन उसका यह अन्दाज पुराना था। वह पतले-पतले हाथ-पाँववाली लम्बे कद की एक अजीबोगरीब औरत थी। उसका चेहरा भी लम्बोतरा और पतला था जो थका-थका-सा दिखता था। उसके घुँघराले बाल करीने से सजे हुए थे, फिर भी वे जले-जले से और बिखरे से दिखते थे। यहाँ सिगरेट पीनेवाली वह अकेली औरत थी। वह बेतहाशा सिगरेट पीती थी। जब वह बातें करती, सिगरेट उसके होंठों के बीच दबी होती। वह तभी उसे निकालती जब उसकी राख इतनी लम्बी हो जाती कि आपको हैरत होने लगती कि आखिर यह खुद नीचे टपक क्यों नहीं पड़ती। वह रोज ब्रिज खेलती और जिस वक्त वह ब्रिज नहीं खेल रही होती, धूप में पड़ी वक्त गुजारती होती। वह कितने ही वक्त तक यह काम कर सकती थी और कभी उससे सन्तुष्टि नहीं होती। यह भी लगता कि धूप उसे कभी गर्म नहीं कर पाती। सूखी, मुर्झाई और ठंडी-सी वह पत्थरों पर इस तरह पसरी होती जैसे वह बहकर आया लकड़ी का कोई फालतू टुकड़ा हो। क्रिसेण्ट बे की औरतें को हमेशा यह लगता कि वह एक बेहद चालू-पुर्जा औरत है। उसकी बेशर्मी, उसकी गालियों-भरी गँवई बोली, मर्दों के बीच उसका इस तरह का हाव-भाव और बर्ताव जैसे वह उनमें से एक हो और यह हकीकत कि उसने कभी घर के दो पैसों का ख्याल नहीं रखा और अपनी नौकरानी ग्लैडीज को "ग्लैड-आइज" (मस्त आँखें) पुकारना उनके लिए घृणित था। अपने बरामदे की सीढ़ियों पर खड़ी मिसेज केम्बर अपनी थकी हुई विरक्त-सी आवाज में पुकारतीं, "ग्लैड-आइज, एक रूमाल ला दो, ला रही हो ना ?" और कैप के बजाय जूड़े में एक सुर्ख बो टाँके और सफेद जूते पहने ग्लैड-आइज होंठों पर एक निर्लज्ज और ढीठ मुस्कुराहट सजाए दौड़ती हुई वहाँ आती। यह सरासर एक स्कैण्डल था ! सच है कि उसके बच्चे नहीं थे...इस जगह लोगों की आवाज ऊँची हो जाती थी। हैरी ने उससे शादी कैसे की ? कैसे, आखिर कैसे ? जरूर यह पैसे पर हुई होगी, बेशक, लेकिन तब भी !

मिसेज केम्बर के पति की उम्र उससे कम से कम दस साल कम थी। इसलिए वह अविश्वसनीय रूप से इस कदर हसीन दिखता था कि वह किसी मुखौटे की तरह या फिर किसी अमेरिकी उपन्यास के एकदम परिपूर्ण और आदर्श चित्र की तरह लगता था। काले बाल, गहरी नीली आँखें, सुर्ख होंठ, हल्की निंदियाई-सी मुस्कान, एक शानदार टेनिस खिलाड़ी, एक आदर्श नर्तक, और उन सब के साथ रहस्य का पुट। हैरी कैम्बर नींद में चलने वाले किसी आदमी के समान था। मर्द उसे बर्दाश्त नहीं करते थे, उनसे वह बातें नहीं करता था; वह अपनी पत्नी को उसी तरह नजरअन्दाज करता था जिस तरह वह उसको नजरअन्दाज करती थी। वह रहता कैसे था ? बेशक उससे जुड़े अनेक अफसाने थे, लेकिन ये अफसाने ! उन्हें दोहराया नहीं जा सकता। वह जिन औरतों के साथ देखा गया, वह जिन जगहों पर पाया गया...लेकिन कोई भी बात कभी

निश्चित और पक्की नहीं थी। बे की कुछ औरतें निजी तौर पर सोचतीं कि एक दिन वह मिसेज केम्बर की हत्या कर डालेगा। हाँ, जब वे मिसेज केम्बर से बातें करती और उसकी अजीबोगरीब पोशाक पर नजर डालतीं, तो अपनी कल्पना में उसे साहिल पर इस तरह पड़ी देखतीं जिस तरह वह आम तौर पर वहाँ पड़ी होती है; लेकिन उसका शरीर ठंडा होता और वह खून में सनी होती, उसकी सिगरेट उसके मुँह के एक कोने में तब भी फँसी रहती।

मिसेज केम्बर उठी, अंगड़ाई ली, अपना कमरबन्द ढीला किया और अपने ब्लाउज के फीते खींचे। उधर बेरिल ने अपना स्कर्ट उतारा। फिर अपने बदन से जर्सी अलग की और अपने छोटे से सफेद पेटीकोट में खड़ी हो गई। उसकी फीतेदार शमीज उसके कन्धों पर झूल रही थी।

"अल्लाह रहम करे," मिसेज केम्बर ने कहा। "हाय, कितनी हसीन हो तुम।"

बेरिल ने बड़ी मुलायमियत से कहा, "नहीं, ऐसा मत कहो।" उसने अपने एक पैर से लम्बी जुराब उतारी, फिर दूसरी भी उतार डाली। उसे अपने हुस्न का अहसास हो रहा था।

"क्यों नहीं प्यारी ?" मिसेज केम्बर ने अपना पेटीकोट झटकते हुए पूछा। उसके अधोवस्त्र ! नीली सूती निकर और तकिया के गिलाफ की याद दिलानेवाली लिनेन की शमीज..."तुम चोली नहीं पहनती। है ना ?" उसने बेरिल की कमर को छुआ, और बेरिल एक हल्की-सी चीख के साथ उछल पड़ी। "नहीं, कभी नहीं !" उसकी आवाज में दृढ़ता थी।

"बड़ी खुशकिस्मत हो, मेरी जान," मिसेज केम्बर ने अपनी चोली खोलते हुए आह भरी।

बेरिल ने अपनी पीठ घुमा ली और अपने कपड़े उतारने और उसके साथ ही साथ स्नान के कपड़े भी पहनने की जटिल कवायद में जुट गई।

"अरे प्यारी--मेरा लिहाज मत करो," मिसेज केम्बर ने कहा। "काहे की शर्म ? मैं तुम्हें खा थोड़े ही जाउँगी। मैं तुम्हें देखकर उन बुद्धू औरतों की तरह थोड़े ही अचकचा जाउँगी।" उसकी हँसी में एक अजीब-सी हिनहिनाहट थी और उसने दूसरी औरतों की तरफ निगाह कर बुरा-सा मुँह बनाया।

लेकिन बेरिल शर्मीली थी। उसने कभी किसी के सामने अपने कपड़े नहीं उतारे थे। क्या यह उसकी बेवकूफी थी ? मिसेज केम्बर ने उसे समझाया कि यह न सिर्फ बेवकूफी है बल्कि एक ऐसी चीज है जिस पर शर्मिन्दगी भी उठानी पड़ती है। आखिर कोई क्यों शर्म करे ? उसने बड़ी तेजी से एक निगाह अपनी दोस्त पर डाली जो अपनी फटी शमीज में बड़ी बेबाकी के साथ खड़ी सिगरेट सुलगा रही थी। और उसके सीने में भी बेबाक शैतानी ख्याल उमड़ने लगे। एक बेलगाम हँसी के साथ उसने रेत से सनी

स्नान की पोशाक चढ़ाई जो सूखी नहीं थी और बटन लगाए।

"हाँ, यह बेहतर है," मिसेज केम्बर ने कहा। दोनों साथ-साथ साहिल की तरफ कदम बढ़ाने लगीं। "सचमुच, जान, तुम्हारे लिए कपड़े पहनना एक गुनाह है। किसी दिन कोई तुम्हें यह बात बताएगा।"

पानी गुनगुना था। वह शानदार और पारदर्शी नीले रंग का था जिसमें चाँदी के चकत्ते थे, लेकिन तह में बिखरी रेत सोने-सी दिख रही थी। जब आप वहाँ अपने पंजे मारते, सोने की धूल उड़ती। अब लहरें ठीक उसकी छाती को छू रही थी। बेरिल बाँहें फैलाए खड़ी थी। जैसे ही कोई लहर आती, वह आहिस्ता से उछल पड़ती और ऐसा लगता जैसे ये लहरें ही हैं जो उसे इतनी नरमी के साथ उछाल रही हैं।

"मेरा मानना है कि हसीन लड़कियों को अपना वक्त शानदार तरीके से गुजारना चाहिए," मिसेज केम्बर ने कहा। "आखिर क्यों नहीं ? मेरी जान, तुम कोई गलती नहीं करोगी। मजे लो।" और फिर अचानक वह किसी कछुए की तरह उलटी और चूहे की तरह तेजी से तैरती हुई नजरों से ओझल हो गई। थोड़ी ही देर के बाद वह फड़फड़ाती हुई लौटी। वह उससे कुछ कह रही थी। बेरिल को लगा कि यह ठंडी औरत उसके दिलो-दिमाग में जहर घोल रही है, फिर भी वह उसकी बातें सुनना चाह रही थी। लेकिन उफ्फोह, कितनी अजीब, कितनी भयानक थी वह ! जब मिसेज केम्बर निकट आई, उसका उनींदा चेहरा पानी की सतह से ऊपर उठा था और उसकी ठुड्डी बस पानी की सतह को छू ही रही थी। वह अपनी काली वाटरप्रूफ टोपी में अपने पति की एक खौफनाक नकल दिख रही थी।

सामने फैली घास में उगे मानुका के पेड़ के नीचे आरामकुर्सी पर बैठी लिंडा बरनेल ऊँघती हुई सुबह का वक्त गुजार रही थी। वह कुछ नहीं कर रही थी। वह मानुका की काली सूखी पत्तियों को, नीलापन लिये उनकी दरारों को और अपने ऊपर गिरते पीले फूलों को देख रही थी। वे सुन्दर थे–हाँ, अगर आप उनमें से किसी फूल को अपनी हथेली पर लें और उसे गौर से देखें तो उसे एक नन्ही खूबसूरत चीज पाएँगे। उसकी हरेक पंखुड़ी इस तरह दमकती है जैसे किसी दक्ष हाथ ने उसे बड़े प्यार से गढ़ा हो। बीच में निकली नन्ही जीभ उसे घंटे का-सा आकार दे रही थी। और जब आप उसे उलटते, तो उसका बाहरी हिस्सा गहरे ताँबे के रंग का था। लेकिन जैसे ही वे खिलते, वे गिर पड़ते और बिखर जाते। बातें करते समय आप अपनी फ्राक से उन्हें झाड़ते हैं, ये जरा-जरा से फूल आपके बालों में उलझ जाते हैं। तब आखिर ये खिलते ही क्यों हैं ? कौन उन चीजों को बनाने की जहमत गवारा करता है या उन्हें बनाकर खुश होता है जो यूँ ही खत्म हो जाती हों...यह रहस्य है।

उसके पास ही घास पर दो तकियों के बीच नन्हा बच्चा लेटा था। गहरी नींद

में सोए बच्चे का सिर माँ की विपरीत दिशा में घूमा था। उसके नफीस स्याह बाल असली बालों के बजाय छाया-से दिखते थे, लेकिन उसका कान चमकीले गहरे मूँगे जैसा था। लिंडा ने अपने सिर के ऊपर अपने हाथ कस लिये और अपने पाँव मोड़ लिये। यह जानना बेहद खुशगवार था कि ये तमाम बँगले खाली हैं और उनके तमाम लोग आँखों से ओझल और कानों से दूर साहिल पर गए हुए हैं। बाग बस उसी का है, बस उसी का और वह वहाँ एकदम तन्हा है।

पिकोटी के सफेद फूल नजरों को चौंधिया रहे थे, सुनहरी आँखों वाले गेंदे के फूल दमक रहे थे और नेस्टरशियम बरामदे के खम्भों पर हरे और सुनहरे शोलों का घेरा बना रहे थे। बस आपको उन फूलों को देर तक गौर से देखना था, उनके अनूठेपन और अजूबेपन को महसूस करना था, उन्हें जानना था ! लेकिन जैसे ही कोई उनकी पंखुड़ियों को चीरने के लिए, उसके अन्दर की चीजों को देखने के लिए रुकता, जिन्दगी का दीदार हो जाता और वह उसमें बह जाता। बेंत की एक कुर्सी पर बैठी लिंडा ने खुद को बेहद हल्का महसूस किया, उसे लगा जैसे वह कोई पत्ता हो। तभी जिन्दगी हवा के किसी झोंके की तरह आई, वह उसमें जकड़-सी गई और हिल गई। अरे, उसे तो जाना है। उफ प्यारे, क्या हमेशा ऐसा ही होगा ? क्या इससे बच निकलने का कोई रास्ता नहीं है ?

...अब वह अपने तस्मानियाई घर के बरामदे में अपने पिता के घुटनों के पास झुकी बैठी है। और वह उससे वादा करते हैं, "लिन्नी, जब हम और तुम काफी बूढ़े हो जाएँगे, हम किसी दिन कहीं चल पड़ेंगे, हम भाग निकलेंगे। एक साथ दो लड़कों की तरह। मैं सपना देखता हूँ किश्ती में चीन की किसी नदी को पार करने का।" लिंडा ने यह नदी देखी, बहुत चौड़ी थी वह, नौकाओं और किश्तियों से पटी। उसने नाविकों की पीली टोपियाँ भी देखीं और उन्हें अपनी पतली गूँजती आवाजों में एक-दूसरे को पुकारते भी सुना...

"हाँ, पापा।"

लेकिन तभी सोंठ जैसे बालोंवाला एक बेहद मजबूत कद-काठी का नौजवान उनके घर के बगल से गुजरा, धीरे-धीरे, नपे-तुले कदमों से। लिंडा के पिता ने उसे चिढ़ाने के लिए उसके कान खींचे। यह उनका अपना खास अन्दाज था।

"लिन्नी का महबूब," वह फुसफुसाए।

"ओह पापा, मैं क्या स्टेनली बरनेल से शादी करूँगी !"

बहरहाल, वह उससे ब्याही हुई थी। वह उसे प्यार भी करती थी। उस स्टेनली से नहीं जिसे सभी रोज देखते थे, बल्कि उस संकोची, संवेदनशील और मासूम स्टेनली से जो हर रात प्रार्थना करने के लिए सजदे में जाता और नेक बने रहने की अपनी चाहत दोहराता। स्टेनली सीधा-सादा था। अगर वह लोगों पर यकीन करता—मसलन

वह लिंडा पर भरोसा करता था—तो पूरे दिल से। वह बेवफा नहीं हो सकता था; वह झूठ भी नहीं बोल सकता था। और अगर उसे लगता कि कोई उसके साथ पूरी साफगोई, पूरी ईमानदारी नहीं बरत रहा है, तो उसे बेतरह तकलीफ होती थी। "यह मेरे लिए बहुत गूढ़ है।" वह कह तो देता था लेकिन उसकी काँपती उद्विग्न निगाहें पिंजड़े में बन्द किसी जंगली जानवर की-सी दिखती थीं।

लेकिन दिक्कत की बात तो यह थी—यहाँ लिंडा का मन हँसने को हुआ, हालाँकि खुदा जानता है कि यह हँसने की कोई बात नहीं थी—कि वह अपने इस स्टेनली को कभी-कभार ही देख पाती थी। झलकियाँ थीं, कुछ लम्हे थे और सुकून की साँस लेने भर के लिए वक्फे थे, लेकिन बाकी समय किसी ऐसे घर में रहने जैसा था जिसमें हमेशा आग लग जाती हो और उसे दुरुस्त नहीं किया जा सकता हो, या फिर ऐसी किसी नाव की तरह था जो रोजाना टूट जाती हो। और यह स्टेनली ही था जो हमेशा उन खतरों में घिरता। लिंडा का समूचा वक्त उसे बचाने में, उसे शान्त करने और उसकी दास्तान सुनने में गुजरता। और बाकी जो वक्त बचता वह बच्चे जनने की वहशत में कटता।

लिंडा ने त्योरियाँ चढ़ाईं। वह तेजी से अपनी आरामकुर्सी में उठ बैठी और अपने टखनों पर हाथ बाँध लिये। हाँ, जिन्दगी से उसे सचमुच शिकायत थी जिसे वह खुद भी समझ नहीं पाती थी। यह वह सवाल था जिससे वह बार-बार रूबरू होती थी, और उसका जवाब सुनने की बेकार कोशिश करती रहती थी। यह कहना बड़ा आसान है कि ढेर सारी औरतों के लिए बच्चे जनना एक आम बात है। लेकिन उसके लिए यह बात सही नहीं थी। वह उसे गलत साबित कर सकती थी। बच्चे जनते-जनते वह टूट-सी गई थी। वह कमजोर पड़ गई थी। उसकी हिम्मत जवाब दे चुकी थी। सबसे तकलीफदेह बात तो यह थी कि उसे अपने बच्चों से जरा भी प्यार नहीं था। इसका दिखावा करना बेकार था। अगर उसमें कुछ कुव्वत और ताकत बची भी होती तब भी वह उन नन्ही लड़कियों की कभी देखभाल नहीं करती और ना ही उनके साथ कभी वह खेलती। बच्चे जनने की हरेक यातनामय यात्रा के दौरान कोई ठंडी-सी साँस उसके समूचे वजूद को बर्फ-सा बना देती; उसके पास देने के लिए कोई गर्मी बचती ही नहीं। जहाँ तक लड़के की बात है—शुक्र है खुदा का, माँ ने उसे ले लिया था; वह माँ का है, या बेरिल का है या फिर हर उसका है जो उसे अपनी गोद में लेना चाहता है। उसने एकाध बार ही उसे अपनी बाँहों में उठाया था। वह अपने बच्चे के तईं लापरवाह बनी रहती और वह यहाँ-वहाँ पड़ा रहता...लिंडा ने निगाहें नीचे फेरीं।

बच्चे ने पलटनिया खाई। वह उसकी तरफ मुँह किए पड़ा था और अब वह नींद में नहीं था। उसकी गहरी नीली बचकानी आँखें खुली थीं। ऐसा लग रहा था जैसे वह अपनी माँ को झाँक रहा हो। और अचानक उसके गालों पर हसीन से गड्ढे पड़ गए।

बिना दाँतवाला उसका मुँह मुस्कुराहट से फैल गया। सचमुच यह एक शानदार मुस्कुराहट थी।

"ये रहा मैं !" खुशियों से भरी मुस्कुराहट कुछ ऐसा ही जुमला कहती प्रतीत हुई। "तुम मुझे पसन्द क्यों नहीं करती ?"

उस मुस्कान में कुछ ऐसी निराली, कुछ ऐसी अनपेक्षित बात थी कि वह खुद भी मुस्कुरा उठी। लेकिन तुरन्त ही उसने खुद को काबू में कर लिया और सर्द लहजे में नन्हे बच्चे से कहा, "मैं बच्चों को पसन्द नहीं करती।"

"तुम बच्चों को पसन्द नहीं करती ?" बच्चे को यकीन नहीं आया। "तुम मुझे पसन्द नहीं करती ?" उसने माँ की तरफ इशारा कर बेवकूफों की तरह अपनी नन्ही बाँहें हिलाईं।

लिंडा अपनी कुर्सी से घास पर उतर आई।

"तुम क्यों इस तरह मुस्कुराते चले जा रहे हो ?" उसके लहजे में गुस्सा था। "अगर तुम जानते कि मैं क्या सोच रही हूँ तो तुम ऐसा हरगिज नहीं करते।"

लेकिन नन्हे बच्चे ने नटखट अन्दाज में बस आँखें मटकाईं और तकिए पर सिर घुमा लिया। उसने अपनी माँ की बातों पर जरा भी यकीन नहीं किया।

"हम सारी बातें जानते हैं !" बच्चा मुस्कुराया।

लिंडा को इस नन्ही-सी जान के आत्मविश्वास पर बड़ा आश्चर्य हुआ...ओह, नहीं, ईमानदारी बरतो। लेकिन यह बात नहीं थी जो उसने महसूस की; यह उससे बहुत ही भिन्न बात थी, यह इतनी नई बात थी, इतनी...इतनी कि उसकी आँखों में आँसू की बूँदें नाचने लगीं, वह बच्चे से फुसफुसाई, "हैलो, मेरे निराले नौनिहाल !"

लेकिन अब तक बच्चा माँ को भूल चुका था। वह फिर से संजीदा बन गया था। उसके सामने गुलाबी और नर्म-सी कोई चीज लहरा रही थी। उसने उसे दबोचना चाहा। तब तक वह गायब हो चुकी थी। लेकिन जब उसने करवट बदली तो पहली जैसी एक दूसरी चीज हाजिर हो चुकी थी। इस बार वह उसे अपनी गिरफ्त में करने का फैसला कर चुका था। उसने एक जोरदार कोशिश की और ठीक उस पर झपट्टा मारा।

ज्वार लौट चुका था, साहिल वीरान था और गरम समुद्र काहिली से झूम रहा था। सूरज बारीक रेत पर जैसे आग बरसा रहा था और भूरी और नीली और स्याह और सफेद धारियों वाली कंकड़ियों को भून रहा था। उसने टेढ़ी-मेढ़ी सीपियों के अन्दर पड़े पानी के कतरे को सोख लिया; रेत के ढेरों से गुजरते गुलाबी हरिणपदों को बेरंग कर दिया। वहाँ टिटहरियों को छोड़कर कुछ भी हिल-डोल नहीं रहा था। टिट-टिट-टिट ! वे कभी शान्त नहीं बैठतीं।

समुद्र में भाटा था और ऐसे में खर-पतवार से ढँकी चट्टानें कुछ ऐसी लग रही

थीं जैसे कोई जंगली जानवर वहाँ पानी पीने पहुँचा हो, सूरज की रोशनी इस तरह नाचती प्रतीत होती थी जैसे पत्थरों के बीच बने इन छोटे-छोटे गड्ढों में से हरेक में चाँदी के सिक्के फिरकियाँ खा रहे हों। रोशनी की किरणें पानी की सतह पर लरज रही थीं, और नन्ही लहरें चट्टानों के छिदरे किनारों को भिगो रही थीं। नीचे झुककर निगाह करें तो हरेक गड्ढा किसी झील के मानिन्द दिखता था जिसके किनारों पर गुलाबी और नीले मकानों की कतारें हों; और उफ ! उन मकानों के पीछे विशाल पहाड़ी कस्बा—तंग घाटियाँ, दर्रे, खतरनाक सँकरी खाड़ियाँ और पानी के किनारे तक ले जाने वाली खौफनाक पगडंडियाँ। पानी के नीचे समुद्री जंगल लहरा रहा था—धागेनुमा गुलाबी पेड़, मखमली ऐनिमोन, और बेरी के धब्बोंवाले नारंगी रंग के खर-पतवार। तभी तह में पड़ा कोई पत्थर सरका, और वहाँ किसी स्याह-सी चीज की झलक मिली। और धागे जैसा कोई जन्तु वहाँ से डगमगाता हुआ गुजरा और कहीं गुम हो गया। लहराते गुलाबी पेड़ों के साथ कुछ तो हो रहा था; वे चाँद की ठंडी नीली आभा ओढ़े थे। और तभी बिलकुल मद्धिम-सी कोई आवाज उभरी "गड़प्प।" किसने की यह आवाज ? वहाँ नीचे क्या हो रहा है ? और झुलसाती धूप में समुद्री खर-पतवार की यह महक कितनी तेज और कितनी सीलनभरी है।...

ग्रीष्म कालोनी के बँगलों में हरी चिकें गिराई जा चुकी थीं। खटालों की तरफ बरामदों में, बाड़ों पर निढाल से दिखने वाले स्नान के कपड़े और धारीदार खुरदुरे तौलिए टँगे थे। पिछवाड़े की हरेक खिड़की की दहलीज पर रेत पर चलने वाले जूतों की एक जोड़ी और पत्थर के टुकड़े या बाल्टी या पावा सीपियों के ढेर पड़े थे। गर्मी से कोई झाड़ी कुलबुलाई; रेतीला रास्ता सुनसान पड़ा था। बस अकेले ट्राउट का कुत्ता स्नूकर था जो वहाँ सड़क के लगभग बीचोबीच बैठा था। उसकी नीली आँखें उलटी हुई थीं, पाँव सख्त और खिंचे से थे, और वह रह-रह कर साँसें भर रहा था जैसे कह रहा हो कि उसने अपना अन्त करने की ठान रखी है और अब वह बस किसी रहमदिल गाड़ी के आने का इन्तजार कर रहा है।

"नानी, तुम क्या देख रही हो ? आखिर तुम इस तरह दीवार को घूर क्यों रही हो ?"

केजिया और उसकी दादी दोपहर के खाने के बाद साथ-साथ सुस्ता रही थीं। नन्ही लड़की ने सिर्फ छोटी-सी जाँघिया और शमीज पहन रखी थी। उसकी बाँहें और टाँगें नंगी थीं और वह नानी के पलंग पर लेटी थी जबकि शिकनों से भरा चोगा पहने बूढ़ी नानी खिड़की के पास एक राकिंग चेयर पर बैठी थी। उसकी गोद में गुलाबी रंग के स्वेटर का एक बड़ा सा-पल्ला पड़ा था। यह कमरा भी बँगले के दीगर कमरों की ही तरह हल्की वार्निश की गई लकड़ी का बना था और उसका फर्श नंगा था। कमरे का फर्नीचर सादा और बोसीदा था। मसलन सिंगार मेज का ढाँचा किसी डिब्बे जैसा

था जबकि उसका आईना दिखने में बड़ा अजीबोगरीब लगता था। ऐसा लगता था जैसे बिजलियों की आड़ी-टेढ़ी टहनियों को उसमें कैद कर रखा गया हो। मेज पर सी-पिंक के फूलों से भरे मर्तबान एक-दूसरे से सटाकर ऐसे रखे गए थे कि वे मखमल के पिनकुशन की तरह दिख रहे थे। वहाँ एक खास सीपी भी रखी थी जिसे केजिया ने अपनी नानी को पिन रखने के लिए दिया था। वहाँ उससे भी खास एक और सीपी पड़ी थी जिसके बारे में उसका ख्याल था कि वह घड़ी रखने के लिए बहुत बढ़िया होगी।

"बताओ ना, नानी," केजिया ने सवाल किया।

बूढ़ी ने ठंडी साँस भरी, अपने अँगूठों पर ऊन दो बार लपेटा, और फिर उससे बुनने का काँटा गुजार दिया।

"मेरी बच्ची, मैं तुम्हारे विलियम चाचा के बारे में सोच रही थी," उसने धीरे से जवाब दिया।

"आस्ट्रेलियावाले मेरे विलियम चाचा ?" केजिया बोली। उसके एक और चाचा थे।

"हाँ, वही।"

"वही, जिन्हें मैंने कभी नहीं देखा ?"

"हाँ, वह कभी का गुजर चुका है।"

"अच्छा, क्या हुआ था उन्हें ?" केजिया सब कुछ जानती थी, लेकिन वह फिर से सुनना चाहती थी।

मिसेज फेयरफील्ड ने बताया, "वह खदानों में गए थे। वहाँ उन्हें लू लगी और वह मर गए।"

केजिया ने आँखें झपकाईं और अपने ख्यालों में एक बार फिर उनकी तस्वीर उकेरी...किसी बड़े काले सुराख के पास गिरे खिलौना सैनिक जैसा एक ठिगना-सा आदमी।

"नानी, क्या उनकी याद आपको उदास कर देती है ?" केजिया को अपनी नानी के उदास होने से चिढ़ होती थी।

अब सोचने की बारी बूढ़ी नानी की थी। क्या वह उसे याद कर उदास हो जाती है ? पीछे, अतीत में मुड़कर देखने से; वर्षों की इस पायदान पर नीचे उतरने से, जैसा केजिया ने उसे करते देखा; आँखों से ओझल होने के सालों बाद भी उनकी देखभाल करते हुए, जैसा कि कोई औरत करती है...क्या ये चीजें उसे उदास कर देती हैं ? नहीं, जिन्दगी तो बस यूँ ही चलती है।

"नहीं, केजिया।"

"लेकिन क्यों ?" केजिया ने पूछा। उसने अपनी नंगी बाँह उठाई और हवा में

आड़ी-तिरछी लकीरें उकेरने लगी।

"आखिर विलियम चाचा को क्यों मरना पड़ा ? वह उतने बूढ़े तो नहीं हो गए थे।"

मिसेज फेयरफील्ड ने तीन-तीन कर ऊन के बिने घर गिनने शुरू किए। यादों में गुम उसने जवाब दिया, "बस ऐसे ही वह गुजर गया।"

"क्या हर किसी को मरना है ?" केजिया का सवाल था।

"सबको।"

"मुझे भी ?" केजिया की आवाज में डर और अविश्वास था।

"हाँ, प्यारी, एक दिन तुम्हें भी।"

"लेकिन, नानी।" केजिया ने अपना बायाँ पाँव लहराया और पंजों को हिलाने-डुलाने लगी। उनमें अब भी रेत फँसी हुई थी। "अगर मैं नहीं मरूँ तो क्या होगा ?"

बूढ़ी ने फिर एक आह भरी और ऊन के गोले से लम्बा-सा धागा निकाला।

"केजिया, खुदा हमें बुलाने से पहले हमसे थोड़े ही पूछता है।" उसकी आवाज उदास थी। "देर-सबेर, हम सभी को यहाँ से जाना है।"

केजिया इस सवाल में उलझी खामोश लेटी रही। वह मरना नहीं चाहती थी। मरने का मतलब था कि उसे यहाँ से जाना होगा, हर जगह से जाना होगा, हमेशा-हमेशा के लिए--नानी को छोड़ना होगा। उसने तेजी से करवट बदली।

"नानी," उसने भरे गले से कहा।

"क्या, मेरी लाडली ?"

"आपको मरना नहीं है।" केजिया ने निर्णायक लहजे में कहा।

"आह, केजिया।" उसकी नानी ने उसे देखा और फिर मुस्कुराते हुए सिर हिलाया। "इसके बारे में बातें नहीं करो।"

"लेकिन आपको नहीं मरना। आप मुझे अकेले नहीं छोड़ सकतीं। आप वहाँ नहीं जा सकतीं।" यह ख्याल बेहद खौफनाक था। "नानी, वादा करिए कि आप ऐसा कभी नहीं करेंगी।"

बूढ़ी नानी ने स्वेटर बुनने का अपना सिलसिला जारी रखा।

"वादा करिए। कहिए कि कभी ऐसा नहीं करेंगी आप।"

लेकिन नानी अब भी खामोश थीं।

केजिया कूदकर पलंग से उतरी; उससे अब बर्दाश्त नहीं हो पा रहा था। वह कूदकर नानी के घुटनों पर चढ़ गई और उसकी गर्दन को अपने हाथों से थाम लिया। उसकी ठुड्डियों के नीचे और कानों के पीछे वह बूढ़ी को चूमने लगी और गर्दन पर फूँक मारने लगी।

"कहिए कि कभी नहीं...कभी नहीं, कहिए...कभी नहीं" वह चुम्बनों के बीच हाँफ रही थी। और फिर बड़ी मुलायमियत से वह आहिस्ता-आहिस्ता अपनी नानी को गुदगुदाने लगी।

"केजिया !" बूढ़ी ने बुनने का सिलसिला बन्द कर दिया। वह अपनी कुर्सी को आगे-पीछे डुलाने लगी। उसने भी केजिया को गुदगुदाना शुरू कर दिया। दोनों एक-दूसरे की बाँहों में पड़ी हँस और खिलखिला रही थीं। "कहिए कि कभी नहीं... कभी नहीं, कहिए...कभी नहीं," घरघराती-सी आवाज में केजिया बोलती रही।

"बस भी करो, यह काफी है मेरी गिलहरी ! बहुत हुआ, मेरी जंगली टट्टू ! " अपनी टोपी ठीक करती मिसेज फेयरफील्ड बोली। "मेरा स्वेटर उठाओ।"

और फिर दोनों ही भूल गए कि "कभी नहीं" का मामला क्या था।

जब बरनेल परिवार के घर का पिछवाड़ेवाला दरवाजा धड़ाम से बन्द हुआ तो उस वक्त भी सूरज अपने पूरे आबोताब पर था। एक बेहद शोख आकृति फाटक की तरफ आती दिखी। यह शाम के कपड़े पहन कर बाहर जाने के लिए तैयार एलिस थी, उनकी नौकरानी। उसकी सफेद सूती पोशाक पर लाल रंग के इतने बड़े-बड़े और इतने ज्यादा धब्बे थे कि आप उन्हें देखकर सिहर उठते। उसने सफेद जूते पहन रखे थे और उसके सिर पर पॉपी के फूलों से सजा एक हैट था जिसके किनारे ऊपर की तरफ उठे थे। बेशक, उसने दस्ताने भी पहन रखे थे और वे भी सफेद रंग के ही थे, लेकिन उन पर जंग के धब्बे थे। उसके एक हाथ में घिसी हुई छतरी थी जिसे वह अपना "पेरिशाल" (पैरासोल–फैशनेबल छतरी–अनु.) बताती थी।

कुछ ही देर पहले नहाई बेरिल खिड़की के नजदीक बैठी अपने बाल सुखा रही थी। उसने मन ही मन सोचा कि उसने कभी ऐसी लड़की नहीं देखी। अगर एलिस ने बाहर निकलने से पहले बस अपने चेहरे पर काला रंग पोत लिया होता तो तस्वीर मुकम्मल हो जाती। इस तरह की लड़की ऐसी जगहों पर कहाँ जाती है ? चमकती हुई जुल्फों को दिल की शक्लवाला हाथ-पंखा हवा कर रहा था। उसके मन में एक ख्याल कौंधा कि शायद एलिस ने किसी खौफनाक गुण्डे को फाँसा है और दोनों किसी झाड़ी में घुसेंगे। लेकिन एलिस के साथ किसी का झाड़ी में छिपना आसान नहीं होगा।

लेकिन नहीं, बेरिल गलत थी। एलिस मिसेज स्टब्स के यहाँ चाय पर जा रही थी। उन्होंने अपने नौकर के मार्फत उसे "दावत" दी थी। एलिस जब पहली बार मच्छर भगानेवाला पाउडर खरीदने मिसेज स्टब्स की दुकान गई तब से ही वह उसे पसन्द करने लगी थी।

"अरे, मेरी लाडली !" मिसेज स्टब्स ने अपनी बगलों में हाथ पटके। "मैंने कभी किसी को इतना जर्द नहीं देखा। तुम पर शायद आदमखोरों का हमला हुआ है।"

एलिस मना रही थी कि सड़क पर जिन्दगी की कुछ गहमा-गहमी हो। यह ख्याल उसे लरजा देता था कि उसके पीछे-पीछे कोई नहीं चल रहा है। वह खुद को कमजोर महसूस करती थी। उसे यकीन ही नहीं हो पाता था कि कोई उसे ताक नहीं रहा है। लेकिन इसके बावजूद पीछे मुड़कर देखना भी बेवकूफी थी; इससे पता चल जाता कि आप डर गए हैं। उसने दस्ताने उतारे, मन ही मन भुनभुनाई और दूर लाख के पेड़ को मुखातिब करते हुए कहा, "अब ज्यादा दूर नहीं है।" लेकिन भला यह भी कोई साथ था !

सड़क से थोड़ा हटकर एक छोटी-सी पहाड़ी पर मिसेज स्टब्स की दुकान टिकी थी। दुकान में दो बड़ी-बड़ी खिड़कियाँ थीं और एक बरामदा था। छत से एक बड़ा सा बोर्ड टँगा था जिस पर लिखा था—मिसेज स्टब्स। बोर्ड कुछ इस तरह लटका था जैसे कोई कागज का टुकड़ा लम्पट अन्दाज में किसी टोप पर टिका हो।

बरामदे में एक-दूसरे से लगी स्नान के कपड़ों की आढ़ी-तिरछी लम्बी कतारें थीं जैसे वे ग्राहकों के पास जाने के इन्तजार में नहीं हों बल्कि उन्हें बस अभी-अभी ही समुद्र से बचा कर लाया गया हो और वहाँ रखा गया हो। उनके बगल में रेत पर चलने वाले जूते इस बेतरतीबी से बिखरे थे और एक-दूसरे में गड्डमड्ड थे कि आपको जूते की एक जोड़ी खोजने के लिए कम से कम पचास जोड़ियों को उलटने-पलटने की मशक्कत करनी पड़ती। इसके बावजूद कभी-कभार ही ऐसा होता कि आप को बायें पाँव के साथ-साथ उसी नाप का दायें पाँव का जूता भी हाथ लग जाता। कितने ही लोग अपना धैर्य खो बैठे और जूते की ऐसी जोड़ी अपने साथ ले गए जिसका एक जूता तो उनके पाँव में ठीक आता था, लेकिन दूसरा थोड़ा बड़ा होता था। मिसेज स्टब्स को इस बात का बड़ा फख्र था कि थोड़ी-बहुत हर चीज उनकी दुकान में मौजूद रहती है। डगमगाते पिरामिड की शक्ल में सजी दोनों खिड़कियों पर चीजें इस कदर ठसी हुई थीं और इतनी ऊँची थीं कि लगता था कि बस कोई जादूगर ही उन्हें गिरने से बचा सकता है। उनमें से एक खिड़की के बायें कोने पर जिलेटिन की चार टिकियों की मदद से एक नोटिस चिपकाया हुआ था जो आदिकाल से वहाँ था।

तलाश गुमशुदा ! साहिल पर या उसके नजदीक गुम हुआ खूबसूरत ठोस सोने का ब्रोच ! पहुँचाने वाले को ईनाम !

एलिस ने धक्का देकर दरवाजा खोला। घंटियाँ जोर से बजीं, सर्ज के सुर्ख परदे लहराए और उनके बीच से मिसेज स्टब्स नमूदार हुई। होंठों पर लम्बी-चौड़ी मुस्कुराहट और हाथ में शूकर-मांस तराशनेवाला एक लम्बा चाकू लिये वह एक दोस्ताना बटमार जैसी दिख रही थी। एलिस का इस गर्मजोशी से स्वागत किया गया कि उसके लिए अदब-लिहाज का ख्याल रखना भी मुश्किल हो गया। उसके इन अदब-लिहाज में हल्के-हल्के खाँसना-खखारना, हिचकना, दस्ताने खींचना, अपनी स्कर्ट झटकना और

अपने सामने पेश की गई चीजों को देखने या फिर उसे मुखातिब कर कही हुई बातों को समझने में एक कुतूहली परेशानी का इजहार करना शामिल था।

रसोई की मेज पर चाय सजाई गई—सुअर का सुखाया हुआ मांस, मछली, मक्खन की एक बड़ी-सी टिकिया, और खूब बड़ा-सा जॉनी केक जो किसी बेकिंग पाउडर के इश्तहार की तरह दिखता था। प्राइमस स्टोव बेतरह चिंघाड़ रहा था और उस शोर-गुल में कोई बात सुनाई नहीं दे रही थी। एलिस एक कुर्सी पर बैठ गई जबकि मिसेज स्टब्स ने पम्प मार-मारकर स्टोव की लौ और भड़का दी। अचानक मिसेज स्टब्स ने एक कुर्सी पर से गद्दी उठाई। वहाँ भूरे रंग के कागज का एक बड़ा-सा लिफाफा पड़ा था।

"मैंने अभी-अभी कुछ फोटू खींचे हैं," वह खुशी से चीखती आवाज में एलिस से मुखातिब हुई। "मुझे बताओ तुम्हारे हिसाब से कैसी हैं ये।"

एलिस ने बड़ी नफासत से अपनी उँगली नम की और पहली तस्वीर पर लगा बारीक कागज हटाया। जिन्दगी ! कितने रूप हैं तेरे ! कम से कम तीन दर्जन तो हैं। उसने तस्वीर का रुख रोशनी की तरफ किया।

मिसेज स्टब्स हत्थेवाली कुर्सी पर एक ओर पूरी तरह लदकर बैठी थी। उसके लम्बे से चेहरे पर आश्चर्य की एक हल्की-सी झलक थी और होनी भी चाहिए। हालाँकि कुर्सी एक कालीन पर टिकी थी, उसकी बाईं तरफ कालीन के कोने से बस थोड़ी ही दूरी पर एक शानदार फव्वारा था। एलिस की बाईं तरफ एक यूनानी खम्भा था जिसकी दोनों तरफ फर्न के विशाल पौधे थे और पृष्ठभूमि में था बर्फ से पीला पड़ता एक मरियल-सा पहाड़। दरअसल, ये बड़ी-बड़ी तस्वीरें थीं।

मिसेज स्टब्स चीखी, "यह एक उम्दा अन्दाज है, है ना ?" एलिस ने भी जवाब में चिल्लाकर कहा, "बहुत"...तभी स्टोव फुस्स करके बन्द हो गया और एकदम से छाये डरावने सन्नाटे में उसने धीरे से कहा, "सुन्दर है।"

"प्यारी, अपनी कुर्सी इधर लाओ," मिसेज स्टब्स बोली। उसने चाय उड़ेलना शुरू किया। एलिस को चाय की प्याली थमाते हुए उसने कहा, "लेकिन मैं उन तस्वीरों की साइज की परवाह नहीं करती। मैं उनको बड़ा करवाऊँगी। वे क्रिसमस कार्ड के हिसाब से ठीक ही हैं, लेकिन मैं छोटी तस्वीरों के पक्ष में नहीं हूँ। उनमें कोई मजा नहीं आता। सच कहूँ, वे मायूस करनेवाली हैं।"

एलिस ने खामोशी से उसकी बातें सुनीं और फिर उनका मतलब समझने की कोशिश करती रही।

"साइज," मिसेज स्टब्स बोलती गई। "मुझे बड़े साइज की चीजें चाहिए। बेचारा मेरा शौहर हमेशा यही बात कहता रहा। उसे कोई भी छोटी चीज पसन्द नहीं थी। और प्यारी, यह बात तुम्हें अजीब लग सकती है"—यहाँ आकर मिसेज स्टब्स चरमराई और यादों में फिसलती प्रतीत हुई—"यह ड्राप्सी थी जिसने आखिरकार उसे मार डाला।

अस्पताल में कई बार उसके शरीर से डेढ़-डेढ़ पिण्ट निकाला गया...लगता था जैसे यही ऊपरवाले का फैसला था।"

एलिस के मन में यह जानने की तेज इच्छा जागी कि आखिर उसके शरीर से कौन-सी चीज निकाली गई। उसने उकसाने के अन्दाज में कहा, "मैं समझती हूँ कि वह पानी था।"

लेकिन मिसेज स्टब्स ने एलिस पर अपनी निगाहें टिकाईं और अर्थपूर्ण ढंग से बोली, "वह द्रव था।"

द्रव ! एलिस इस लफ्ज पर बिल्ली की तरह उछल पड़ी और फिर चौकन्नी वापस लौटी।

"ऐसा था वह !" मिसेज स्टब्स बोली और फिर बड़े नाटकीय अन्दाज में उसने एक आदमकद तस्वीर की तरफ इशारा किया जिसमें एक हट्टा-कट्टा आदमी अपने बटन के सुराख में एक बेहद सफेद गुलाब टाँके था जो दिखने में चर्बी के छोटे-से ढेर-सा लग रहा था। उसके ठीक नीचे लाल कार्डबोर्ड पर चाँदी के हर्फों में लिखा था, "डरो नहीं, यह मैं हूँ।"

एलिस ने कमजोर आवाज में कहा, "कितना सुन्दर, कितना नफीस चेहरा था।"

मिसेज स्टब्स के खूबसूरत घुँघराले बालों में बँधा नीला रिबन थरथराया। उसने अपनी गोल-मटोल गर्दन झुकाई। क्या गर्दन है उसकी ! जहाँ से उसकी शुरुआत होती है, उसका रंग चटख गुलाबी है। आगे चल कर उसका रंग खूबानी जैसा हो जाता है और फिर वह फीकी पड़कर भूरे अंडे जैसी हो जाती है और उसके बाद गहरे क्रीम रंग की हो जाती है।

"ऐसा ही है, मेरी प्यारी," वह अचानक बोली। "पर आजादी से बढ़कर कुछ नहीं !" उसकी नर्म भर्राई-सी हँसी घुरघुराहट-सी लगी। मिसेज स्टब्स ने फिर दोहराया, "आजादी से बढ़कर कुछ नहीं !"

आजादी ! एलिस फँसी-फँसी आवाज में अहमक की तरह जोर से हँसी। उसे बड़ा अजीब-सा लगा। उसका मन उसकी रसोई की ओर भागा। कितनी अजीब बात थी ! वह वापस वहाँ लौट जाना चाहती थी।

चाय के बाद बरनेल के सफाईखाने में एक अजीब-सी महफिल जुटी थी। मेज के इर्द-गिर्द एक साँड़, एक मुर्गी, एक गधा--जो भूल जाता है कि वह गधा है, एक भेड़ और एक मक्खी बैठी थी। सफाईखाना इस तरह की बैठकों के लिए उपयुक्त जगह थी क्योंकि वहाँ वे जितना चाहते शोर मचा सकते थे और कोई उनके बीच दखलअन्दाजी नहीं करता। यह बँगले से थोड़ी दूरी पर स्थित टीन का एक सायबान था। दीवार से लगी एक गहरी नाँद थी और एक कोने में डलिया में कपड़े टाँगने की

क्लिपें पड़ी थीं। छोटी-सी खिड़की मकड़ी के जाले से ढँकी थी और धूल से अटी उसकी दहलीज पर मोमबत्ती का एक टुकड़ा और एक चूहेदानी पड़ी थी। ऊपर आढ़ी-तिरछी कतारों में कपड़े टँगे थे और दीवार में एक खूँटी से जंग खायी एक बहुत बड़ी घोड़े की नाल लटक रही थी। मेज सायबान के बीचोबीच थी और उसकी दोनों तरफ एक-एक बेंच पड़ी थी।

"केजिया, तुम मक्खी नहीं हो सकती। मक्खी कोई जानवर नहीं है। यह तो कीड़ा होती है।"

"ओह, लेकिन मैं तो मक्खी ही बनना चाहती हूँ," केजिया बिलबिलाई...एक नन्ही-सी मक्खी, धारीदार टाँगें और पीला रोयेंदार शरीर। उसने मेज के अन्दर अपनी टाँगें उठाईं और मेज पर झुक गई। उसने महसूस किया जैसे वह कोई मक्खी हो।

"कीड़ा भी तो जानवर ही है," उसने मजबूत आवाज में कहा। "वह शोर मचाती है। वह मछली जैसी नहीं है।"

उधर पिप चिल्लाया, "मैं साँड़ हूँ। मैं साँड़ हूँ।" गजब की गरजदार चीख थी उसकी जिसने लॉटी को चौकन्ना कर दिया।

"मैं भेड़ बनूँगा," नन्हा रैग्स बोला। "आज सुबह ढेर सारी भेड़ें यहाँ से गुजरी हैं।"

"तुम्हें कैसे मालूम ?"

"पापा ने उन्हें बा...बा की आवाजें करते सुना !" उसने यह बात कुछ इस तरह कही जैसे भेड़ का कोई नन्हा बच्चा पीछे छूट जाने के बाद खुद को ले जाए जाने का इन्तजार कर रहा हो।

"कुकड़ूँ-कूँ !" इसाबेल ने मुँह से एक तेज चीख निकाली। सुर्ख गालों और चमकदार आँखों के साथ वह मुर्गे जैसी लग भी रही थी।

"मैं क्या बनूँ ?" नन्ही लॉटी ने हर किसी से सवाल किया। वह वहाँ मुस्कुराती बैठी रही और इन्तजार करती रही कि लोग उसके बारे में कोई फैसला करें। यह एक आसान काम था।

"लॉटी, तुम गधी बन जाओ," यह केजिया की सलाह थी। "ढींचू-ढींचू ! तुम उसे भूल नहीं पाओगी।"

"ढींचू-ढींचू !" लॉटी ने बड़ी शान से दोहराया। "मैं यह आवाज कब निकालूँगी ?"

"समझाता हूँ, समझाता हूँ," साँड़ ने कहा। उसी के हाथ में ताश के पत्ते थे। उसने उन पत्तों को अपने सिर के ऊपर लहराया। "सब खामोश हो जाएँ और सुनें !" सभी खामोशी से उसको ताकने लगे। "लॉटी, इधर देखो।" उसने एक पत्ता पलट दिया। "इस पर दो निशान हैं, देखा ? अब, अगर तुम इस पत्ते को बीच में डालो और

किसी और के पास भी दो निशानोंवाला इस तरह का पत्ता होगा, तो तुम ढींचू-ढींचू बोलोगी और वह पत्ता तुम्हारा हो जाएगा।"

"मेरा ?" लॉटी की आँखें फैल-सी गईं। "हमेशा के लिए ?"

"नहीं, बेवकूफ। सिर्फ खेलने के लिए, समझी ? बस तब तक के लिए जब तक हम खेल रहे हैं।" साँड़ उससे बहुत नाराज था।

"ओह, लॉटी। तुम कैसी नादान हो," गर्वीले मुर्गे ने कहा।

लॉटी ने दोनों की तरफ देखा। फिर उसने सिर लटका लिया, उसके लब थरथराए। "मैं नहीं खेलना चाहती," वह फुसफुसाई। वहाँ मौजूद दूसरे बच्चे-बच्चियों ने षड्यंत्रकारियों की तरह एक-दूसरे को ताका। सभी को मालूम था कि उसका मतलब क्या है। वह वहाँ से चली जाएगी और फिर कहीं किसी कोने में, या दीवार से चिपकी या यहाँ तक कि किसी कुर्सी के पीछे खड़ी पायी जाएगी। उसका कोट उलटकर उसके सिर पर पड़ा होगा।

"हाँ, लॉटी, तुम खेल सकती हो। यह बहुत आसान है।" केजिया ने समझाया।

और पश्चात्ताप कर रही इसाबेल ने किसी बड़ी-बूढ़ी के अन्दाज में कहा, "लॉटी, तुम मुझे देखो। तुम जल्द ही सीख जाओगी।"

"लॉट, अब हँस भी दो," पिप बोला। "देखो, मैं जानता हूँ कि मैं क्या करूँगा। मैं तुम्हें पहला पत्ता दूँगा। दरअसल वह मेरा होगा, लेकिन मैं उसे तुमको दे दूँगा। यह लो।" और उसने लॉटी के सामने मेज पर पत्ता पटक दिया।

लॉटी का मन खेलने के लिए अब मचलने लगा था। लेकिन अब वह एक दूसरी मुश्किल में फँसी थी। "मैं रूमाल नहीं लाई हूँ," वह बोली। "और मुझे उसकी सख्त जरूरत है।"

"लॉटी, यह लो। तुम मेरा रूमाल इस्तेमाल कर सकती हो।" रैग्स ने अपनी जहाजियोंवाली कमीज में हाथ घुसाया और एक बेहद गीला-सा दिखनेवाला रूमाल निकाला। उसमें गाँठें लगी थीं। "देखो एहतियात बरतना," उसने लॉटी को खबरदार किया। "रूमाल का सिर्फ यही सिरा इस्तेमाल करना। इसे खोलना नहीं। मैंने उसके अन्दर एक छोटी-सी तारा मछली डाल रखी है। मैं उसे सधाने की कोशिश करूँगा।"

"उफ्फोह, लड़कियो, अब शुरू भी करो," साँड़ झुँझलाया। "और हाँ, ध्यान रखना कि तुम्हें अपने पत्ते नहीं देखने हैं। तुम्हें पत्तोंवाला अपना हाथ उस वक्त तक मेज के नीचे रखना है जब तक मैं 'चलो' नहीं बोलूँगा।"

पत्ते बाँटे जाने लगे। सभी ने पत्ते देखने का भरपूर जतन किया, लेकिन पिप उनके मुकाबले बहुत फुर्तीला निकला। सफाईखाने में बैठे तमाम बच्चों में बड़ी उत्तेजना थी; जब तक पिप पत्ते नहीं बाँट लेता, वे सुर में सुर मिलाकर जानवरों की आवाज में चीख-चिल्ला नहीं सकते थे।

"हाँ, लॉटी। अब तुम शुरू करो।"

हिचकिचाते हुए लॉटी ने अपना हाथ बढ़ाया, उसने गड्डी में सबसे ऊपर रखा पत्ता उठाया, उस पर अच्छी तरह नजर डाली—साफ जाहिर था कि वह पत्ते पर पड़े निशानों को गिन रही है—और फिर उसे वहीं डाल दिया।

"नहीं, लॉटी, तुम ऐसा नहीं कर सकती हो। तुम्हें उसे पहले नहीं देखना चाहिए। तुम्हें उसे पलट देना चाहिए।"

"लेकिन तब हर कोई उसी समय पत्ते को देख लेगा जब मैं देखूँगी," लॉटी ने जवाब दिया।

खेल आगे बढ़ा। मोंऽ-ओंऽ-ओं ! साँड़ का तेवर भयंकर था। उसने मेज पर हाथ पटके। ऐसा लगता था जैसे वह पत्तों को चबा डालेगा।

भिन्न-भिन्न ! मक्खी भिनभिनाई।

कुकड़ूँ-कूँ ! जोश में इसाबेल उठ खड़ी हुई और डैने की तरह अपनी बाँहें फड़फड़ाने लगी।

बाऽ-बाऽऽ ! नन्हे रैग्स ने मेज पर ईंट का बादशाह पटका। लॉटी ने ताश का वह पत्ता फेंका जिसे वे पान का बादशाह कहते थे। उसके पास शायद ही अब कोई पत्ता बचा था।

"लॉटी, तुमने आवाज क्यों नहीं लगाई ?"

"मैं भूल गई थी कि मैं क्या हूँ," गधे की आवाज में उदासी थी।

"अच्छा, तब उसे बदल लो ! गधे की जगह कुत्ता बन जाओ ! भौं-भौं !"

"ओह हाँ। यह आसान होगा।" लॉटी फिर मुस्कुराई। लेकिन जब उसके अलावा केजिया के पास एक-एक पत्ता था तो केजिया ने जान-बूझकर उसके बोलने का इन्तजार किया। दूसरों ने लॉटी को इशारे किए। लॉटी एकदम लाल हो गई; वह उलझी-उलझी और परेशान दिख रही थी। आखिरकार उसने कहा, "ढींचू-ढींचू के-जिया।"

"श्श्श्श ! एक मिनट रुको !" सारे लोग खेल में पूरी तरह डूबे थे जब साँड़ ने अपने हाथ उठाकर उन्हें टोका। "यह क्या है ? यह कैसा शोर है ?"

"क्या शोर ? आखिर तुम कहना क्या चाहते हो ?" मुर्गे ने पूछा।

"श्श्श्श ! चुप भी होओ ! गौर से सुनो ! सभी एकदम से शान्त हो गए। "मुझे लगता है मैंने कोई आवाज सुनी है—खटखटाने जैसी आवाज," साँड़ ने कहा।

"किस तरह की थी आवाज ?" भेड़ ने धीरे से सवाल किया।

कोई जवाब नहीं।

मक्खी थरथराई। "हमने दरवाजा क्यों बन्द कर रखा है ?" उसने बड़े नर्म लहजे में कहा। ओह, क्यों, आखिर क्यों उन लोगों ने दरवाजा बन्द रखा है ?

जब वे खेल रहे थे, दिन ढल गया था; अस्त होता शानदार सूरज एक बार भड़ककर क्षितिज में गुम हो चुका था। अँधेरे की स्याह चादर समुद्र से सरकती हुई आई और रेत के टीलों से फिसलती हुई जानवरों के बाड़ों को लाँघकर सब पर बिछ गई। अब सफाईखाने के कोनों को देखकर डर लगता था, फिर भी आपको पूरे हौसले के साथ उस ओर अपनी निगाहें उठानी थी। और कहीं दूर नानी चिराग रोशन कर रही थीं। चिकें गिराई जा रही थीं और मेंटलपीस पर रखे डिब्बों पर बावर्चीखाने की आग चमकने लगी थी।

"अब सब कुछ खौफनाक लगने लगेगा," साँड़ ने कहा। "और अगर छत से कोई मकड़ी मेज पर आ गिरी तो क्या होगा ?"

"मकड़ियाँ छत से नहीं गिरती हैं।"

"हाँ, गिरती हैं। हमारी मिन ने बताया था कि उसने छत से चाय की तश्तरी जितनी बड़ी मकड़ी गिरते देखी है। उसके जिस्म पर गूजबेरी की तरह लम्बे बाल थे।"

अचानक ही सभी के सिर झटके के साथ ऊपर उठे और सब एक-दूसरे से चिपक गए।

"आखिर कोई यहाँ आकर हमें पुकारता क्यों नहीं है ?" मुर्गा चिल्लाया।

उधर बड़े-बुजुर्ग लैम्प की रोशनी में आराम से बैठे चाय की चुस्कियाँ लेते हुए खुशगप्पियों में मशगूल थे। वे बच्चों को भूले हुए थे। नहीं, सचमुच उन्होंने बच्चों को भुला नहीं दिया था। उनकी मुस्कुराहट यही कह रही थी। उन्होंने बच्चों को उनके हाल पर छोड़ देने का फैसला किया था।

अचानक लॉटी इतनी जोर से चीखी कि सारे के सारे बच्चे उछल पड़े, उन्होंने भी चीखना शुरू कर दिया। "एक चेहरा—एक चेहरा झाँक रहा है !" लॉटी ने चीख मारी।

यह सच था, यह हकीकत थी ! खिड़की के शीशे से एक जर्द-सा चेहरा चिपका था, स्याह आँखें और काली दाढ़ी।

"नानी ! माँ ! कोई है !"

लेकिन वे एक-दूसरे पर गिरते-पड़ते रहे और दरवाजे तक नहीं गए। आखिर जोनाथन चाचा ने दरवाजा खोला। वह बच्चों को घर ले जाने आए थे।

वह वहाँ पहले ही आना चाहता था, लेकिन सामनेवाले लॉन में उसे लिंडा मिल गई थी जो घास पर इधर-उधर मटरगश्ती कर रही थी। कभी वह किसी मुरझाए फूल को तोड़ने के लिए या किसी की महक लेने के मकसद से रुक जाती, और फिर अपने लापरवाह अन्दाज में कदम बढ़ाने लगती। उसने अपने सफेद फ्राक के ऊपर चाइनामैन की दुकान से खरीदा गुलाबी किनारोंवाला पीला शॉल डाल रखा था।

"हैलो, जोनाथन !" लिंडा ने उसे पुकारा। जोनाथन ने अपने बेढंगे पनामा हैट को झटके से उतारा और उसे अपने सीने से चिपकाकर एक पाँव पर झुका और लिंडा के हाथ को चूमा।

"सलाम, मेरी हसीन दोस्त ! सलाम, मेरी शगुफ्ता शफतालू !" उसकी मन्द आवाज गूँजी। "कहाँ हैं दूसरी मेहरबान ख्वातीन ?"

"बेरिल ब्रिज खेलने गई है और अम्मा बच्चे को नहलाने ले गई हैं...क्या तुम कोई चीज उधार माँगने आए हो ?"

ट्राउट परिवार का हमेशा कुछ ना कुछ घटता ही रहता था। वे एकदम आखिरी वक्त में उसके लिए बरनेल परिवार के पास पहुँचते।

लेकिन जोनाथन ने जवाब दिया, "थोड़ा-सा प्यार, थोड़ी-सी निगाहेकरम।" और अपनी भाभी के साथ-साथ चलने लगा।

लिंडा मानुका के पेड़ के नीचे लगे बेरिल के झूले पर बैठ गई, और जोनाथन उसके पास ही घास पर पड़ रहा। उसने एक लम्बा-सा डंठल निकाला और उसे चबाने लगा। वे एक-दूसरे को बड़ी अच्छी तरह जानते थे। दूसरे बागों से बच्चों के चीखने की आवाज आ रही थी। किसी मछुआरे का छोटा-सा छकड़ा रेतीले रास्ते पर हिलता-डोलता गुजर रहा था, और कहीं दूर उन्होंने कुत्ते के भौंकने की आवाज सुनी। यह घुटी-घुटी-सी आवाज थी जैसे कुत्ते का मुँह किसी बोरी में घुसा हो। समुद्र की विशाल लहरें चट्टानों से सिर टकरा रही थीं और अगर आपने सुना होता तो समुद्र के सरसराने की नर्म और मद्धिम आवाज आपको भी सुनाई देती। सूरज समुद्र में घुलता जा रहा था।

"तो, जोनाथन। सोमवार को तुम फिर से दफ्तर जाने लगोगे, जाओगे ना ?" लिंडा ने पूछा।

"सोमवार को पिंजड़े का दरवाजा खुलेगा और शिकार ग्यारह माह और एक हफ्ते तक उसमें बन्द हो जाएगा," जोनाथन का जवाब था।

लिंडा ने झूले को हल्का-सा झटका दिया। "जरूर यह भयानक होगा," उसने आहिस्ता से कहा।

"लेकिन मेरी बहना, क्या उसको लेकर मैं हँसूँ ? या रोऊँ ?"

लिंडा जोनाथन के बातचीत के ऐसे तौर-तरीकों से बखूबी वाकिफ थी, लिहाजा उसने उस पर कोई ध्यान नहीं दिया।

"मुझे लगता है," उसने उलझे-उलझे से लहजे में कहा, "आदमी को इसकी आदत पड़ जाती है। आदमी हर चीज का आदी हो जाता है।"

"ऐसा ? हुँह !" उसने इतनी लम्बी हुँकार भरी कि यह जमीन के अन्दर से गूँजती हुई महसूस हुई। "मुझे हैरत है कि ऐसा कैसे हो सकता है," जोनाथन ख्यालों में डूब

गया। "मैं कभी इसके साथ खुद को जोड़ नहीं पाया।"

जोनाथन उसी तरह पड़ा था और लिंडा उसे ताकती हुई सोचती रही कि हाय कितना हसीन, कितना दिलकश है वह। यह सोच कर बड़ा अजीब-सा लगता था कि वह एक अदना क्लर्क है और स्टेनली की तनख्वाह उससे दुगुनी है। आखिर जोनाथन के साथ मामला क्या है ? उसकी कोई महत्वाकांक्षा नहीं है; कम से कम लिंडा को तो यही लगता था। फिर भी हर किसी को लगता था कि जोनाथन एक असाधारण और विलक्षण इनसान है। वह संगीत का दीवाना था; वह अपनी बची-खुची एक-एक पाई किताबें खरीदने में लगा देता। उसके पास हमेशा नए ख्यालात, नई योजनाएँ और नए मंसूबे होते। लेकिन उनका खातिरख्वाह कोई नतीजा नहीं निकलता। उसके अन्दर हमेशा कोई नई आग भड़कती रहती; जब वह किसी नई चीज के बारे में बता रहा होता, आपको उसके विभिन्न पहलुओं के रूबरू कर रहा होता, तो आप इस आग के भड़कने की आवाज सुन सकते थे। लेकिन बस एक लम्हे बाद वह आग बुझ जाती और वहाँ सिवाय राख के कुछ नहीं बचता, और जोनाथन की स्याह-स्याह आँखों में भूख की-सी एक चमक होती। ऐसे समय जोनाथन के बातचीत करने का तरीका और भी बेहूदा हो जाता। उसने चर्च में इतनी भयावह नाटकीयता के साथ एक गीत गाया था—वह चर्च की गायक-मंडली का मुखिया था—कि घटिया से उस भजन के इर्द-गिर्द नापाक महिमा का एक आवरण चढ़ गया था।

"सोमवार को दफ्तर जाना मुझे बस एक मूर्खता, एक नारकीय काम लगता है," जोनाथन ने कहा, "जैसा कि हमेशा से हुआ है और हमेशा ही होता रहेगा। रोजाना नौ से पाँच बजे तक अपनी जिन्दगी के बेहतरीन साल स्टूल पर बैठे दूसरों की फाइलें उलटने-पलटने में बर्बाद कर देना ! यह अपनी...इकलौती, बस इकलौती जिन्दगी गुजारने का घटिया तरीका है, है ना ? या फिर मैं कोई सपना देखता हूँ ?" घास पर उलटते-पुलटते हुए उसने लिंडा की आँखों में झाँका। "जरा मुझे बताओ कि किसी आम कैदी और मेरी जिन्दगी में क्या फर्क है। मैं बस यही फर्क पाता हूँ कि मैंने खुद को जेल में डाल दिया है और कोई कभी मुझे वहाँ से निकालने नहीं जा रहा है। यह औरों के मुकाबले ज्यादा असहनीय स्थिति है। क्योंकि अगर मुझे धक्के मारकर मेरी इच्छा के खिलाफ अन्दर धकेला गया होता, और दरवाजे पर ताला डाल दिया गया होता तो शायद पाँच-छह साल में मैंने हालात को कबूल कर लिया होता और फिर वहाँ भिनभिनाती मक्खियों या गलियारों से गुजरते हुए वार्डर के कदमों को गिनने में, खासकर उसके पैर रखने के तरीके में आनेवाले फर्क को गौर करने में दिलचस्पी लेने लगता। लेकिन जैसा कि दरअसल है, मैं किसी कीड़े की तरह हूँ जो खुद अपनी इच्छा से उड़कर किसी कमरे में दाखिल हुआ है। मैं कमरे की दीवार से टकराता हूँ, खिड़कियों से टकराता हूँ, छत से पटकाता हूँ, और दरअसल, इस कमरे से निकलने

की कोशिश करने के सिवा खुदा की इस जमीन पर सब कुछ करता हूँ। और तब मैं उस पतंगे की तरह, या उस तितली की तरह, या वह चाहे जो कुछ भी हो, उसकी तरह सोचता हूँ, कितनी छोटी है यह जिन्दगी ! कितनी छोटी है यह जिन्दगी ! मेरे पास बस एक रात है या बस एक दिन है, और यहाँ यह विशाल खतरनाक बाग अनजाना, अनछुआ मेरी पहुँच से निकला जा रहा है और मैं उसके रहस्यों को खोल नहीं पा रहा हूँ।"

"लेकिन अगर तुम ऐसा सोचते हो, तो क्यों—" लिंडा ने तेजी से कहना शुरू किया।

"आह !" जोनाथन कराहा। और 'आह' की यह आवाज लगभग आह्लादपूर्ण थी। "यही तो बात है। क्यों ? आखिर क्यों ? यह पागल कर देनेवाला एक रहस्यमय सवाल है। आखिर मैं उड़कर बाहर क्यों नहीं निकल जाता हूँ ? वहाँ खिड़की है, या दरवाजा है, या फिर जो कुछ भी है जिससे होकर मैं उस कमरे में दाखिल हुआ था। वह बन्द नहीं हुआ है—बन्द हुआ है क्या ? आखिर मैं उसे क्यों नहीं ढूँढ़ पाता हूँ और उससे होकर बाहर निकल जाता हूँ ? मेरी प्यारी बहन, मुझे इसका जवाब दो।" लेकिन उसने उसे जवाब देने के लिए वक्त ही नहीं दिया।

"मैं बिलकुल उस कीड़े जैसा हूँ। कुछ कारणों से"—जोनाथन एक पल के लिए रुका—"इसकी इजाजत नहीं है, यह मना है, इधर-उधर टकराने और पटकाने और खिड़कियों पर रेंगने की यह कवायद एक पल के लिए भी बन्द करना कीड़े के कानून के खिलाफ है। आखिर मैं दफ्तर गोल क्यों नहीं कर सकता ? मसलन आखिर इस क्षण मैं इस पर क्यों संजीदगी से विचार नहीं कर सकता कि कौन-सी चीज मुझे दफ्तर से भागने से रोकती है। ऐसा नहीं है कि मुझे कसकर बाँध दिया गया हो। मेरे दो बेटे हैं जिनके खाने-पीने का बन्दोबस्त करना होगा, लेकिन, आखिरकार वे लड़के हैं। मैं समुद्र का रुख कर सकता हूँ, या देहात में कोई काम पकड़ ले सकता हूँ, या—" लिंडा को देखकर अचानक वह मुस्कुराया और फिर कुछ इस तरह के बदले लहजे में कहने लगा जैसे उसे राज की कोई बात बता रहा हो, "कमजोर हूँ मैं...कमजोर। बिना लंगर के। हाँ, हम कह सकते हैं कि जिन्दगी का कोई उसूल नहीं है।" लेकिन तभी उसकी गहरी मखमली आवाज ने कहा :

"क्या तुम मेरी कहानी सुनोगी ? कैसे क्या-क्या हुआ..."

दोनों खामोश रहे।

सूरज डूब चुका था। पश्चिम में आसमान में कुचले गुलाब के रंग के बादलों के बड़े-बड़े टुकड़े बिखरे थे। बादलों के बीच से और उनके पीछे भी रोशनी की चौड़ी चमकदार शहतीरें इस तरह खिंची हुई थीं जैसे वे सारे आसमान को ढँक लेंगी। ऊपर नीलापन जर्द सुनहरे रंग में घुला जा रहा था, और उससे लगी झाड़ियों की कतारें धातु

की तरह दमक रही थीं। कभी-कभी आसमान से झलकनेवाली रोशनी की ये शहतीरें गजब की लगतीं। वे आपको याद दिलातीं कि ऊपर ईर्ष्यालु ईश्वर, यहोवा बैठा है। सर्वशक्तिमान, जिसकी कभी नहीं थकनेवाली और हमेशा चौकस रहनेवाली निगाहें आप पर जमी हैं। वे आपको याद दिलाती हैं कि उसके एक इशारे पर सारी धरती काँपकर तबाह हो जाएगी और कब्रिस्तान में तब्दील हो जाएगी, भावशून्य रोशन फरिश्ते आपको यहाँ-वहाँ ले जाएँगे, और आपको ऐसी भी किसी बात की सफाई देने के लिए कोई वक्त नहीं मिलेगा जिसे आप बड़ी आसानी से बयान कर सकते थे।...लेकिन आज की रात लिंडा को लग रहा था कि चाँदी की उन चमकदार शहतीरों में कुछ बेइन्तहा खुशगवार और प्यारा है। और अब समुद्र से कोई आवाज नहीं आ रही थी। समुद्र आहिस्ता-आहिस्ता साँसें ले रहा था जैसे वह कुदरत की उस खुशगवार नाजुक खूबसूरती को अपने आगोश में जज्ब कर लेना चाहता हो।

"यह सरासर गलत है, यह सरासर गलत है," जोनाथन अस्पष्ट-सी आवाज में बोला। "तीन स्टूल, तीन डेस्क, रौशनाई की तीन शीशियों और तार के फन्दे के लिए यह जगह, यह दृश्य नहीं है।"

लिंडा जानती थी कि वह कभी नहीं बदलेगा, फिर भी वह बोली, "क्या अब बहुत देर हो चुकी है ?"

"मैं बूढ़ा हूँ—मैं बूढ़ा हो गया हूँ", जोनाथन सुर में बोलता गया। वह लिंडा की तरफ झुका, और अपने सिर पर हाथ फेरा। "देखो !" किसी काले मुर्गे के सीने के पंखों के मानिन्द उसके स्याह बालों में जाबजा चाँदी के तार बिखरे थे।

लिंडा चकित रह गई। उसको अन्दाजा नहीं था कि वह बूढ़ा हो चुका है। और जब वह उसकी बगल में खड़ा हुआ और एक आह भरी और अपने बदन को ढीला छोड़ा तो लिंडा ने पहली बार महसूस किया कि वह मजबूत नहीं है, बाँका और शानदार नहीं है और ना ही लापरवाह है, बल्कि उसके चेहरे से उम्र झलकने लगी है। घास की हरियाली अँधेरे में घुलती जा रही थी और ऐसे में वह और भी लम्बा दिखता था। तभी उसके जेहन में एक विचार उभरा, "अरे, यह तो सरकंडे जैसा है।"

जोनाथन एक बार फिर झुका और लिंडा की उँगलियों को चूमा।

"प्यारी, खुदा सब्र करनेवालों को ईनाम बख्शता है," वह बुदबुदाया। "अब मुझे चलकर अपनी शोहरत और किस्मत के वारिसों को खोजना चाहिए..." वह चला गया।

बँगलों की खिड़कियों से रोशनी झाँकने लगी थी। गुलाब और गेंदे के पौधों पर दो चौकोर सुनहरे धब्बे आ गिरे। बिल्ली फ्लोरी बरामदे में आ गई और जीने के सबसे ऊपरवाले पायदान पर जम गई। उसके सफेद पंजे आपस में सटे थे और पूँछ एक दायरा-सा बनाती हुई घूम गई थी। वह आसूदा और सन्तुष्ट दिख रही थी, जैसे

दिन-भर वह इसी पल का इन्तजार करती रही हो।

"शुक्र है, अँधेरा हो रहा है," फ्लोरी बोली। "शुक्र है, पहाड़-सा यह दिन गुजरा।" उसकी हरी बिल्लौरी आँखें खुल गईं।

ठीक उसी वक्त कोच के खड़खड़ाने की आवाज आई और केली के चाबुक की तड़तड़ गूँजी। कोच इतना नजदीक आ चुका था कि शहर से आ रहे लोगों की बातें अब सुनी जा सकती थीं जो तेज-तेज आवाज में एक-दूसरे से गुफ्तगू में मशगूल थे। कोच बरनेल के दरवाजे पर रुक गया।

स्टेनली ने आधा रास्ता तय किया था जब उसकी निगाह लिंडा पर पड़ी। "डार्लिंग, तुम हो ?"

"हाँ, स्टेनली।"

वह फूलों की क्यारियों की तरफ लपका और उसे अपनी बाँहों में भर लिया। वह उसी जाने-पहचाने, व्यग्र लेकिन मजबूत आलिंगन में थी।

"माफ करना डार्लिंग, माफ करना," स्टेनली हकलाया, और उसने अपना हाथ उसकी ठुड्डी के नीचे किया और उसका चेहरा ऊपर उठाया।

"तुम्हें माफ करूँ ?" लिंडा मुस्कुराई। "लेकिन किसलिए ?"

"मेरे खुदा ! तुम हरगिज नहीं भूल सकती," स्टेनली बरनेल चीखा। "मैं आज दिन-भर इसके सिवा कुछ और नहीं सोच सका। पूरा दिन गजब का बर्बाद हुआ। मैंने फैसला कर लिया था कि तुम्हें टेलीग्राम कर दूँगा, लेकिन फिर मैंने सोचा कि हो सकता है कि मेरे घर लौटने से पहले टेलीग्राम तुम तक नहीं पहुँच सके। लिंडा, मैं बेहद परेशान रहा।"

"लेकिन स्टेनली," लिंडा बोली, "मैं तुम्हें किस बात के लिए माफ करूँ ?"

"लिंडा !"—स्टेनली बहुत आहत था—"क्या तुम्हें इसका अहसास नहीं है—तुमने जरूर महसूस किया होगा—आज सुबह मैं तुम्हें गुड बाई कहे बगैर चला गया था ? मैं सोच भी नहीं सकता कि कैसे मैंने इस तरह का काम किया। बेशक, मेरा घृणित गुस्सा। खैर, चलो,"—उसने एक आह भरी और उसे एक बार फिर अपनी बाँहों में ले लिया—"मैं इसकी वजह से आज दिन-भर बहुत परेशान रहा।"

"तुम्हारे हाथ में यह क्या है ?" लिंडा ने पूछा। "नए दस्ताने ? लाओ मुझे देखने दो।"

"ओह, बस चमड़े का सस्ता-सा दस्ताना है," स्टेनली ने बड़े तुच्छ भाव से कहा। "मैंने देखा कि आज सुबह कोच में बिल इसी तरह का दस्ताना पहने था, सो जब मैं दुकान के पास से गुजरा तो मैं भी अन्दर घुस गया और एक जोड़ा खरीद लिया। तुम किस बात पर मुस्कुरा रही हो ? क्या तुम सोचती हो कि यह मेरी गलती थी ?"

"डार्लिंग, इसके बरखिलाफ," लिंडा बोली, "मैं सोचती हूँ कि तुमने बहुत अच्छा

किया।”

लिंडा ने एक लम्बे जर्द दस्ताने में अपनी उँगलियाँ घुसाईं और अपने हाथों को इधर-उधर घुमाते हुए उस पर निगाह डाली। वह अब भी मुस्कुरा रही थी।

स्टेनली ने कहना चाहा, “मैं खरीदारी करते वक्त तुम्हारे बारे में ही सोच रहा था।” यह सच था, लेकिन कुछ कारणवश वह यह बात नहीं कह सका। “चलो, अन्दर चलें।” वह बोला।

आखिर रात में आदमी खुद को इतना भिन्न क्यों महसूस करता है ? आखिर उस वक्त जागना क्यों इस कदर जोरदार लगता है जब हर कोई सो रहा हो ? देर रात–रात बहुत बीत चुकी थी ! फिर भी आप अपने आप को ज्यादा, और ज्यादा जागा हुआ और तरो-ताजा महसूस करेंगे जैसे अभी आप आहिस्ता-आहिस्ता, तकरीबन हरेक साँस के साथ एक दुनिया में कदम रख रहे हैं जो दिन के मुकाबले नई, अद्‌भुत, रोमांचक और उत्तेजक है। और यह कैसा सनकी अहसास है कि आप एक षड्‌यंत्रकारी हैं ? चोरी-चोरी, चुपके-चुपके आप अपने कमरे में दाखिल होते हैं। सिंगार मेज से कोई चीज उठाते हैं और फिर बिना कोई आवाज किए उसे वापस वहीं रख देते हैं। और कमरे में मौजूद हरेक चीज, यहाँ तक कि मसहरी का डंडा भी आपको जानता है, आपकी हरकतों को ताकता है और आपके राज में शरीक होता है...

दिन में आपको अपना कमरा बहुत नहीं भाता। आप कभी उसके बारे में नहीं सोचते। आप कमरे में आते-जाते, दरवाजा खुलता और धड़ाम से बन्द होता और दीवार से लगी आपकी अलमारी चरमराती। आप अपने पलंग के एक सिरे पर बैठ जाते, अपनी जूती उतारते और फिर बड़ी तेजी से कमरे से निकल जाते। आईने की तरफ एक छलाँग लगाते और अपने लम्बे बालों में दो पिन लगाते, अपनी नाक पर थोड़ा-सा पाउडर लगाते और फिर से कमरे से बाहर हो जाते। लेकिन अब–अचानक ही इसके लिए आपका प्यार उमड़ पड़ता है। आपका यह छोटा-सा प्यारा कमरा है। यह आपका है। ओह, चीजों को अपनाने में क्या मजा है ! मेरा–मेरा अपना !

“हमेशा-हमेशा के लिए मेरा ?”

“हाँ।” उनके लब मिले।

नहीं, बेशक, इससे उसका कोई लेना-देना नहीं है। यह सब बेवकूफी और बेहूदगी है। लेकिन, बेरिल ने अपने अलावा कमरे के बीच में दो लोगों को खड़े पाया। लड़की ने अपनी बाँहें लड़के की गरदन में डाल रखी थीं और दोनों एक-दूसरे से चिपके थे। और अब उसने सरगोशी की, “मेरी नाजनीन, मेरी महजबीन !” वह उछलकर अपने पलंग से कूदी और दौड़ती हुई खिड़की की तरफ गई और झुकते हुए खिड़की से लद-सी गई। उसकी कोहनियाँ खिड़की की दहलीज पर थीं। लेकिन हसीन रात, बाग, हरेक

झाड़ी, हरेक पत्ता, यहाँ तक कि सफेद बाड़, यहाँ तक कि आसमान में टिमटिमाते तारे भी षड्यंत्र में शामिल थे। चाँद अपने शबाब पर था और उसकी रोशनी में फूल इस कदर रौशन थे जैसे कि दिन हो; नेस्टरशियम का साया, कुमुदिनी जैसी दिलकश पत्तियाँ और खूबसूरत फूल चाँदनी में नहाये बरामदे में बिखरे थे। पुरवइया हवा के झोंकों से झुका मानुका का पेड़ पंख फैलाए एक टाँग पर खड़ी किसी चिड़िया की तरह लग रहा था।

लेकिन जब बेरिल ने अपनी निगाहें झाड़ियों की तरफ कीं तो उसे लगा कि वे उदास हैं।

उदास मायूस झाड़ी बोली, "हम गूँगे-बहरे पौधे हैं जो रात के अँधेरों में जागते हैं और प्रार्थना करते हैं।"

यह एक हकीकत है कि जब आप अपने आप में गुम होते हैं और जिन्दगी के बारे में सोचते हैं, यह हमेशा उदास करनेवाली होती है। तमाम उत्तेजना और तमाम रोमांच सहसा आपसे नाता तोड़कर अपना रास्ता पकड़ लेता है, और फिर खामोशी में जैसे कोई आपका नाम लेकर आपको पुकारता है, और आप पहली बार अपना नाम सुनते हैं। "बेरिल !"

"हाँ, हाँ, मैं यहाँ हूँ। मैं बेरिल हूँ। कौन मुझे पुकार रहा है ?"

"बेरिल !"

"रुको, मैं आती हूँ।"

यह खुद में गुम तन्हा-तन्हा जीना है। बेशक, रिश्ते-नाते हैं, दोस्त-यार हैं और बेशुमार हैं, लेकिन उसको उनसे ज्यादा गर्ज नहीं है। उसकी चाहत है कि कोई ऐसा हो जो उस बेरिल से रूबरू हो जिससे उसके सारे रिश्तेदार, सारे जानकार अनजान हैं, जो उससे वैसा ही बनने का तकाजा करे जो वह हमेशा से है। उसे एक महबूब की तलाश थी।

"मेरे महबूब, मुझे इन तमाम लोगों से दूर कहीं और ले चलो। चलें, कहीं दूर चलें, बहुत दूर। एक नई जिन्दगी की शुरुआत करें, बिलकुल नए सिरे से, एकदम नई, एकदम अपनी। आओ अपनी जिन्दगी खुद बनाएँ। आओ एक साथ बैठकर खायें। आओ रातभर बातें करें।"

और जैसे वह कह रही हो, "मुझे बचा लो मेरे महबूब, मुझे बचा लो।"

..."अरे, आगे बढ़ो ! शर्मो-हया का यह दिखावा मत करो। जब तक जवान हो, मौज-मस्ती कर लो। यह मेरी सलाह है।" और मिसेज केम्बर की तेज उदासीन हिनहिनाहट के साथ एक तेज कहकहा गूँजा।

आपने देखा जब आप कोई नहीं होते हैं तो चीजें किस डरावनी हद तक मुश्किल होती हैं। आप चीजों के रहमो-करम पर होते हैं। आप ढीठ या गुस्ताख भी नहीं हो

सकते हैं। और आपको क्रिसेंट बे के दीगर अहमकों की तरह नातजुर्बेकार और तंगदिल दिखने का डर हमेशा सालता रहेगा। और...यह जानना कितना मनमोहक है कि लोगों पर आप छाये हैं। हाँ, उसका अपना सरूर है।

उफ क्यों, आखिर क्यों "वह" जल्दी नहीं आता ?

बेरिल ने सोचा कि अगर मैं यहीं रहती रही तो मेरे साथ कुछ भी हो सकता है।

"लेकिन तुम कैसे जानती हो कि वह आ ही रहा है ?" उसके अन्दर की एक आवाज ने उसका मजाक उड़ाया।

लेकिन बेरिल ने उसे खारिज कर दिया। वह अकेली नहीं रह जाएगी। शायद दूसरों के साथ यह हो सकता है, लेकिन उसके साथ नहीं। यह सोचना सम्भव ही नहीं है कि हसीन और दिलकश बेरिल फेयरफील्ड अनब्याही रह जाए।

"तुम्हें बेरिल फेयरफील्ड याद है ?"

"उसकी याद ! जैसे कि मैं उसे भूल सकता हूँ ! गर्मियों का महीना था जब मैंने उसे बे में देखा था। वह साहिल पर नीले—नहीं, गुलाबी—मलमल का फ्राक पहने खड़ी थी और उसके हाथ में क्रीम के रंग का—नहीं, काले रंग का—एक बड़ा हैट था। लेकिन यह कई साल पहले की बात है।"

"वह अब भी उतनी ही प्यारी है, बल्कि पहले से कहीं ज्यादा।"

बेरिल मुस्कुराई। उसने होंठ चबाए और बाग पर निगाह दौड़ाई। जब उसने उधर निगाह की, तो उसे कोई दिखा, एक मर्द जिसने सड़क छोड़ दी और पशु-बाड़े के किनारे-किनारे कदम बढ़ाने लगा मानो वह सीधा उसी के पास आ रहा हो। उसका दिल धक-धक करने लगा। कौन है वह ? कौन हो सकता है वह ? यह कोई चोर तो नहीं ही हो सकता है क्योंकि वह सिग़रेट पी रहा है और खरामां-खरामां चला आ रहा है। बेरिल का दिल उछला; वह तो ठीक उसकी तरफ मुड़ता लगता है। तभी वह रुक गया। बेरिल ने उसे पहचान लिया था।

"गुड ईवनिंग, मिस बेरिल," एक नर्म-सी आवाज ने उसे मुखातिब किया।

"गुड ईवनिंग।"

"क्या तुम थोड़ी दूर टहलने नहीं चलोगी ?" वह धीरे-धीरे बोला।

सैर के लिए—इतनी रात में ! "मैं नहीं चल सकती। सारे लोग बिस्तर में हैं। सभी सोए हैं।"

"ओह," उसने धीरे से कहा, और खुशबूदार धुएँ का एक झोंका उससे टकराया। "और सब से क्या लेना-देना ? आ भी जाओ ! देखो, कितनी हसीन रात है। कोई भी नहीं है—ना आदमी, ना आदमजाद।"

बेरिल ने ना में सिर हिलाया। लेकिन तब तक उसके अन्दर कुछ-कुछ होने लगा था, उसके दिमाग में किसी ख्याल ने अपना सिर उभारा।

वह आवाज बोली, "डरती हो ?" फिर उसने उसकी खिल्ली उड़ाई, "नन्ही नादान लड़की !"

"नहीं, बिलकुल नहीं," बेरिल का जवाब था। जैसे ही उसने यह जुमला कहा, उसके अन्दर की कमजोर चीज ने खुद को पसारना शुरू कर दिया, और अचानक ही बहुत मजबूत हो गई; सैर पर जाने की उसमें एक तड़प-सी जागी।

और फिर जैसे कि दूसरे ने उसकी हालत भाँप ली, उस आवाज ने बड़ी शराफत और बड़ी नर्मी से, लेकिन मजबूत लहजे में उससे कहा, "मेरे साथ आ जाओ।"

बेरिल अपनी नीची-सी खिड़की से उतरी, बरामदा पार किया और घास पर दौड़ती फाटक की तरफ बढ़ गई। वह वहाँ उसके सामने खड़ा था।

"यह ठीक रहा," आवाज ने एक लम्बी-सी साँस ली, और फिर उसे छेड़ा, "तुम डरी हुई तो नहीं हो ? कहीं कोई खौफ तुम्हें सता तो नहीं रहा है ?"

वह डरी हुई थी; अब जब वह यहाँ पहुँच गई थी, उसे दहशत-सी हो रही थी। उसे हर चीज बदली हुई लग रही थी। चाँद की रोशनी ने उसे ताका और चमचमाई, साये लोहे की छड़ों जैसे थे। उसने बेरिल का हाथ थाम लिया।

"नहीं, बिलकुल नहीं," उसने नर्मी से कहा। "आखिर मैं क्यों डरूँगी ?"

उसका हाथ बड़ी नर्मी से खींचा गया और उसे हल्का-सा झटका दिया गया। उसने अपना हाथ वापस खींच लिया।

"नहीं, मैं तुम्हारे साथ दूर नहीं जाउँगी," बेरिल ने कहा।

"ओह, सारा गुड़-गोबर !" हैरी केम्बर को उसकी बात पर यकीन नहीं आया। "आ भी जाओ ! हम बस फ्यूशा की उस झाड़ी तक जाएँगे। चलो मेरे साथ !"

फ्यूशा की झाड़ियाँ लम्बी-लम्बी थीं। बारिश में वे बाड़ के ऊपर गिर पड़ी थीं। नीचे अँधेरे का एक छोटा गड्ढा था।

"नहीं, सचमुच, मैं नहीं जाना चाहती हूँ," बेरिल का जवाब था।

हैरी केम्बर ने एक लम्हे के लिए कोई जवाब नहीं दिया। वह उसके और नजदीक आया, उसकी तरफ मुड़ा, मुस्कुराया और तेजी से कहा, "बेवकूफी मत करो ! बेवकूफी मत करो !"

उसकी मुस्कुराहट कुछ ऐसी थी जिसे बेरिल ने अभी तक नहीं देखा था। क्या वह पिये हुए था। उसकी चमकदार, अन्धी, डरावनी मुस्कुराहट को देखकर वह दहशत से जम-सी गई। फाटक खुला और सख्त और कठोर बाग ने उससे सवाल किया, क्या कर रही है वह ? वह वहाँ तक कैसे चली आई ? और तभी बिल्ली की-सी फुर्ती के साथ हैरी केम्बर अन्दर घुसा और उसे दबोचकर खुद से चिपका लिया।

"निर्दयी नन्ही शैतान ! निर्दयी नन्ही शैतान !" हिकारत से भरी आवाज ने कहा।

लेकिन बेरिल मजबूत थी। वह फिसली और डुबकी मारकर उसकी पकड़ से बाहर

निकल गई।

"तुम नीच हो, कमीने हो," वह बोली।

"तो खुदाकसम, तुम यहाँ तक आई क्यों ?" हैरी केम्बर हकलाया।

किसी ने उसे जवाब नहीं दिया।

शान्त, शफ्फाफ बादल का एक छोटा-सा टुकड़ा चाँद को ढँकता हुआ गुजरा। अँधेरे के उसी लम्हे में समुद्र चिंघाड़ता हुआ परेशान-सा लगा। तभी बादल तैरता हुआ आगे निकल गया, और समुद्र की आवाज कुछ बुदबुदाती-सी लगी, जैसे वह किसी डरावने सपने से जागा हो। सब कुछ शान्त था।

गार्डन पार्टी

और आखिरकार मौसम एकदम बढ़िया था। वे आर्डर देकर भी गार्डन पार्टी के लिए इससे बेहतर दिन नहीं पा सकते। हवा के झक्कड़ नहीं चल रहे थे और मौसम गर्म था और आसमान बादलों से साफ था। सिर्फ नीलापन हल्की सुनहरी धुन्धभरी चादर से ढँका था, जैसा कि कभी-कभार गर्मियों में होता है। माली तड़के से लगा हुआ था। वह लॉन की घास को तब तक कतरता और झाड़ू से साफ करता रहा जब तक घास और डेजी के पौधोंवाले गहरे चिपटे गुच्छे चमकने नहीं लगे। जहाँ तक गुलाबों का मामला है, लोग यह समझते हैं कि गुलाब ही अकेला ऐसा फूल है जो गार्डन पार्टी में लोगों पर असर डालता है; बस यही एक फूल है जिसके बारे में लोग जानते हैं। सैकड़ों, हाँ, वस्तुतः सैकड़ों फूल बस एक रात में खिल उठे थे; हरी झाड़ियाँ सजदे में झुक गई थीं मानो फरिश्ते उतरे हों।

नाश्ता अभी खत्म नहीं हुआ था कि आदमी शामियाना लगाने पहुँच गए।

"माँ, आप शामियाना कहाँ लगवाना पसन्द करेंगी ?"

"मेरे प्यारे बच्चे, मुझसे पूछने से कोई फायदा नहीं। मैंने फैसला कर रखा है कि इस साल सब कुछ बच्चों पर छोड़ दूँगी। भूल जाओ कि मैं तुम्हारी माँ हूँ। मुझे बस एक अहम मेहमान मानो।"

लेकिन मेग सम्भवतः वहाँ नहीं जा सकती थी और आदमियों की देखरेख नहीं कर सकती थी। उसने नाश्ते से पहले अपने बाल धोए थे, और एक सब्ज पगड़ी बाँधे काफी की चुस्कियाँ ले रही थी। उसकी स्याह गीली लटें दोनों गालों से चिपटी पड़ी थीं। तितली जैसी जोस हमेशा रेशमी पेटीकोट और लम्बा-सा चोगा पहने नीचे उतरती थी।

"लौरा, तुम्हें जाना होगा; तुम कलाप्रेमी हो।"

और मक्खन लगे डबलरोटी के टुकड़े के साथ ही लौरा उड़ चली। घर की चारदीवारों से बाहर खाने का बहाना कितना मजेदार होता है, और इसके अलावा उसे चीजों को करीने से रखने और घर को सजाने-सँवारने का बहुत शौक था; वह हमेशा

ही महसूस करती कि वह यह काम दूसरों से बेहतर ढंग से कर सकती है।

बाग की पगडंडी पर चार लोग बिना कोट के, सिर्फ कमीज पहने एक साथ खड़े थे। वे डंडों पर लपेटा हुआ कैनवस लेकर आए थे, और उनके कन्धों पर औजारों के बड़े-बड़े झोले टँगे थे। वे प्रभावशाली दिखते थे। लौरा ने मन ही मन सोचा कि काश वह डबलरोटी का टुकड़ा अपने साथ ना लायी होती...लेकिन अब उसे रखने की कोई जगह नहीं थी, और वह उसे फेंक भी नहीं सकती। शर्म से उसका चेहरा लाल हो गया और जब वह उनके पास पहुँची तो वह खुद को संजीदा दिखाने की कोशिश करने लगी और आँखें भींच लीं।

"गुड मॉर्निंग," वह अपनी माँ की आवाज की नकल कर रही थी। लेकिन वह इस कदर नकली लगी कि वह खुद ही शर्मिन्दा हो उठी और किसी नन्ही बच्ची की तरह हकलाई, "ओ-ह, आ-आप लोग आए हैं—क्या यह शामियाने का मामला है ?"

"हाँ, मिस, यही बात है," वह शख्स बोला जो उनमें सबसे लम्बा, दुबला-पतला और चकत्तेदार चेहरेवाला था। उसने औजारों का अपना थैला जमीन पर रखा, तिनकोंवाले अपने हैट को पीछे सरकाया और उसकी ओर देखते हुए मुस्कुराया, "हाँ, उसी के बारे में आए हैं।"

उसकी मुस्कुराहट इतनी सहज और दोस्ताना थी कि लौरा अपने हौसले बहाल कर सकी। कितनी नफीस उसकी आँखें हैं, छोटी, लेकिन गहरी नीली ! और अब लौरा ने दूसरों की तरफ भी ताका, वे लोग भी मुस्कुरा रहे थे। "खुश भी हो जाओ, हम तुमको नहीं काटेंगे," उनकी मुस्कुराहट यह कहती प्रतीत हुई। ये मजदूर कितने अच्छे हैं ! और कितनी हसीन यह सुबह है ! उसे सुबह का जिक्र ही नहीं करना था, उसे कारोबारी रुख अपनाना चाहिए था। शामियाने के बारे में।

"अच्छा, कुमुदिनीवाले लॉन के बारे में क्या ख्याल है ? ठीक रहेगा वह ?"

और उसके साथ ही उसने उस हाथ से कुमुदिनी के लॉन की तरफ इशारा किया जिसमें उसने डबलरोटी का टुकड़ा थाम नहीं रखा था। वे मुड़े, उन्होंने उस दिशा में ताका। कुछ मोटे-से दिखनेवाले मजदूर ने होंठ भींचे, और लम्बू ने त्यौरियाँ चढ़ाईं।

"मुझे नहीं लगता," उसने कहा। "वह जगह ठीक से दिखती नहीं है," और फिर वह बड़ी सहजता के साथ लौरा की तरफ मुड़ा, "आप शामियाना ऐसी जगह लगवाना चाहती हैं जहाँ वह ठीक आपकी आँखों में बर्रे की तरह चुभे। समझ रही हैं न ?"

लौरा की जिस तरह परवरिश हुई थी उससे वह एक क्षण के लिए अचकचा गई कि क्या किसी मजदूर के लिए यह सम्मानजनक है कि वह इस तरह की भाषा का इस्तेमाल करे। लेकिन वह उसकी बात समझ गई।

"टेनिस कोर्ट के एक किनारे," लौरा ने सलाह दी। "लेकिन एक कोने में बैंडवाले होंगे।"

"हूँ, बैंड मँगवा रही हैं आप ?" एक दूसरे मजदूर ने पूछा। वह जर्द-सा था। उसकी स्याह आँखें टेनिस कोर्ट का मुआयना कर रही थीं और वह दुबला-पतला मरियल-सा दिख रहा था। वह क्या सोच रहा है ?

"बहुत ही छोटा-सा म्यूजिक बैंड होगा," लौरा ने नर्म लहजे में कहा। अगर बैंड छोटा होगा तो वह ज्यादा ख्याल नहीं करेगा। तभी लम्बे मजदूर ने टोका।

"वहाँ देखें मिस, वह बढ़िया जगह है। उन पेड़ों के सामने। वहाँ। वह बेहतर होगा।"

कराका बेरियों के सामने। तब तो कराका के पेड़ छिप जाएँगे। अपनी चौड़ी चमकदार पत्तियों और अपने पीले-पीले फलों के कारण कितने खूबसूरत दिखते हैं ये पेड़ ! ये ऐसे पेड़ हैं जिनके बीच किसी रेगिस्तानी टापू में बड़े होने के बारे में आप कल्पना कर सकते हैं—अभिमानी, तन्हा-तन्हा, एक शान्त वैभव में अपनी पत्तियों और फलों को धूप में फैलाए। क्या उन्हें शामियाने से ढँका जाए ?

हाँ, उन्हें ढँकना ही होगा। मजदूर पहले ही डंडों को अपने कन्धों पर डाल चुके थे और वहाँ काम शुरू करने के लिए तैयारियों में लग गए थे। सिर्फ लम्बा आदमी बचा था। वह झुका, उसने लैवेण्डर की एक टहनी तोड़ी और अपने अँगूठे और तर्जनी की उँगली को नाक पर रखा और महक ली। जब उसकी इस कार्रवाई पर लौरा की निगाह पड़ी तो वह आश्चर्यचकित रह गई कि वह इस तरह की चीजों—लैवेण्डर की खूशबू का ख्याल रख रहा है और वह कराका बेरियों के पेड़ों की बात भूल गई। वह अनेक मर्दों को जानती थी, लेकिन उनमें से कितनों ने इस तरह का काम किया होगा ! ओह, कितने लाजवाब और अच्छे हैं ये मजदूर। आखिर उसने क्यों नहीं उन अहमक लड़कों के बजाय इन मजदूरों से दोस्ती की जिनके साथ वह नाचती है और जो इतवार रात के खाने पर उसके यहाँ धमकते रहते हैं ? उसे ऐसे लोगों के साथ बेहतर बर्ताव करना चाहिए।

लम्बे मजदूर ने एक लिफाफे की पीठ पर कोई तस्वीर बनाई। यह कोई ऐसी चीज थी जिसका छल्ला बनाया जाना था या फिर उसे यूँ ही टँगा हुआ छोड़ दिया जाना था, और ठीक उसी समय लौरा के मन में ख्याल उभरा कि यह सब उन बेहूदा वर्गीय भेदभावों की गड़बड़ी है। बेशक, वह अपने तईं, उन भेदभावों को नहीं मानती। जरा भी नहीं, जर्रा बराबर भी नहीं।...और अब शुरू हुई लकड़ी के हथौड़े की ठक-ठक की आवाज। किसी ने सीटी बजाई, किसी ने गुनगुनाना शुरू किया, "क्या तुम ठीक हो मितवा ?" "मितवा !" लौरा ने वहाँ जारी ठोंक-ठाँक पर एक निगाह डालते हुए अपनी डबलरोटी का बड़ा निवाला तोड़ा—बस यही जताने के लिए कि वह कितनी खुश है, उस लम्बे से मजदूर को बस यही दिखाने के लिए कि वह कितना सहज महसूस कर रही है और वह उन बेहूदा रस्मो-रिवाज से कितना नफरत करती है। वह खुद को एक

कामकाजी लड़की महसूस कर रही थी।

"लौरा, लौरा, कहाँ हो तुम ? फोन है लौरा !" घर के अन्दर से किसी की चीखती हुई आवाज गूँजी।

"आ रही हूँ मैं !" आँधी की तरह वह चली, लॉन से गुजरी, पगडंडी पार की, धड़ाधड़ सीढ़ियाँ चढ़ी, बरामदे से गुजरी और पोर्च में दाखिल हुई। हॉल में उसके पिता और लौरी दफ्तर जाने की तैयारी में मशगूल अपने-अपने हैट को ब्रश से रगड़कर साफ कर रहे थे।

"मैं कह रहा था, लौरा," लौरी ने जल्दी से कहा, "दोपहर से पहले तुम जरा मेरे कोट का मुआयना कर लेना। देखना, शायद उसे इस्तरी करने की जरूरत हो।"

"कर दूँगी," लौरा ने जवाब दिया। अचानक वह खुद को रोक नहीं सकी। वह तेजी से लौरी के तरफ लपकी और उसे हल्के से भींचा। "ओह, मैं पार्टियाँ पसन्द करती हूँ, तुम नहीं करते हो क्या ?" उसने हाँफते-हाँफते कहा।

"हाँ-हाँ, इन सब की जगह," लौरी ने भी उसे भींचा और हल्के से धकियाया, और लड़कों की-सी आवाज में बोला, "भागो और फोन उठाओ, मेरी बुढ़िया।"

फोन। "हाँ, हाँ; अरे हाँ। किटी ? गुड मॉर्निंग, यार। लंच पर आ रही हो ? अरे आ जाओ यार, मस्ती रहेगी। हल्का-फुल्का खाना रहेगा—सिर्फ सैंडविच और मेरिंग केक और थोड़ी-बहुत कुछ बची-खुची चीजें। और हाँ, क्या यह एक शानदार सुबह नहीं है ? तुम्हारा सफेद ? ओह, हाँ, मैं जरूर कर दूँगी। अच्छा, एक मिनट—जरा होल्ड करना, मम्मी बुला रही हैं।" लौरा बैठ गई। "माँ, क्या बात है ? सुनाई नहीं दिया।"

मिसेज शेरीडन की आवाज तैरती हुई सीढ़ियों से उतरी। "उससे कहो वह वही प्यारा-सा हैट पहने जो उसने पिछले इतवार को पहना था।

"मम्मी कह रही हैं तुम वही हैट पहनना जो पिछले इतवार को पहना था। अच्छा। एक बजे। बाई-बाई।"

लौरा ने रिसीवर रखा, हाथ सिर के ऊपर किए और जम्हाई लेने के अन्दाज में एक लम्बी साँस ली और हाथ फैलाए और उन्हें गिरने दिया। "हुँह," उसने आह भरी, और अगले ही क्षण वह उठ खड़ी हुई। वह शान्त खड़ी कुछ सुनने की कोशिश कर रही थी। घर के सारे दरवाजे खुले प्रतीत हो रहे थे। नर्म और तेज-तेज कदमों और भागती आवाजों से घर जीवन्त हो उठा था। बावर्चीखाने में खुलनेवाला बनात का हरा दरवाजा तेजी से खुला और ढक की दबी आवाज के साथ बन्द हो गया। और तभी हँसने की एक लम्बी, बेहूदा दबी-दबी-सी आवाज उभरी। भारी-भरकम पियानो को उसके सख्त पैरों पर घसीटा जा रहा था। लेकिन हवा ? अगर आप रुककर सुनते, तो क्या हवा हमेशा ऐसी ही थी। हवा के हल्के-हल्के झोंके खिड़कियों से टकरा रहे थे, दरवाजे से आ जा रहे थे। और वहाँ छेड़खानियाँ करते सूरज की रोशनी के दो

छोटे-छोटे टुकड़े थे, एक दवात पर, दूसरा तस्वीर के रुपहले फ्रेम पर। रौशनी के प्यारे-प्यारे टुकड़े। खासकर वह जो दवात के ढक्कन पर पड़ रहा था। वह गर्म था। एक नन्हा-सा चाँदी का गर्म तारा। वह उसे चूम भी सकती है।

सामने के दरवाजे की घंटी बजी, और सीढ़ियों पर सैडी के छींटदार स्कर्ट की सरसराहट की आवाज आई। फिर किसी मर्द के बुदबुदाने की आवाज उभरी; सैडी ने लापरवाही से जवाब दिया, "निश्चित रूप से मैं नहीं जानती। ठहरो, मैं मिसेज शेरीडन से पूछती हूँ।"

"सैडी, क्या है ?" लौरा हॉल में आई।

"मिस लौरा, यह फूलवाला है।"

हाँ, वह फूलवाला ही था। वहाँ, दरवाजे के ठीक अन्दर एक चौड़े छिछले ट्रे में छोटे-छोटे प्यालों में गुलाबी कुमुदिनी रखी हुई थी। कुमुदिनी के सिवा कोई और फूल नहीं था। कुछ और नहीं, बस कुमुदिनी—देवकली कुमुदिनी, बड़े गुलाबी फूल, चौड़े फैले हुए, चमकदार, अपनी चटख सुर्ख टहनियों पर इतने जीवन्त कि डर लगता था।

"ओ-ओह, सैडी !" लौरा ने कहा, और उसकी आवाज हल्की-सी सिसकी की तरह लगी। और वह अपनी नाक रगड़ने लगी जैसे वह कुमुदिनी के इन फूलों की आग में खुद को गर्म कर रही हो, उसे लगा जैसे वे उसकी उँगलियों में हों, उसके लबों पर हों और उसकी छाती में उग रहे हों।

"कुछ गलती हो गई है," उसने कमजोर-सी आवाज में कहा। "सैडी, किसी ने इतने फूलों का आर्डर नहीं दिया है। जाओ और मम्मी को खोजो।"

लेकिन उसी क्षण मिसेज शेरीडन वहाँ हाजिर थीं।

"यह बिलकुल ठीक है," उन्होंने नर्मी से कहा। "हाँ, मैंने उनके लिए आर्डर दिया था। क्या ये प्यारे नहीं हैं ?" उसने लौरा की बाँह दबाई। "कल मैं दुकान के पास से गुजर रही थी, मैंने उन्हें वहाँ खिड़की पर रखे देखा। और अचानक मैंने सोचा कि मेरी जिन्दगी में एक बार देवकली कुमुदिनी के ढेर सारे फूल होंगे। गार्डन पार्टी उसका एक बहाना होगा।"

"लेकिन मैंने सोचा कि आप पार्टी के आयोजन में दखलअन्दाजी नहीं करना चाहतीं," लौरा ने कहा। सैडी जा चुकी थी। फूलवाला अब भी अपनी गाड़ी के पास खड़ा था। उसने अपनी माँ की गर्दन के गिर्द अपनी बाँह डाल दी और नर्मी से, बड़ी ही नर्मी से उसके कान में चुटकी ली।

"मेरी लाडली, क्या तुम एक तार्किक माँ पसन्द नहीं करोगी ? ऐसा मत करो। वह आदमी यहीं है।"

वह कुमुदिनी के और भी फूल लाया। दूसरी ट्रे भी फूलों से लबालब थी।

"उन्हें ऊपर सजाओ, दरवाजे के ठीक अन्दर, या पोर्च के दोनों तरफ," मिसेज

शेरीडन ने कहा। "लौरा, क्या तुम मुझसे सहमत नहीं हो ?"

"हाँ, मम्मी।"

उधर ड्राइंगरूम में मेग, जोस और नन्हा हान्स आखिरकार पियानो खिसकाने में कामयाब रहे थे।

"अब अगर हम इस सोफे को दीवार से सजा दें और कुर्सियों को छोड़कर बाकी तमाम चीजें कमरे से बाहर निकाल दें, तो ?"

"बिलकुल।"

"हान्स, इन मेजों को बगलवाले कमरे में ले जाओ, और कालीन के धब्बे साफ करने के लिए स्वीपर को बुलाओ, और–अरे हाँ, हान्स, एक मिनट–" जोस को नौकरों को हुक्म देने में मजा आता था, उन्हें भी उसकी तामील करना पसन्द था। जोस हमेशा उन्हें यह महसूस कराती थी कि वे किसी नाटक में हिस्सा ले रहे हैं। "मम्मी को और मिस लौरा को कहो कि वे फौरन यहाँ आएँ।"

"जी, बहुत अच्छा, मिस जोस।"

जोस मेग की तरफ मुड़ी। "मैं जानना चाहती हूँ कि पियानो की आवाज कैसी है, ऐसा भी हो सकता है कि मुझसे गाने की फर्माइश कर दी जाए। आओ गाते हैं, 'हाय, कैसी उदास है ये जिन्दगी !'"

पम्म ! ट-टा-टा टी-टा ! पियानो जैसे फट पड़ा, उससे तेज-तेज आवाजें आने लगीं और जोस के चेहरे का रंग बदल गया। उसने अपनी मुट्ठियाँ भींच लीं। उसने उदास और गूढ़ निगाहों से अपनी माँ और लौरा को देखा जो उसी क्षण वहाँ पहुँची थीं।

"हाय, कैसी उदास है ये जिन्दगी। इक आँसू...इक आह। प्यार जो बदल जाता है। कैसी उदास है ये जिन्दगी। इक आँसू...इक आह। प्यार जो बदल जाता है। और फिर...अलविदा।"

और जब वह "अलविदा" पर पहुँची तो हालाँकि पियानो की आवाज और भी गमगीन हो गई थी, पर उसके चेहरे पर एक तेज और बेदर्द मुस्कुराहट फैल गई।

"मम्मी, क्या मेरी आवाज अच्छी नहीं है ?" वह मुस्कुराई।

"कैसी उदास है ये जिन्दगी। बस बाकी है उम्मीद मौत की। एक ख्वाब–एक बे-दारी।"

लेकिन तभी सैडी ने उन्हें टोक दिया। "क्या है, सैडी ?"

"जी...जी, मैम, बावर्चिन कह रही थी कि सैंडविच के लिए सलाद के पत्ते ले आई हैं ?"

"सैडी, सैंडविच के लिए पत्ते ?" मिसेज शेरीडन ने सपनीले लहजे में उसका जुमला दोहराया। और लड़कियाँ उनका चेहरा देखकर समझ गईं कि वह भूल गई हैं।

"जरा ठहरो।" और फिर वह दृढ़ लहजे में सैडी से बोलीं, "उसको कहो दस मिनट में मिल जाएँगे।"

सैडी चली गई।

"हाँ, और लौरा तुम," उसकी माँ ने उसे तेजी से कहा, "धूम्रपान-कक्ष में चलो। मैंने एक लिफाफे पर कहीं कुछ चीजों के नाम लिख रखे हैं। जरा मेरे लिए उन्हें साफ-साफ लिख डालो। मेग, बस इसी वक्त तुम ऊपर जाओ और अपने बालों पर लिपटा यह गीला तौलिया हटाओ। जोस, दौड़ो और तुरन्त ठीक से कपड़े पहनो। और बच्चो, क्या तुम मेरी बात सुन रही हो, या फिर मुझे रात में तुम्हारे बाप को बताना होगा। और—और जोस, अगर तुम बावर्चीखाने में गई तो जरा बावर्चिन को समझाना-बुझाना और मनाना, कर लोगी न तुम ये सब ? आज सुबह से ही मैं उससे डरी हुई हूँ।"

बड़ी खोज-बीन के बाद आखिरकार वह लिफाफा डाइनिंग-रूम की घड़ी के पीछे पड़ा मिला। मिसेज शेरीडन सोच भी नहीं सकती थीं कि लिफाफा वहाँ तक कैसे पहुँच सकता है।

"बच्चो, तुम में से किसी ने मेरे बैग से उसे चुराया होगा, क्योंकि मुझे पक्का याद है—खैर, क्रीम चीज और लेमन-कर्ड। लिख लिया ?"

"हाँ।"

"अंडे और—" मिसेज शेरीडन ने दावत के लिए जरूरी चीजों की फेहरिस्त साफ-साफ पढ़ने के लिए लिफाफे से अपनी आँखों की दूरी बढ़ाई। "यह चूहा जैसा लग रहा है। लेकिन यह चूहा तो हो नहीं सकता है। हो सकता है क्या ?"

"जैतून, प्यारी माँ !" लौरा ने उनके कन्धों के ऊपर से झाँकते हुए लिफाफे पर नजर डाली।

"हाँ, बिलकुल ठीक, जैतून। कैसी वाहियात लगती है दोनों की जोड़ी। अंडे और जैतून।"

फेहरिस्त आखिर खत्म हो गई, और लौरा उसे लेकर बावर्चीखाने में चली गई। वहाँ उसने देखा कि जोस बावर्चिन का मान-मनव्वल कर रही है जो देखने में जरा भी खौफनाक नहीं लगती थी।

"मैंने कभी इतने लजीज और लाजवाब सैंडविच नहीं देखे," जोस की फटी-फटी आवाज आई। "कितनी तरह के सैंडविच तुम बता रही थी, बावर्चिन ? पन्द्रह ?"

"पन्द्रह, मिस जोस।"

"बहुत अच्छा, इसके लिए मैं तुम्हें बधाई देती हूँ।"

बावर्चिन ने सैंडविच के लम्बे चाकू से डबलरोटी के गिरे हुए टुकड़े हटाये। उसके लबों पर चौड़ी-सी मुस्कान थी।

"गाडबर्स का आदमी आ चुका है," सैडी ने भंडार-घर से निकलते हुए ऐलान किया। वह उसे खिड़की से जाते हुए दिखा था।

इसका मतलब है कि क्रीम पफ आ चुके हैं। गाडबर्स अपने क्रीम पफ के लिए जाना जाता था। किसी ने भी उन्हें घर में तैयार करने के बारे में नहीं सोचा था।

"उसे अन्दर लाओ मेरी लड़की, और मेज पर रखो," बावर्चिन ने हुक्म दिया।

सैडी उसे अन्दर लायी और फिर दरवाजे की तरफ लौट चली। बेशक लौरा और जोस इतनी बड़ी हो चुकी थीं कि वह उसका वास्तव में ख्याल नहीं रख सकती थीं। साथ ही, दोनों इस बात पर भी एकमत थीं कि पफ देखने में बड़े अच्छे लग रहे हैं। बहुत ही अच्छे। बावर्चिन ने उन पर से अतिरिक्त आइसिंग झाड़ते हुए उन्हें सजाना शुरू किया।

"क्या यही आदमी हर पार्टी में क्रीम पफ नहीं देता ?" लौरा ने पूछा।

"मुझे लगता है कि वही देता है," व्यावहारिक समझी जाने वाली जोस ने जवाब दिया। वह कभी पीछे नहीं रहना चाहती। "मुझे यह जरूर कहना चाहिए कि वे बड़े हल्के-फुल्के और नर्म होते हैं।"

"अरे, मेरी लाडली, लेल्ले, एक-एक लेल्ले," बावर्चिन अपने सहज गँवई अन्दाज में बोली, "तुम्हारी अम्मा नहीं जान पाएगी।"

ओह, नामुमकिन। क्रीम पफ, और वह भी नाश्ते के तुरन्त बाद। इसके ख्याल तक से वे लरज गईं। लेकिन बस दो मिनट बाद ही जोस और लौरा दोनों अपने आप में गुम अपनी उँगलियाँ चाट रही थीं। ऐसी हालत तभी होती है जब कोई खूब फेंटी हुई क्रीम चखता है।

"चलो बाग में चलो, पिछवाड़ेवाले दरवाजे से निकल चलो," यह लौरा की राय थी। "मैं देखना चाहती हूँ कि वे लोग शामियाना कैसे लगा रहे हैं। बड़े ही भले लोग हैं वे।"

लेकिन पिछवाड़े में खुलनेवाले दरवाजे पर तो बावर्चिन, सैडी, गाडबर्स का आदमी और हान्स डटे थे और वहाँ से बाहर निकलना मुश्किल था।

कुछ हो गया था।

"च्च-च्च-च्च," किसी गुस्सैल मुर्गी की तरह बावर्चिन ने आवाज की। सैडी ने अपना एक हाथ अपने गाल पर इस तरह रख रखा था जैसे उसके दाढ़ में दर्द हो। हान्स मामला समझने की कोशिश कर रहा था और इस चक्कर में उसका चेहरा खिंच-सा गया था। सिर्फ गाडबर्स का आदमी सहज दिख रहा था। वही कोई कहानी सुना रहा था।

"क्या माजरा है ? हुआ क्या ?"

"एक जबर्दस्त हादसा हो गया," बावर्चिन बोली। "एक आदमी मारा गया।"

"मारा गया ! कहाँ ? कब ? कैसे ?"

लेकिन गाडबर्स का आदमी नहीं चाहता था कि उसकी अपनी कहानी उससे छीनकर कोई दूसरा सुना दे, और वह भी उसकी नजरों के सामने।

"मिस, आपको मालूम ही होगा उन झोंपड़ियों के बारे में जो यहाँ ठीक ढलान के नीचे हैं ?" हाँ, बेशक वह उन्हें जानती थी। "हाँ, वहाँ एक जवान आदमी रहता था, नाम था उसका स्काट। ताँगा चलाता था। आज सुबह हाक स्ट्रीट के कोने पर इंजन देखकर उसका घोड़ा घबरा गया और ताँगा उलट गया और वह खुद सिर के बल गिरा। मर गया।"

"मर गया !" लौरा ने गाडबर्स के आदमी को घूरा।

"वह मर चुका था जब उसे उठाया जा रहा था," उस शख्स ने कहानी सुनाने का मजा लेते हुए कहा। "जब मैं इधर आ रहा था तो लोग उसकी लाश उसके घर ले जा रहे थे।" और फिर उसने बावर्चिन की तरफ मुँह करके कहा, "वह अपने पीछे बीवी और पाँच नन्हे-मुन्ने बच्चे छोड़ गया है।"

"जोस, इधर आओ," लौरा अपनी बहन की आस्तीन थामकर उसे खींचते हुए बावर्चीखाने से होकर बनात की हरी किवाड़ के दूसरी तरफ ले गई। वह एक क्षण के लिए रुकी और किवाड़ से टिक कर खड़ी हो गई। "जोस !" भयभीत लौरा ने बहन को कहा, "हम सब कुछ रद्द कैसे करेंगे ?"

"लौरा, सब कुछ रद्द करना !" आश्चर्यचकित जोस चीखी। "तुम्हारे कहने का क्या मतलब है ?"

"गार्डन पार्टी रद्द करना, और क्या !" आखिर जोस ऐसा क्यों दिखा रही है जैसे वह बात समझ ही नहीं रही हो ?

लेकिन जोस अब भी चकित थी। "गार्डन पार्टी रद्द कर दें ? मेरी प्यारी लौरा, इतनी बेतुकी बात मत करो। बेशक हम प्रोग्राम रद्द करने जैसा कोई काम नहीं कर सकते। कोई हमसे ऐसी उम्मीद नहीं करता। इतनी बेवकूफ मत बनो।"

"लेकिन जब कोई ठीक हमारे सामनेवाले दरवाजे के पास मर जाए तब शायद हमें गाडन पार्टी नहीं करनी चाहिए।"

लौरा का घर एक टीले पर था जिसके ठीक नीचे एक गली में ये छोटी-छोटी झोंपड़ियाँ थीं। गली उसके घर तक आती थी और एक चौड़ी-सी सड़क बीच से गुजरती थी। सचमुच उनकी खातिर पार्टी रद्द करना एक बेवकूफी थी। सच है कि वे बहुत नजदीक थे। लेकिन वे सबसे ज्यादा आँखों में खटकते थे और उन्हें पड़ोस में बसने का कोई अधिकार नहीं था। उस गली में भूरे रंग की बेहूदा और बदनुमा झोंपड़ियाँ थीं। उनके सामने जमीन के छोटे-छोटे टुकड़ों में कुछ नहीं था सिवाय गोभी के डंठलों, कुड़कुड़ाती बीमार मुर्गियों और टमाटर के डिब्बों के। उनकी चिमनियों से निकलनेवाले

धुएँ से भी गरीबी झलकती थी। धुएँ के जरा-जरा से कतरे और रेशे, शेरीडन परिवार की चिमनियों से निकलनेवाले चाँदी से चमकदार गाढ़े धुएँ से एकदम भिन्न। उस गलीज गली में धोबिनें और भंगी रहते थे और एक मोची भी था और साथ में एक और आदमी जिसकी झोंपड़ी के आगे छोटे-छोटे पिंजड़ों की भरमार थी। बच्चों का झुंड गली में दनदनाता फिरता। जब लौरा और जोस छोटी थीं तो उन पर उस गली में कदम रखने तक की पाबन्दी थी क्योंकि गली के बच्चों की जुबान गन्दी थी और शेरीडन परिवार को डर था कि उनके बच्चे भी उनकी गालियाँ सीख सकते हैं। लेकिन बड़ी होने पर लौरा और जोस दोनों मटरगश्ती करते हुए कभी-कभार उधर भी हो लेतीं। वहाँ की गलाजत से दोनों परेशान हो जातीं। फिर भी आदमी को हर जगह जाना चाहिए, हर चीज देखनी चाहिए। सो दोनों भी वहाँ जातीं।

लौरा ने कहा, "जरा सोचो तो उस बेचारी को कैसा लगेगा जब संगीत का दौर शुरू होगा।"

"उफ्फोह, लौरा !" अब जोस को लौरा की इन बातों से चिढ़ होने लगी थी। "जब भी कोई हादसा होगा और उसके कारण तुम संगीत का कार्यक्रम रद्द करने लगी तो तुम्हारी जिन्दगी एक बोझ बन जाएगी। तुम्हारी ही तरह मुझे भी इस पर अफसोस है।" उसकी आँखों से अब सख्ती झलक रही थी। उसने बिलकुल उन्हीं निगाहों से बहन को घूरा जिस तरह बचपन में झगड़ा होने पर उसे घूरती थी। "तुम भावुक बनकर किसी बेवड़े मजदूर को वापस जिन्दा नहीं कर सकती," उसने बड़ी नर्मी से कहा।

"बेवड़ा ! किसने बताया कि वह शराब पिये था ?" लौरा को गुस्सा आ गया। उसने उसी तरह कहा जिस तरह ऐसे मौकों पर वह आम तौर पर कहा करती थी, "मैं सीधे मम्मी के पास जा रही हूँ, उन्हें बताने।"

"जा, जा, मेरी लाडली," जोस का जवाब था।

"मम्मी, क्या मैं अन्दर आ सकती हूँ ?" लौरा ने माँ के कमरे में लगे शीशे के बड़े से दरवाजे को थोड़ा धकेलते हुए पूछा।

"हाँ, आ जाओ। लेकिन क्यों ? बात क्या है ? तुम्हारा चेहरा इतना उतरा हुआ क्यों हैं ?" मिसेज शेरीडन अपनी सिंगार मेज से उसकी तरफ मुड़ीं। वह नया हैट पहनकर यह देखने की कोशिश कर रही थीं कि यह उन पर फबता है या नहीं।

"मम्मी, किसी की मौत हो गई है," लौरा ने अपनी बात शुरू की।

"अपने बाग में तो नहीं ?" उसकी माँ ने बीच में ही उसे टोक दिया।

"नहीं, नहीं !"

"ओह, तुमने तो मुझे डरा ही दिया था !" मिसेज शेरीडन ने राहत की साँस ली; और अपना बड़ा हैट उठाया और उसे घुटनों पर रख लिया।

"लेकिन मम्मी, मेरी बात तो सुनो," लौरा ने कहा। हाँफती-काँपती लौरा ने रुँधे

गले से माँ को यह खौफनाक दास्तान सुनाई। "अब तो हम यह पार्टी नहीं कर सकते। कर सकते हैं क्या ?" वह गिड़गिड़ाई। "म्यूजिक बैंड और तमाम लोग आ रहे हैं। मम्मी, वे हमारी आवाजें सुनेंगे, वे हमारे नजदीकी पड़ोसी हैं !"

लौरा को यह देखकर धक्का लगा कि माँ ने भी जोस ही की तरह बर्ताव किया; यह धक्का बर्दाश्त करना और भी कठिन था क्योंकि माँ उसकी बातों का मजा लेती प्रतीत हो रही थी। उसने लौरा की बातों को संजीदगी से लेने से इनकार कर दिया था।

"लेकिन मेरी नन्ही बच्ची, अपनी अक्ल का इस्तेमाल करो। वह तो एक हादसे में मरा है और हमने बस यह बात सुनी है। अगर कोई कुदरती मौत भी मरता—और मैं कभी नहीं समझ पाती कि कैसे वे लोग चूहे के उन बिलों में जिन्दा रहते हैं—तो भी हम अपना जश्न जारी रखते, है ना ?"

लौरा को "हाँ" कहना पड़ा, लेकिन उसका मन कह रहा था कि यह सब गलत हो रहा है। वह माँ के सोफे पर बैठ गई और कुशन की झालर ऐंठने लगी।

"मम्मी, क्या यह हमारी संगदिली नहीं है ?" उसने सवाल किया।

"मेरी लाडली !" मिसेज शेरीडन अपने हाथों में हैट लिये उठ खड़ी हुई और उसके करीब आईं। जब तक लौरा कुछ रोक-टोक पाती, वह उसके सिर पर हैट डाल चुकी थीं। "हाँ, मेरी लाडली !" उसकी माँ बोली, "अब यह हैट तुम्हारा है। यह तुम्हारे लिए ही बनाया गया है। मुझ बुढ़िया पर यह नहीं फबता। मैंने कभी तुम्हें इस कदर हसीन नहीं देखा। जरा देखो तो अपना चेहरा।" और उसने एक छोटा-सा आईना उसकी तरफ बढ़ा दिया।

"लेकिन, मम्मी," लौरा ने अपनी बात फिर से शुरू कर दी। उसने आईने में अपना चेहरा नहीं देखा था। उसने अपना मुँह घुमा लिया था।

इस बार माँ अपना आपा खो बैठीं, उसी तरह, जिस तरह जोस ने खोया था।

"लौरा, तुम बहुत बदतमीज होती जा रही हो," वह बड़े सर्द लहजे में बोलीं। "उस तरह के लोगों के लिए हम कोई कुर्बानी नहीं कर सकते। और हाँ, जिस तरह तुम सारे लोगों की खुशियाँ बर्बाद कर रही हो, उसे कोई पसन्द नहीं कर सकता।"

"मेरी समझ में कुछ भी नहीं आ रहा है," लौरा ने कहा, और तेज-तेज कदमों से वहाँ से निकल कर अपने बेडरूम में घुस गई। वहाँ इत्तेफाक से उसकी निगाह सबसे पहले जिस चीज पर पड़ी, वह था सुनहरे डेजी और काले मखमल के एक लम्बे रिबन से सजा स्याह हैट पहने एक दिलकश लड़की का आईने में अक्स। उसे कभी यह अन्दाजा नहीं था कि वह इतनी सुन्दर भी दिख सकती है। क्या माँ की बात सही है ? उसने खुद से सवाल किया। और अब उसे लगा कि शायद माँ सही थी। क्या मेरी सोच बेतुकी है ? शायद यह बेतुकापन था। बस एक क्षण के लिए उस बेचारी गरीब

औरत की, उसके नन्हे बच्चों की और घर के अन्दर ले जाई जा रही लाश की एक और तस्वीर उसके नजरों के सामने से गुजरी। लेकिन वह बिलकुल धुँधली और अवास्तविक लगी, अखबार में छपी किसी तस्वीर की तरह। उसने सोचा कि पार्टी खत्म हो जाने के बाद इस पर एक बार फिर गौर करेगी। और यही उसे सबसे अच्छा रास्ता नजर आया।

डेढ़ बजे तक दोपहर का खाना खत्म हो गया था। ढाई बजे तक वे कार्यक्रम के लिए पूरी तरह तैयार हो चुके थे। सब्ज वर्दी में सजे-धजे बैंडवाले पहुँच चुके थे और टेनिस कोर्ट के एक कोने में जगह पकड़ ली थी।

"अरे, मेरी बन्नो !" यह किटी मेटलैण्ड की काँपती-सी आवाज थी, "क्या वे मेंढक की तरह नहीं दिखते ? तुम्हें तो बैंडवालों को तालाब के गिर्द कतार में खड़ा कर देना चाहिए था और उनका मुखिया किसी पत्ते के बीचों-बीच खड़ा रहता।"

लौरी वहाँ पहुँचा और उनके लिबास की तारीफ की। उसे देखकर लौरा को वह हादसा फिर से याद आ गया। उसे लौरी को हादसा के बारे में बताने की इच्छा हुई। अगर लौरी का ख्याल भी दूसरे तमाम लोगों जैसा हुआ तो वह सचमुच सही ही होगा। वह उसके पीछे-पीछे चलती हुई हॉल में पहुँच गई।

"लौरी !"

"हैलो !" वह आधी सीढ़ियाँ चढ़ चुका था, लेकिन जब वह मुड़ा और उसकी नजर लौरा पर पड़ी तो उसने सहसा ही अपने होंठ गोल कर लिये और वह आँखें फाड़-फाड़कर उसे घूरने लगा। "अरे, लौरा ! आज तुम गजब की लग रही हो," लौरी ने कहा। "क्या जबर्दस्त हैट है !"

लौरा ने धीमी आवाज में कहा, "क्या सचमुच," और मुस्कुरा दी, और फिर उससे कुछ नहीं कहा।

कुछ ही देर बाद लोगों के आने का सिलसिला शुरू हो गया। बैंडवालों ने बजाना शुरू कर दिया और भाड़े पर बुलाए गए बैरे मकान से शामियाने की तरफ दौड़ पड़े। जिधर भी नजर जाती थी जोड़े मटरगश्ती कर रहे थे, फूलों पर झुके हुए थे, एक-दूसरे से हँसी-ठिठोली कर रहे थे या लॉन पर यहाँ-वहाँ जा रहे थे। वे सैलानी परिन्दों की तरह थे जो अपने सफर के बीच शेरीडन परिवार के बाग में उतरे थे। लेकिन कहाँ जा रहे थे वे ? आह, कितना लुत्फ है उन खुशहाल खुशतबीयत लोगों के साथ वक्त गुजारने का, उनके हाथ दबाने का, उनसे गाल सटाने का और आँखों ही आँखों में मुस्कुराने का।

"लौरा, कितनी प्यारी लग रही हो तुम !"

"अरे, मेरी बच्ची, कितना शानदार हैट है तुम्हारा !"

"लौरा, तुम तो बिलकुल स्पेनी लग रही हो। मैंने तुम्हें कभी इतना हसीन नहीं

देखा था।"

और चमकती-दमकती लौरा बड़ी मुलायमियत से जवाब देती, "आपने चाय ली ? आइसक्रीम लेंगी आप ? आइस-फ्रूट सचमुच लाजवाब है !" वह अपने पिता की तरफ लपकी और उनसे गिड़गिड़ाई, "पापा, क्या बाजेवाले कुछ नहीं पियेंगे ?"

और शानदार दोपहर धीरे-धीरे अपने शबाब पर पहुँची, आहिस्ता-आहिस्ता मुर्झाई और उसकी हसीन पंखुड़ियाँ सिकुड़ गईं।

"इतनी मजेदार गार्डन पार्टी कभी नहीं देखी..."; "बेहद कामयाब..."; "गजब की शानदार..."

लौरा मेहमानों को विदा करने में माँ की मदद कर रही थी। वे पोर्च में उस वक्त तक अगल-बगल खड़ी रहीं जब तक सारे लोग चले नहीं गए।

"शुक्र है खुदा कि सब कुछ ठीक-ठाक ढंग से हो गया, पूरा हो गया," मिसेज शेरीडन ने कहा। "लौरा, बाकी बचे काम निबटा लो। अब चलो थोड़ी ताजा कॉफी की चुस्की ले लें। मैं तो थक गई हूँ। हाँ, पार्टी तो शानदार रही। लेकिन उफ, ये पार्टियाँ, पार्टियाँ ! बच्चो, तुम लोग पार्टियाँ देने पर जोर क्यों देती हो !" वे लोग वीरान पड़े शामियाने में बैठ गए।

"पापा, एक सैंडविच लीजिए ! मैंने इसमें सलाद के पत्ते सजाए हैं।"

"शुक्रिया," मि. शेरीडन ने एक निवाला लिया और सैंडविच करीब-करीब खत्म हो गया। उन्होंने दूसरा निवाला लिया और कहा, "मेरे ख्याल से तुम लोगों को उस खौफनाक हादसे की जानकारी नहीं है जो आज हुआ ?"

"ऐसी बात नहीं," मिसेज शेरीडन ने अपने हाथ मरोड़ते हुए कहा, "हमने सुना था। उसने हमारी पार्टी को लगभग बर्बाद ही कर दिया था। लौरा का जोर था कि हम पार्टी रद्द कर दें।"

"ओ, मम्मी !" लौरा नहीं चाहती थी कि उसे इस मामले में छेड़ा जाए।

"लेकिन यह एक भयावह मामला था," मि. शेरीडन ने कहा। "वह शख्स शादीशुदा भी था। वहाँ बिलकुल नीचे गली में रहता था, और लोग कहते हैं कि उसकी पत्नी और आधा दर्जन बच्चे हैं।"

माहौल में एक दुखदायी शान्ति छा गई। मिसेज शेरीडन बेचैनी में अपने हैट को उलटने-पुलटने लगीं। सचमुच वह एक बदअक्ल बाप था...

सहसा उन्होंने गर्दन उठाई। वहाँ मेज पर तमाम सैंडविच, केक, पफ बचे हुए थे और सब बर्बाद होने वाले थे। उन्हें एक शानदार बात सूझ गई थी।

"मैं जानती हूँ क्या करना है," मि. शेरीडन ने कहा, "आओ एक डलिया तैयार करें। उस बेचारी के पास यह बढ़िया खाना भेज दें। किसी भी तरह, यह बच्चों के लिए एक बढ़िया दावत होगी। क्या तुम इससे सहमत नहीं हो ? और यह तो तय है

कि उसके पड़ोसी उसके यहाँ आएँगे। ये सब बनवाने का फायदा ही क्या है ? लौरा !" वह उछल पड़ी। "सीढ़ियों के नीचे रखी बड़ीवाली डलिया तो लाना।"

"लेकिन मम्मी, क्या आपको सचमुच लगता है कि यह एक अच्छा ख्याल है ?" लौरा ने पूछा।

एक बार फिर जिज्ञासु लौरा औरों से अलग दिख रही थी। पार्टी की बची-खुंची जूठन। क्या सचमुच वह गरीब औरत इसे पसन्द करेगी ?

"बेशक ! आज क्या हो गया है तुम्हें ? एक-दो घंटे पहले तो तुम हम लोगों से उसके साथ हमदर्दी जताने को कह रही थी, और अब..."

अच्छा ! लौरा डलिया लाने के लिए दौड़ी। माँ ने उसे लबालब भर दिया।

"मेरी लाडली, तुम खुद इसे ले जाओ," उसने कहा, "लपककर नीचे जाओ। अरे, नहीं ! रुको अरबी कुमुदिनी के ये फूल भी लेती जाओ। उस तबके के लोग अरबी कुमुदिनी के फूलों से बहुत प्रभावित होते हैं।"

"टहनियाँ उसके लेसवाले फ्राक को बर्बाद कर डालेंगी," यह व्यावहारिक जोस का कहना था।

हाँ, ये तो ठीक है। सही वक्त पर कहा। "तो, सिर्फ डलिया। और, लौरा !"— उसकी माँ पीछे-पीछे शामियाने तक गई—"किसी भी तरह यह नहीं कहना—"

"क्या मम्मी ?"

नहीं, बच्ची के दिमाग में ये सब बातें नहीं डालनी चाहिए ! "कुछ नहीं ! अब दौड़ो भी।"

जब लौरा ने अपने बाग का फाटक बन्द किया तो झुटपुटे की शुरुआत ही हुई थी। एक बड़ा-सा कुत्ता बगल से किसी साये की तरह दौड़ता निकल गया। सड़क सफेद चमचमा रही थी और नीचे गहराई में छोटी-छोटी झोंपड़ियाँ धुँधलाने लगी थीं। दोपहर के बाद कितनी शान्ति लगती है। वह खुद क्यों नहीं शान्त हो पाती ? वह एक ऐसी जगह जा रही थी जहाँ कोई मरा पड़ा था, और उसे इस बात का अहसास ही नहीं हो रहा था। वह एक मिनट के लिए रुकी। और उसे लगा जैसे चुम्बन, आवाजें, चम्मचों की खड़खड़ाहट, कहकहे, कुचली हुई घास की महक सब उसके अन्दर घुसी हैं। उसके अन्दर अब किसी और चीज के लिए कोई जगह नहीं बची है। उसने जर्द पड़ चुके आसमान पर निगाह डाली और मन में बस यही सोचा, "हाँ, यह एक बेहद कामयाब पार्टी थी।"

अब चौड़ी सड़क खत्म हुई। पतली धूलभरी स्याह पगडंडी शुरू हुई। शॉल ओढ़े औरतें और ट्वीड की टोपियाँ पहने मर्द उसके पास से तेजी से गुजरने लगे। मर्द बाड़े से टिके थे और बच्चे अपने घर के दरवाजों पर खेलने में मशगूल थे। घिनौनी झोंपड़ियों के अन्दर से भिनभिन की हल्की-सी आवाज आ रही थी। कुछ में टिमटिमाती रोशनी

थी और उनमें से साये केकड़े की तरह रेंगते हुए खिड़की तक पहुँच रहे थे। लौरा ने सिर झुका लिया और तेजी से कदम बढ़ाने लगी। उसे अब लगा कि कितना अच्छा होता अगर उसने कोट डाल लिया होता। उसका फ्राक कैसा चमक रहा है ! और मखमल के रिबनवाला यह बड़ा हैट—काश इसके बजाय वह कोई दूसरा हैट पहने होती ! क्या लोगों की निगाहें उसी पर हैं ? जरूर होंगी। यहाँ आना एक गलती थी; वह अच्छी तरह जानती थी कि यह एक गलती थी। क्या अब भी उसे लौट जाना चाहिए ?

अब भी ज्यादा देर नहीं हुई है। यही वह घर है। यही होना चाहिए। घर के बाहर लोगों का हुजूम है। दरवाजे के बगल में एक बुढ़िया, बैसाखियाँ लिये एक बूढ़ी औरत उन्हें निहारती बैठी है। उसके पाँव के नीचे एक अखबार दबा है। जब लौरा उनके नजदीक पहुँची तो उनकी भिनभिनाहट बन्द हो गई। लोग हट गए। ऐसा लगा जैसे उन्हें उसके आने की उम्मीद थी, जैसे उन्हें जानकारी थी कि वह यहाँ आ रही है।

लौरा बुरी तरह घबराई हुई थी। उसने अपने कन्धे पर मखमली रिबन झटकते हुए पास खड़ी एक औरत से पूछा, "क्या यह मिसेज स्काट का घर है ?" उस औरत ने जवाब दिया, "यही है मेरी बिटिया।"

ओह, कैसे दूर हुआ जाए इससे ! जब वह पतली-सी राह पर आगे बढ़ी और दरवाज़ा खटखटाया तो उसके मुँह से बेसाख्ता निकला, "खुदा मेरी मदद कर।" वह चाहती थी उनकी घूरती निगाहों से दूर होना, या फिर किसी चीज में खुद को छिपा लेना, चाहे वह उनमें से किसी औरत की शॉल ही क्यों न हो। उसने मन ही मन फैसला किया, मैं बस डलिया वहाँ रख दूँगी और निकल जाउँगी। मैं उसे खाली किए जाने का भी इन्तजार नहीं करूँगी।

तभी दरवाजा खुला। काला लिबास पहने एक नाटी-सी गमगीन औरत नमूदार हुई।

लौरा ने कहा, "क्या आप मिसेज स्काट हैं ?" लेकिन वह उस वक्त और भी घबरा उठी जब उस औरत ने जवाब में कहा, "मिस, अन्दर चली आओ," और खुद गलियारे में अन्दर चली गई।

"नहीं," लौरा ने जवाब दिया, "मैं अन्दर नहीं आना चाहती। मैं सिर्फ यह डलिया देना चाहती हूँ। माँ ने इसे..."

ऐसा लगा कि उस उदास से गलियारे में गई महिला ने उसकी बात सुनी ही नहीं। "मिस, कृपया इधर आएँ," उसने गाढ़ी आवाज में कहा, और लौरा उसके पीछे हो ली।

उसने खुद को नीची छतवाले एक घटिया से रसोईघर में पाया जहाँ धुँधुआता हुआ चिराग जल रहा था। वहाँ आग के पास एक औरत बैठी थी।

"एम," उसके साथ वहाँ तक आई उस ठिगनी औरत ने कहा। "एम, एक

लड़की आई है।" वह लौरा की तरफ मुड़ी। उसने अर्थपूर्ण लहजे में कहा, "मिस, मैं एम की बहन हूँ। आप उसे माफ कर देंगी, है ना ?"

"हाँ, हाँ-हाँ, क्यों नहीं !" लौरा ने कहा, "मेहरबानी करके उन्हें तकलीफ नहीं दें। मैं–मैं अब बस जाना चाहूँगी–"

लेकिन उसी लम्हा आग के पास बैठी औरत घूमी। सुर्ख और सूजी हुई आँखों और सूजे हुए होंठों के साथ उसका चेहरा बड़ा अजीब-सा लग रहा था। ऐसा लगा कि वह यह समझ नहीं पा रही है कि लौरा वहाँ क्यों आई है। इसका क्या मतलब है ? क्यों एक अजनबी लड़की डलिया लिये उसके बावर्चीखाने में खड़ी है ? ये सब क्या हो रहा है ? और उसके उदास चेहरे पर फिर से शिकनें पड़ गईं।

"ठीक है, ठीक है," दूसरी ने कहा, "मैं इनको सुकरिया कह दूँगी।"

और एक बार फिर उसने कहना शुरू किया, "मिस, मैं जानती हूँ आप उसे माफ कर देंगी।" उसने अपने सूजे हुए चेहरे पर चापलूसीभरी मुस्कुराहट लाने की कोशिश की।

लौरा वहाँ से बस निकलना चाहती थी, भागना चाहती थी। वह गलियारे में पहुँच चुकी थी। दरवाजा खुला। वह सीधे उस कमरे में पहुँच गई जहाँ उस आदमी की लाश रखी थी।

"आप उसे देखना चाहेंगी, है ना ?" एम की बहन ने कहा, और वह लौरा से सटती हुई पलंग तक गई, "बिटिया, डरना नहीं,"–और अब उसकी आवाज स्नेही और चालाकीभरी लगी, और उसने बड़े दुलार से चादर हटाई–"ओ तसबीर जैसा दिखे है। कुछ भी दिखाने के लिए नहीं है। नजदीक आ जाओ मेरी प्यारी।"

लौरा नजदीक गई।

वहाँ एक नौजवान लेटा था, गहरी नींद में–इतनी गहरी थी उसकी नींद, इतनी गहरी कि वह उन दोनों से बहुत दूर था, बहुत ही दूर। ओह, इतना एकान्त, इतना शान्त। वह कोई ख्वाब देख रहा था। अब कभी मत जगाओ उसे। उसका सिर तकिए में धँसा था, उसकी आँखें बन्द थीं; बन्द पपोटों के पीछे से वे कुछ भी नहीं देख सकती थीं। उसने अपने आपको ख्वाबों के हवाले कर दिया था। ये गार्डन पार्टियाँ, डलियाँ और लेस के फ्राक उसके सामने क्या मायने रखते हैं ? वह उन तमाम चीजों से बहुत दूर था। वह लाजवाब था, हसीन था। जब वे नाच-गा और ठहाके लगा रहे थे, यह चमत्कार गली में आ चुका था। नींद में गुम चेहरे ने कहा, खुश रहो, मस्त रहो, सब ठीक-ठाक है। वह बस वैसा ही है, जैसा उसे होना चाहिए। मैं सन्तुष्ट हूँ।

लेकिन उसी के साथ उसे रोना भी था, और वह उसे कुछ कहे बगैर बाहर नहीं जा सकती थी। लौरा ने एक लम्बी-सी बचकानी सिसकी भरी।

"हैट के लिए मुझे माफ करना," वह बोली।

और इस बार उसने एम की बहन का इन्तजार नहीं किया। वह दरवाजे से निकली, अँधेरे में डूबे उन लोगों के पास से होती हुई पगडंडी पर बढ़ी। पगडंडी के सिरे पर उसकी मुलाकात लौरी से हुई।

वह अँधेरे से निकला। "तुम हो लौरा ?"

"हाँ।"

"माँ परेशान हो रही थी। सब ठीक-ठाक है ना ?"

"हाँ, बिलकुल। ओह, लौरी !" उसने लौरी की बाँह पकड़ी और उससे चिपट गई।

"तुम रो तो नहीं रही हो ?"

लौरा ने सिर हिलाया। वह रो रही थी।

लौरी ने उसके कन्धों को अपनी बाँह से जकड़ लिया। "रोओ मत," उसकी आवाज में गर्मजोशी और प्यार था। "क्या यह दुखदायी था।"

"नहीं," लौरा ने सिसकियाँ लेते हुए कहा। "वह बेहद शानदार था। लेकिन लौरी–" वह रुक गई, उसने भाई को निहारा। "क्या जिन्दगी," वह हकलाई, "क्या जिन्दगी–" लेकिन जिन्दगी क्या है, वह उसका खुलासा नहीं कर सकी। कोई बात नहीं। उसने उसकी बात समझ ली थी।

"लौरा, बेशक ऐसा ही है ?" लौरा ने कहा।

दिवंगत कर्नल की बेटियाँ

वह हफ्ता उनकी जिन्दगी के व्यस्ततम हफ्तों में से एक था। यहाँ तक कि जब वे बिस्तर पर जातीं तो बस उनका जिस्म ही वहाँ लेटता और आराम करता; उनका दिमाग काम करता रहता, विभिन्न चीजों पर बोलता रहता, फैसला करता रहता और यह याद करने की कोशिश में मसरूफ रहता कि कहाँ...

कांस्टेंशिया किसी मूर्ति की तरह पड़ी थी, उसके हाथ सीधे थे, दोनों पाँव एक-दूसरे पर चढ़े थे, चादर उसकी ठुड्डी तक थी। वह छत को घूर रही थी।

"क्या तुम्हें लगता है कि अगर हमने पापा का टाप-हैट दरबान को दे दिया तो वह नाराज हो जाएँगे ?"

"दरबान ?" जोसेफाइन झल्लाई। "आखिर दरबान को क्यों ? क्या लाजवाब ख्याल है !"

"क्योंकि," कांस्टेंशिया ने धीरे से कहा, "जरूर ही उसे अकसर जनाजे में शामिल होना पड़ता है। और मैंने गौर किया है—कब्रिस्तान में—कि उसके पास सिर्फ वही एक सख्त बाउलर हैट रहता है।" वह एक लम्हे के लिए रुकी, "मैंने सोचा कि वह टाप-हैट कितना पसन्द करेगा। हमें उसको भी तोहफा देना चाहिए। पापा के तईं उसका बर्ताव हमेशा अच्छा रहा।"

"लेकिन," जोसेफाइन अपने तकिए पर उछलती और अँधेरे में कांस्टेंशिया को घूरती हुई चिल्लाई, "पापा का सिर !" और अचानक, एक क्षण के लिए वह लगभग खिलखिलाने लगी। बेशक ऐसी बात नहीं है कि वह खिलखिलाना चाहती थी। जरूर ही यह उसकी आदत होगी। कई साल पहले, जब वे रात में गप्पें हाँकते हुए जागती रहती थीं, उनके बिस्तर हँसी से हिलते रहते थे। और अब दरबान का सिर, गायब होता हुआ, पापा के हैट के नीचे से किसी मोमबत्ती की तरह उभरा...उसकी खिलखिलाहट तेज, तेज होती गई; उसने अपनी मुट्ठियाँ भींच लीं; उसने खुद पर काबू पाने की कोशिश की; उसने अँधेरे में जोर से मुँह बनाया और बड़ी सख्ती से कहा "याद रखना"।

"हम इसका फैसला कल भी कर सकते हैं," वह बोली।

कांस्टेंशिया का ध्यान किसी चीज पर नहीं गया था; उसने आह भरी।

"क्या तुम्हें लगता है कि हमें अपने ड्रेसिंग गाउन भी रँगवा लेने चाहिए ?"

"काला ?" जोसेफाइन लगभग चीखती हुई बोली।

"हाँ, और क्या ?" कांस्टेंशिया बोली। "मैं सोच रही थी—यह, एक तरह से, कोई अच्छी बात नहीं लगती कि घर से बाहर तो काला लिबास पहनें और जब हम पूरे लिबास में हों, और जब हम घर में हों—"

"लेकिन कोई हमें नहीं देखता," जोसेफाइन ने कहा। उसने चादर को इस तरह झटका कि उसके दोनों पाँव खुल गए, और उसे उन्हें फिर से ढँकने के लिए तकियों पर ऊपर सरकना पड़ा।

"केट देखती है," कांस्टेंशिया ने कहा, "और वह डाकिया तो जरूर ही देखता होगा।"

जोसेफाइन का ध्यान अपनी गहरी सुर्ख चप्पलों की ओर गया, जो उसके ड्रेसिंग गाउन से मैच करती थीं, और कांस्टेंशिया की पसन्दीदा हरे रंगवाली चप्पलों पर गया जो उसके गाउन से मेल खाती थीं। स्याह ! दो स्याह ड्रेसिंग गाउन और दो जोड़ी ऊनी चप्पलें, बाथरूम में काली बिल्ली की तरह रेंगती हुई।

उसने कहा, "मैं नहीं समझती कि इसकी ज्यादा जरूरत है।"

खामोशी। फिर कांस्टेंशिया बोली, "हमें उन कागजात को उनके नोटिस के साथ कल डाक में डालना होगा ताकि वे सीलोन मेल से चले जाएँ...अब तक कितने खत पूरे हो चुके हैं ?"

"तेईस।"

जोसेफाइन ने उन सभी का जवाब दे दिया था, और तेईस बार जब वह इस जुमले पर पहुँची कि "हमें अपने प्यारे पापा बहुत याद आते हैं" तो वह फूट पड़ी और उसे रूमाल का इस्तेमाल करना पड़ा, और कई बार तो उसे स्याहीसोख के किनारे से उन खतों पर गिरे अपने बेहद हल्के नीले रंग के आँसू के कतरों को सोखना पड़ा। अब भी जब उदासी से वह मन ही मन "हमें अपने प्यारे पापा बहुत याद आते हैं" कहती है तो अगर वह चाहे तो रो सकती है।

"तुम्हारे पास पूरे डाक टिकट हैं ?" कांस्टेंशिया का सवाल था।

"उफ, कैसे बताऊँ ?" जोसेफाइन के लहजे में नाराजगी थी। "अब मुझसे यह सवाल करने से क्या फायदा ?"

"मैं तो बस यूँ ही पूछ रही थी," कांस्टेंशिया ने नर्मी से कहा।

कुछ देर फिर खामोशी रही। तभी सरकने, दौड़ने और फुदकने की हल्की-सी आवाज आई।

"चूहा है," कांस्टेंशिया ने कहा।

"यहाँ कोई चूहा नहीं हो सकता है क्योंकि यहाँ बचा-खुचा कोई खाना नहीं है," जोसेफाइन ने कहा।

"लेकिन उसे नहीं मालूम कि यहाँ कुछ नहीं है," कांस्टेंशिया ने जवाब दिया।

उसके दिल में रहम का जज्बा उमड़ पड़ा। बेचारा छोटा-सा प्राणी ! उसने अपने मन में कहा, काश कितना अच्छा होता अगर मैंने बिस्कुट का एक छोटा-सा टुकड़ा ही ड्रेसिंग टेबल पर छोड़ दिया होता। यह सोचना कितना भयावह है कि नन्हा-सा चूहा कुछ नहीं पा सकेगा। अब वह क्या करेगा ?

उसने धीरे से कहा, "मैं समझ नहीं पाती कि वे जिन्दा कैसे रह पाते हैं !"

"कौन ?" जोसेफाइन ने सवाल किया।

"चूहे," उसकी आवाज बेहद तेज थी, लेकिन वह इतना तेज भी नहीं बोलना चाहती थी।

जोसेफाइन चिढ़ गई। "ओह, कांस्टेंस, यह क्या बेहूदगी है !" वह बोली। "चूहों का इससे क्या लेना-देना ? तुम नींद में हो।"

"मुझे नहीं लगता कि मैं सोई थी," कांस्टेंशिया बोली। उसने उसे पक्का करने के लिए अपनी आँखें बन्द कर लीं। वह सो गई।

जोसेफाइन ने पीठ झुकाई, अपने घुटने सीधे किए, और अपनी बाँहें इस तरह मोड़ीं कि उसकी मुट्ठियाँ उसके कान के नीचे आ गईं, और अपने गालों को तकिए से कस कर चिपका लिया।

मामले को पेचीदा बनानेवाली एक दूसरी चीज यह भी थी कि नर्स एण्ड्रयूज उस हफ्ते उनके साथ ही वहाँ रह रही थी। यह उनकी अपनी गलती थी; उन्होंने उसे साथ रहने को कहा था। यह जोसेफाइन का ख्याल था। सुबह—हाँ, आखिरी सुबह, जब डाक्टर चला गया तो जोसेफाइन ने कांस्टेंशिया से कहा था, "क्या तुम्हें नहीं लगता कि अगर हम नर्स एण्ड्रयूज को मेहमान की हैसियत से अपने साथ हफ्ता बिताने की दावत दें तो अच्छा होगा ?"

"हाँ, बढ़िया तो होगा," कांस्टेंशिया ने कहा।

"मैं सोचती हूँ," जोसेफाइन ने झट से कहा, "मुझे बस आज ही शाम को उसे पैसे अदा करने के बाद यह बात कह देनी चाहिए, 'मुझे और मेरी बहन को बहुत खुशी होगी, मिस एण्ड्रयूज, अगर आप हमारे मेहमान की हैसियत से हमारे साथ एक हफ्ता गुजारतीं।' और अगर उन्होंने..."

"ओह, लेकिन उसे शायद ही कुछ पाने की उम्मीद होगी।" कांस्टेंशिया चिल्लाई।

"हाँ, कोई नहीं जानता," जोसेफाइन सन्तों के से अन्दाज में बोली।

नर्स एण्ड्रयूज इस पेशकश पर उछल पड़ी थी। लेकिन उसमें एक दिक्कत थी। इसका मतलब यह था कि ठीक समय पर सबको एक साथ बैठकर खाना खाना होगा, जबकि अगर वे अकेली होतीं तो वे केट से कहतीं कि जहाँ भी वे रहें, उनका खाना एक ट्रे में रख कर उन तक पहुँचा दिया जाए। और खाने का समय ऐसा था जैसे किसी अदालत में मुकदमे का सामना करना।

नर्स एण्ड्रयूज को मक्खन के नाम से बुखार आता था। सचमुच इस मामले में वे उसकी ज्यादा मदद नहीं कर सकती थीं, और कम से कम, उसने उनकी मेहरबानी का फायदा उठाया। उसमें पागल कर देनेवाली एक आदत यह थी कि वह अपने प्लेट में बची चीजों को खत्म करने के लिए बस रोटी का एकदम छोटा-सा टुकड़ा माँगती, और फिर मुँह में आखिरी लुकमा दबाए, वह बेख्याली में—बेशक यह बेख्याली का मामला नहीं था—एक और टुकड़ा उठा लेती। जब ऐसा हुआ तो, जोसेफाइन का चेहरा लाल हो गया, और उसकी मोतियों जैसी छोटी-छोटी आँखें दस्तरखान से इस तरह चिपक गईं जैसे उसने एक नन्हे-से अनोखे कीड़े को उसके जालों के बीच से रेंगते हुए देख लिया हो। लेकिन कांस्टेंशिया का लम्बोतरा जर्द चेहरा और लम्बा हो गया और उसने अपनी निगाह दूर—मेज पर रखी तश्तरियों के पार, बहुत दूर रेगिस्तान में टिका दी जहाँ ऊँटों की कतार ऊन के धागों की तरह फैल रही थी...

"जब मैं लेडी ट्यूक्स के साथ थी," नर्स एण्ड्रयूज ने कहा, "उनके पास मक्खन निकालने का एक मजेदार औजार था। शीशे की तश्तरी के किनारे टिकाया गया चाँदी का एक क्यूपिड था, एक छोटा-सा चम्मच थामे। जब मक्खन चाहिए, बस उसका पैर दबा दो, वह झुकेगा और तुम्हारे लिए मक्खन हाजिर। है ना मजेदार, किसी खेल की तरह।"

जोसेफाइन किसी तरह इसे बर्दाश्त कर सकी। लेकिन वह बस इतना ही बोल सकी, "मैं ऐसी चीजों को ऊलजलूल और फिजूलखर्ची मानती हूँ।"

"लेकिन क्यों ?" अपने चश्मे के मोटे-मोटे शीशों के पीछे से झाँकते हुए नर्स एण्ड्रयूज ने सवाल किया। "कोई भी अपनी जरूरत से ज्यादा मक्खन लेना नहीं चाहेगा—चाहेगा क्या ?"

"कांस्टेंस, घंटी बजाओ," जोसेफाइन चीखी। उसे खुद पर भरोसा नहीं था कि वह उसका जवाब दे सकेगी।

किसी दिलकश शहजादी-सी नाज-अदा दिखाने वाली केट वहाँ यह देखने आ पहुँची कि उसकी इन खूसट बिल्लियों को कहीं कुछ और तो दरकार नहीं है। उसने उनकी तश्तरियाँ खीचीं और उनमें मीठी ब्लामैंगे थोड़ी-थोड़ी डाल दी।

"केट, जरा जैम देना," जोसेफाइन ने बड़े नर्म लहजे में कहा।

केट झुकी, एक झटके से उसने अलमारी खोली, जैम के डिब्बे का ढक्कन हटाया

और देखा कि वह खाली है। उसने डिब्बा मेज पर रखा और अकड़ती हुई चली गई।

"मुझे लगता है," नर्स एण्ड्रयूज ने एक क्षण के बाद कहा, "जैम नहीं बचा है।"

"अरे उसकी फिक्र क्यों करते फिरें ! जोसेफाइन ने कहा। उसने अपने होंठ चबाए। "हम और कर भी क्या सकते हैं ?"

कांस्टेंशिया अजीब-सी दिख रही थी। "हमें केट को और परेशान नहीं करना चाहिए," उसने नर्मी से कहा।

नर्स एण्ड्रयूज मुस्कुराती हुई दोनों को देखती और इन्तजार करती रही। उसकी आँखें उसके चश्मे के पीछे से इधर-उधर भटकती हुई सभी चीजों को टटोल रही थीं। इन सबसे परेशान कांस्टेंशिया अपने ऊँटों की तरफ लौट गई। जोसेफाइन चिढ़ती रही। अगर यह बेहूदा औरत नहीं होती तो वह और कांस्टेंस दोनों ने बिना जैम के ब्लामैंगे खा लिया होता। तभी उसके दिमाग में एक विचार उभरा।

"मुझे मालूम है," वह बोली, "मुरब्बा। अलमारी में मुरब्बा है। कांस्टेंस जरा लाना तो।"

"मैं उम्मीद करती हूँ," नर्स एण्ड्रयूज हँसी—और उसकी हँसी ऐसी थी जैसे दवा की शीशी से कोई चम्मच टकरा रहा हो—"मुझे उम्मीद है कि यह ज्यादा कड़वा मोरब्बा नहीं होगा।"

लेकिन, आखिरकार, ज्यादा वक्त नहीं बचा था, और फिर वह चली जाएगी और यह भूला नहीं जा सकता था कि पापा का उसने बहुत ध्यान रखा था। आखिर तक उसने उनकी दिन-रात तीमारदारी की थी। कांस्टेंशिया और जोसेफाइन दोनों निजी तौर पर मानती थीं कि उनका साथ कभी नहीं छोड़ने की बात को वह कुछ ज्यादा ही दूर तक खींच ले गई थी। जब वे अलविदा कहने गई थीं तो नर्स एण्ड्रयूज सारा वक्त उनके पलंग के पास बैठी रही और उनकी कलाई पकड़े यह दिखावा करती रही कि वह घड़ी देख रही है। यह जरूरी नहीं था। यह बेवकूफी भी थी। मान लिया जाए कि पापा उनसे कुछ कहना चाहते हों—कोई बिलकुल निजी बात। ठीक है कि उन्हें कुछ नहीं कहना था। उफ, इसके उलट ! वह तो गुस्से से भरा चेहरा लिये लेटे रहे थे। जब वे खड़ी थीं, इस उहापोह में कि क्या किया जाए, तो उन्होंने अचानक अपनी एक आँख खोली थी। उफ, कितना फर्क पड़ जाता, वह उनकी यादों में कितना अलग होते, लोगों को बताना कितना आसान हो जाता, अगर उन्होंने अपनी दोनों आँखें खोली होतीं ! लेकिन नहीं—एक ही आँख। उस एक आँख ने उनको एक पल के लिए घूरा और फिर बुझ गई।

उस वक्त उनकी बड़ी अजीब हालत हो गई जब उसी शाम सेण्ट जॉन्स के

मि. फैरोलीज वहाँ पहुँच गए।

"मुझे यकीन है, उनका अन्त बड़ा शान्तिपूर्ण रहा ?" यह उनका पहला जुमला था जिसे उन्होंने अँधेरे ड्राइंग-रूम में उनकी तरफ सरकते हुए कहा।

"बिलकुल," जोसेफाइन ने कमजोर आवाज में जवाब दिया। दोनों ने अपने सिर झुका लिये। दोनों को यकीन था कि वह आँख किसी भी तरह एक शान्तिपूर्ण आँख नहीं थी।

"क्या आप बैठेंगे नहीं ?" जोसेफाइन ने कहा।

"शुक्रिया, मिस पिनर," मि. फैरोलीज ने कृतज्ञता से जवाब दिया। उन्होंने अपना कोट समेटा और पापा की आर्म-चेयर पर बैठने के लिए झुकना शुरू किया, लेकिन जैसे ही उन्होंने उस कुर्सी को छुआ वह उछल से पड़े और दूसरी कुर्सी पर बैठ गए।

वह खँखारे। जोसेफाइन ने अपने हाथों को आपस में जकड़ लिया। कांस्टेंशिया अहमक-सी दिख रही थी।

"मिस पिनर, और तुम, मिस कांस्टेशिया, मैं चाहता हूँ कि तुम महसूस करो," मि. फैरोलीज ने कहा, "मैं तुम्हारी मदद करने की कोशिश कर रहा हूँ। मैं तुम दोनों की मदद करना चाहता हूँ, हाँ, अगर तुम मुझे इसकी इजाजत दो। यह ऐसा वक्त है," मि. फैरोलीज़ ने बड़ी सहजता और ईमानदारी से कहा, "जब खुदा चाहता है कि हम एक-दूसरे के मददगार बनें।"

"मि. फैरोलीज, आपका बहुत-बहुत शुक्रिया," जोसेफाइन और कांस्टेंशिया बोलीं।

"और हाँ," मि. फैरोलीज ने नर्मी से कहा। उन्होंने अपने बचकाने दस्ताने उतारे और आगे की तरफ झुकते हुए कहा, "और अगर तुम दोनों में से किसी को छोटे से प्रभु-भोज की जरूरत पड़े, दोनों को या किसी एक को, तो बस मुझे कह दो। एक छोटे से प्रभु-भोज से अकसर फायदा होता है—बहुत सुकून मिलता है।"

लेकिन इस छोटे से प्रभु-भोज के विचार ने उन्हें भयभीत कर दिया। क्या ! वह भी इसी ड्राइंग-रूम में—किसी—किसी वेदिका या किसी और चीज के बगैर ! कांस्टेंशिया ने सोचा कि पियानो बहुत ऊँचा पड़ जाएगा, और मि. फैरोलीज पवित्र जल से भरे चषक के साथ उस पर झुक नहीं सकेंगे। और यकीनन केट हंगामा मचाती घुसेगी और दखलन्दाजी करेगी, यह जोसेफाइन की सोच थी। और अगर बीच में ही दरवाजे की घंटी बज उठी तो ? वह शोक व्यक्त करने आया कोई अहम आदमी हो सकता है। क्या उन्हें श्रद्धापूर्वक उठना और बाहर जाना पड़ेगा, या फिर यातनामय इन्तजार करना पड़ेगा ?

"अगर बाद में इस बारे में तुम्हारी कोई राय बने तो तुम अपनी प्यारी केट के हाथों मुझे पैगाम भिजवा देना," मि. फैरोलीज ने कहा।

"हाँ, हाँ ! आपका बहुत-बहुत शुक्रिया," दोनों ने एक साथ कहा।

मि. फैरोलीज उठ खड़े हुए और उन्होंने गोल मेज से तिनकेवाला अपना काला हैट उठाया।

"और जनाजे के बारे में," उन्होंने नर्म लहजे में कहा। "मैं उसका इन्तजाम–तुम्हारे प्रिय पिता के और तुम्हारे दोस्त के नाते कर सकता हूँ, मिस पिनर–और मिस कांस्टेंशिया।"

जोसेफाइन और कांस्टेंशिया भी उनके साथ उठ खड़ी हुईं।

"मैं चाहूँगी कि यह बिलकुल सादा हो," जोसेफाइन ने दृढ़ता से कहा, "और बहुत खर्चीला नहीं हो। इसी के साथ मैं चाहूँगी..."

"कि यह बढ़िया हो जो याद रहे," ख्यालों में गुम कांस्टेंशिया ने सोचा, जैसे जोसेफाइन कोई नाइटगाउन खरीद रही है। बेशक जोसेफाइन ने यह नहीं कहा था, उसने कहा, "कि यह हमारे पापा की हैसियत और रुतबे के मुताबिक हो।" वह बहुत घबराई हुई थी।

"मैं अभी तुरन्त अपने एक अच्छे दोस्त मि. नाइट के पास जाऊँगा," मि. फैरोलीज ने उन्हें दिलासा देते हुए कहा। "मैं उन्हें यहाँ आने और तुमसे मिलने के लिए कहूँगा। मुझे यकीन है कि वह मददगार होंगे।"

बहरहाल, किसी तरह, सारा काम खत्म हुआ। बेशक, दोनों में से किसी को यकीन नहीं आ रहा था कि उनके पिता अब लौट कर कभी नहीं आएँगे। कब्रिस्तान में जोसेफाइन पर उस वक्त दहशत छा गई जब ताबूत कब्र में उतारा जा रहा था। उसको लगा कि उसने और कांस्टेंशिया ने यह काम उनकी इजाजत के बगैर अंजाम दे दिया है। जब पापा को पता चलेगा तो वह क्या कहेंगे ? और यह तय है कि देर-सबेर उन्हें इसका पता तो चलना ही है। उन्होंने हमेशा पता लगा लिया है। "दफन कर दिया। तुम दोनों लड़कियों ने मुझे दफन कर दिया !" उसने उनकी छड़ी की ठकठकाहट सुनी। उफ, वे क्या जवाब देंगी ? वे कौन-कौन-सा बहाना गढ़ सकती हैं ? यह एक बेहद भयानक और संगदिल काम लग रहा था। इस बात का फायदा उठाना कि वह इस लम्हा बेबस हैं। दूसरे लोग इसे आम चीज की तरह लेते दिख रहे थे। वे अजनबी थे, उनसे यह बात समझने की उम्मीद नहीं की जा सकती कि पापा बिलकुल आखिरी आदमी थे जिनके साथ ऐसा कुछ होना था। नहीं, इसका सारा आरोप उस पर और कांस्टेंशिया पर आएगा। उसने पूरी तरह से बन्द घोड़ागाड़ी में सवार होते हुए खर्चों के बारे में सोचा। वह कब उन्हें खर्चों का ब्यौरा देगी ? और तब क्या बोलेंगे वह ?

उसने उन्हें चिंघाड़ते सुना। "और तुम मुझसे उम्मीद करती हो कि मैं तुम्हारे इस उल्टे-सीधे सैर-सपाटे का खर्च अदा करूँ ?"

"आह," बेचारी जोसेफाइन जोर से कराही, "कांस्टेंस, हमें यह सब नहीं करना चाहिए था।"

अँधेरे में नींबू की तरह जर्द दिख रही कांस्टेंशिया ने दहशत भरी सरगोशी में पूछा, "जोसी, हमने क्या किया ?"

"पापा को उस–उस तरह दफ–दफन नहीं करने देना चाहिए था," जोसेफाइन ने कहा। वह फूट पड़ी और अजीब-सी दिखनेवाले रूमाल से आँसू पोंछने लगी।

"लेकिन हम और कर भी क्या सकते थे ?" कांस्टेंशिया ने हैरत से पूछा, "हम उन्हें ऐसे नहीं रख सकते थे जोसी–हम उन्हें बिना कफन-दफन के नहीं रख सकते थे। इतने बड़े फ्लैट में तो हरगिज नहीं।"

जोसेफाइन ने रूमाल से नाक साफ की; घोड़ागाड़ी बेहद दमघोंटू थी।

"मैं नहीं जानती," वह गुस्से में बोली। "यह बड़ा खौफनाक था। मुझे लगता है कि हमें कोशिश करनी चाहिए थी, कम से कम कुछ वक्त के लिए। चीजों को पक्का करने के लिए। एक बात तो तय है"–उसकी आँखों से आँसू फिर बहने लगे–"पापा इसके लिए कभी हमें माफ नहीं करेंगे–कभी नहीं।"

पापा उन्हें हरगिज माफ नहीं करेंगे। दो दिन बाद जब वे उनके कमरे में उनके सामान को ठीक-ठाक करने गईं तो यह ख्याल उनके दिमाग में और भी शिद्दत से आया। उन्होंने इस पर बड़े सुकून और शान्ति के साथ विचार किया। यह जोसेफाइन की क्या-क्या करना है की फेहरिस्त में भी शामिल था। "पापा की चीजों को ठीक से देख लो और उन्हें ठीक-ठाक कर दो।" लेकिन नाश्ते के बाद की बातचीत से यह बहुत भिन्न मामला था।

"अच्छा, कांस्टेंस, क्या तुम तैयार हो ?"

"हाँ, जोसी–कब किया जाए ?"

"मुझे लगता है कि हम उससे निबट ही लें।"

हॉल में अँधेरा था। बरसों से यह नियम था कि चाहे कुछ भी हो जाए, पापा के आराम में खलल नहीं डाला जाए। और अब वे दरवाजे पर दस्तक दिए बिना ही कमरा खोलने जा रही थीं। इस बात पर कांस्टेंशिया की आँखें फटी जा रही थीं जबकि जोसेफाइन के पाँव कँपकँपा रहे थे।

"तुम–तुम पहले जाओ," वह हाँफते हुए बोली और कांस्टेंशिया को आगे धकेला।

लेकिन कांस्टेंशिया ने कहा, और ऐसे मौकों पर वह हमेशा ही यह बात कहती थी, "जोसी, नहीं, यह उचित नहीं होगा। तुम बड़ी हो।"

जोसेफाइन बस वह बात कहने वाली थी–जो दूसरे किसी वक्त दुनिया को नहीं

कहती—जो उसका आखिरी हथियार था, "लेकिन तुम सबसे लम्बी हो।" तभी दोनों ने पाया कि बावर्चीखाने का दरवाजा खुला है, और वहाँ केट खड़ी है...

"बहुत सख्त है," जोसेफाइन ने दरवाजे के हैंडल को पकड़ते हुए और उसे खोलने की भरसक कोशिश करते हुए कहा। जैसे केट को कभी धोखा दिया जा सकता हो।

इससे बचा नहीं जा सकता था। वह लड़की...तभी दरवाजा धड़ाम से उनके पीछे बन्द हुआ, लेकिन—लेकिन वे किसी भी तरह पापा के कमरे में तो नहीं थीं। शायद वे गलती से हॉल से होते हुए अचानक ही किसी बिलकुल भिन्न फ्लैट में दाखिल हो गई थीं। क्या दरवाजा उनके ठीक पीछे था ? वे इतना खौफजदा थीं कि उस तरफ निगाह भी नहीं कर सकती थीं। जोसेफाइन को पता था कि जैसे यह पूरी सख्ती से बन्द किया गया हो; कांस्टेंशिया ने महसूस किया कि सपनों के दरवाजों की तरह उसमें भी कोई हैंडल नहीं था। यह ठंड थी जिसने माहौल को इतना खौफनाक बना दिया है। या फिर सफेदी—कौन-सी ? हर चीज ढँकी थी। चिक गिरी थी, आईने पर एक कपड़ा डाल दिया गया था, एक चादर से पलंग ढँक दिया गया था; कागज के एक विशाल टुकड़े से आतिशदान ढँक दिया गया था। कांस्टेंशिया ने डरते-डरते अपना हाथ निकाला, जैसे उसे लग रहा हो कि कोई बर्फ का फाहा गिरनेवाला है। जोसेफाइन को अपनी नाक में जलन-सी महसूस हुई, जैसे उसकी नाक ठंड में जमी जा रही हो। तभी एक ताँगा नीचे पथरीली सड़क से खड़खड़ाता हुआ गुजरा, और सन्नाटे की धज्जियाँ उड़ती प्रतीत हुईं।

"बेहतर होता अगर मैं चिक उठा देती," जोसेफाइन ने बहादुरी दिखाई।

"हाँ, यह एक अच्छा ख्याल है," कांस्टेंशिया ने सरगोशी की।

उन्होंने बस चिक को छुआ ही था, लेकिन वह सट-से ऊपर चढ़ी और उसके बाद उसका धागा चिक के डंडे में लिपटता चला गया, और नन्हा फुँदना इस तरह थिरका जैसे वह आजाद होने की कोशिश कर रहा हो। कांस्टेंशिया के लिए हालात अपनी हद से गुजर चुके थे।

"क्या तुम्हें नहीं लगता—क्या तुम्हें नहीं लगता कि हम इसे किसी दूसरे दिन के लिए छोड़ सकते हैं ?" वह फुसफुसाई।

"क्यों ?" जोसेफाइन ने टोका। वह हमेशा की तरह यह जानकर बेहतर महसूस कर रही थी कि कांस्टेंशिया खौफजदा है। "इसे करना ही है। लेकिन कांस्टेंस, मैं चाहूँगी कि तुम इस तरह फुसफुसाना बन्द करो।"

"मैं नहीं जानती कि मैं फुसफुसा रही हूँ," कांस्टेंशिया ने सरगोशी की।

"और तुम पलंग को इस तरह क्यों घूर रही हो ?" जोसेफाइन ने अपने लहजे में नाराजगी लाते हुए तेज आवाज में कहा। "पलंग पर कुछ भी नहीं है।"

"ओह, जोसी, ऐसा मत कहो !" बेचारी कांस्टेंशिया ने कहा। "कम से कम इतनी

जोर से तो ना कहो।"

जोसेफाइन ने खुद भी महसूस किया कि वह बहुत आगे बढ़ गई थी। वह दराजोंवाली मेज की तरफ तेजी से मुड़ी, अपना हाथ बढ़ाया, लेकिन बड़ी तेजी से हाथ वापस कर लिया।

"कांस्टेंस," वह हाँफती हुई बोली, और उसने चक्कर काटा और झुककर दराजोंवाली मेज पर अपनी पीठ टिका दी।

"ओह, जोसी--क्या बात है ?"

जोसेफाइन सिर्फ घूर ही सकी। उसे यह असाधारण अहसास हो रहा था कि वह अभी-अभी किसी खतरनाक चीज से बची है। लेकिन वह कांस्टेंशिया को कैसे समझाए कि उनके पिता दराजोंवाली इसी मेज में हैं। वह अपने रूमालों और टाई के साथ सबसे ऊपरी दराज में हैं, या अपने कमीज-पायजामा के साथ उसके बादवाली दराज में, या अपने सूट के साथ सबसे निचली दराज में हैं। वह वहाँ छिपे उन्हें ताक रहे हैं, बस उस हैंडल के पीछे हैं और उछलकर सामने आनेवाले हैं।

उसने कांस्टेंशिया को देखकर ऐसा अजीब-सा मुँह बनाया जैसा वह बचपन में रोने से पहले बनाती थी।

"मैं उसे नहीं खोल सकती," वह लगभग रो दी।

"नहीं, नहीं, जोसी," कांस्टेंशिया ने ईमानदारी से सरगोशी की। "ऐसा नहीं करना ज्यादा बेहतर होगा। कोई चीज मत खोलो। किसी भी कीमत पर, लम्बे समय तक के लिए नहीं।"

"लेकिन--लेकिन यह तो बहुत कमजोरी है," जोसेफाइन बोली, वह रो पड़ी।

"लेकिन जोसी, एक बार कमजोर हो जाने में क्या गलत है ?" कांस्टेंशिया ने जानना चाहा, उसकी सरगोशी की आवाज बहुत तेज हो गई थी। "अगर यह कमजोरी है," और उसकी जर्द निगाहें उचटती हुई लिखने की मेज से चमकदार विशाल वार्डरोब तक पहुँचीं, और वह अस्वस्थ-सी हाँफने लगी, "जोसी, हम अपनी जिन्दगी में एक बार क्यों नहीं कमजोर हो सकते ? इसे बिलकुल माफ किया जा सकता है। जोसी, चलो हम कमजोर हो जाएँ--कमजोर हो जाएँ। मजबूती दिखाने से बहुत अच्छा है कमजोर बन जाना।"

और फिर उसने वह बहादुराना कारनामा अंजाम दिया जो उसने पहले अपने जीवन मे करीब दो बार अंजाम दिया था : वह मार्च करती हुई वार्डरोब तक पहुँची, चाबी घुमाई, और उसे ताले में से निकाल लिया। ताले में से निकाल लिया और उसे बुलन्द करती हुई जोसेफाइन के पास पहुँची, अपनी असाधारण मुस्कान के साथ जोसेफाइन को दिखाती हुई कि उसने कर दिखाया--उसने जान-बूझकर खतरा मोल लिया था क्योंकि पापा वहाँ अपने ओवरकोटों के बीच हो सकते थे।

अगर विशाल वार्डरोब झटका खाकर आगे सरक गया होता, कांस्टेंशिया पर उलट गया होता तो भी जोसेफाइन को हैरत नहीं होती। उसके बरखिलाफ, उसे लगता कि ऐसा होना ही सामान्य बात है। लेकिन ऐसा कुछ नहीं हुआ। सिर्फ कमरा पहले से और ज्यादा शान्त और पुरसुकून लगा, और ठंडी हवा के और बड़े फाहे जोसेफाइन के कन्धों तथा घुटनों पर गिरे। वह ठंड से काँपने लगी।

"जोसी, आओ," कांस्टेंशिया ने कहा। उसके होंठों पर अब भी वही डरावनी और निर्दयी मुस्कुराहट थी, और जोसेफाइन उसके पीछे उसी तरह गई जिस तरह पिछली बार वह गई थी जब कांस्टेंशिया ने बेनी को तालाब में धकेला था।

लेकिन जब वे डाइनिंग-रूम में लौटीं तो उनके चेहरे का तनाव उनकी दास्तान सुना रहा था। वे डरी-घबराई बैठ गईं, और एक-दूसरे को ताकने लगीं।

"मुझे नहीं लगता कि मुझे तब तक सुकून हासिल होगा," जोसेफाइन ने कहा, "जब तक मैं कुछ कर नहीं लेती। क्या तुम्हें लगता है कि हम केट को दो कप गर्म पानी के लिए बोल दें ?"

"मुझे कोई वजह नहीं लगती कि हम क्यों न कहें," कांस्टेंशिया ने एहतियात के साथ कहा। अब वह पूरी तरह सामान्य हो चुकी थी। "मैं घंटी नहीं बजाउँगी। मैं बावर्चीखाने के दरवाजे तक जाकर उसे बोल आऊँगी।"

"हाँ, ऐसा ही करो," जोसेफाइन ने कुर्सी में धँसते हुए कहा। "कांस्टेंस, उसे बोलो, सिर्फ दो कप—एक ट्रे में, और कुछ नहीं।"

"उसे जग रखने की जरूरत नहीं है, है क्या ?" कांस्टेंशिया ने कहा जैसे अगर जग रहा तो केट शिकायत करेगी।

"अरे नहीं, बिलकुल नहीं ! जग की जरूरत नहीं है। वह सीधे केतली से ढाल सकती है," जोसेफाइन कराही। उसे लगा कि इससे भी तकलीफ कम हो जाएगी।

सब्ज कप के किनारे पर उनके ठंडे लब काँपे। जोसेफाइन ने अपनी नन्ही हथेली का घेरा बनाकर कप को थाम रखा था; कांस्टेंशिया फूँक मारकर कप में लहराती भाप को एक किनारे से दूसरे किनारे की तरफ धकेल रही थी।

"जहाँ तक बेनी की बात है," जोसेफाइन ने कहा।

हालाँकि पहले बेनी का जिक्र नहीं हुआ था, पर कांस्टेंशिया ने फौरन पलटकर ऐसे देखा जैसे वह मौजूद हो।

"बेशक, वह हमसे उम्मीद लगाए होगा कि हम पापा की कोई चीज उसे भेजेंगे। लेकिन यह जानना मुश्किल है कि सीलोन क्या भेजा जाए।"

"तुम्हारा मतलब है कि समुद्री सफर में चीजें खराब हो जाती हैं," कांस्टेंशिया बड़बड़ाई।

"नहीं, गुम हो जाती हैं," जोसेफाइन ने तल्खी से कहा। "तुम्हें मालूम है कि वहाँ डाकखाना नहीं होता है। सिर्फ हरकारे होते हैं।"

दोनों एक पल के लिए रुकीं। उन्होंने सफेद जाँघिया पहने एक काले आदमी को अपने हाथ में भूरे रंग का एक बड़ा लिफाफा लिये जर्द खेतों के बीच बेतहाशा दौड़ता देखा। जोसेफाइन का काला आदमी बहुत छोटा था, वह किसी चींटी की तरह चमकता हुआ दौड़ रहा था। लेकिन कांस्टेंशिया के लम्बे, दुबले-पतले नौजवान में कुछ ऐसी अन्धी और न थकनेवाली चीज थी जिसने उसे एक बेहद नाखुशगवार आदमी बना दिया...बरामदे में सिर से पाँव तक सफेद कपड़े पहने और कार्क का हैट ओढ़े बेनी खड़ा था। उसका दाहिना हाथ उठ और गिर रहा था जैसा पापा परेशानी के आलम में किया करते थे। और उसके पीछे हिल्डा थी, उसकी अज्ञात साली। वह बेंत की एक कुर्सी पर बैठ गई और उसे हिलाने-डुलाने लगी और 'टैटलर' मैगजीन के पन्ने पलटने लगी।

"मुझे लगता है कि घड़ी एक बेहतरीन तोहफा होगी," जोसेफाइन ने कहा।

कांस्टेंशिया ने सिर उठाया; वह आश्चर्यचकित-सी दिख रही थी।

"ओह, क्या किसी आदिवासी को सोने की घड़ी देना अच्छा होगा ?"

"क्यों, बेशक, मैं उसे छिपाकर भेजूँगी," जोसेफाइन ने कहा। "किसी को भी पता नहीं चल पाएगा कि वह घड़ी है।" उसे ऐसे अनोखे आकार का एक पार्सल बनाने का विचार सूझा जिसे कोई नहीं भाँप सके कि उसके अन्दर क्या है। उसने एक पल के लिए यहाँ तक सोच लिया कि वह घड़ी को चोलीवाले कार्डबोर्ड के पतले से डिब्बे में छिपा देगी जिसे उसने एक लम्बे अरसे से अपने पास रखा था कि किसी खास वक्त उसका इस्तेमाल करेगी। वह कितना खूबसूरत और मजबूत कार्ड-बोर्ड है। लेकिन नहीं, यह इस मौके के लिए उचित नहीं होगा। उस डिब्बे पर लिखा है—"मीडियम विमेन्स 28. एक्स्ट्रा फर्म बस्क्स।" बेनी के लिए इस तरह के डिब्बे को खोलना और उसके अन्दर पापा की घड़ी पाना बहुत ज्यादा हैरत की बात हो जाएगी।

"और बेशक, ऐसा नहीं होगा, मेरे कहने का मतलब है, कि यह टिक-टिक करती जाएगी," कांस्टेंशिया ने कहा। वह अब भी जेवरात से आदिवासियों के लगाव के बारे में सोच रही थी।

जोसेफाइन ने कोई जवाब नहीं दिया। वह ख्यालों के सफर में रुख बदलकर कहीं और पहुँच चुकी थी। अचानक उसे सिरिल का ख्याल आया। क्या यह ज्यादा सामान्य बात नहीं होगी कि इकलौते पोते को घड़ी सौंपी जाए ? और फिर सिरिल इस तरह की चीजों को कितना पसन्द करता है, और सोने की कोई घड़ी किसी युवक के लिए कितना मायने रखती है। ऐसी पूरी सम्भावना है कि बेनी को अब घड़ियों का ज्यादा शौक

नहीं रह गया होगा; गर्म आबोहवा वाली जगहों पर मर्द बहुत कम ही वेस्टकोट पहनते हैं। उधर सिरिल लन्दन में साल के शुरू से अन्त तक उन्हें पहनता होगा। और जब वह चाय पर आएगा, उसे और कांस्टेंशिया को यह देखकर कितना अच्छा लगेगा कि घड़ी उसके पास है। "सिरिल, मैं देख रही हूँ कि तुम्हें तुम्हारे दादाजान की घड़ी मिली है।" इससे काफी सन्तोष मिलेगा।

मेरे अजीज ! उसके प्यारे, हमदर्दीभरे छोटे-से सन्देश से कैसी चोट लगी थी ! बेशक वे उसे अच्छी तरह समझती थीं; लेकिन वह अत्यन्त दुर्भाग्यपूर्ण था।

"यह बढ़िया रहेगा," जोसेफाइन ने कहा।

"और वह इसका कितना लुत्फ लेगा," कांस्टेंशिया बेख्याली में बिना कुछ सोचे बोल गई।

बहरहाल, जैसे ही वह लौटेगा, वह अपनी फूफियों के पास चाय पर आनेवाला था। चाय पर सिरिल की मौजूदगी उनके लिए एक नायाब मौका थी।

"सिरिल, अब तो तुमको हमारे केक से परहेज नहीं होगा। तुम्हारी फूफी कांस्टेंस और मैंने आज सुबह बजार्ड के यहाँ से खरीदा है। हम जानते है मर्दों की भूख कितनी होती है। इसलिए जमकर चाय पीने में शर्मिन्दगी महसूस मत करना।"

जोसेफाइन ने स्याह उम्दा केक को बड़ी लापरवाही से आढ़े-तिरछे काटा। लेकिन खाने के मामले में सिरिल में मर्दों जैसी कोई बात नहीं थी।

"मैं सच कह रहा हूँ जोसेफाइन आंटी, मैं नहीं खा सकता। आप जानती हैं, मैंने बस कुछ ही देर पहले खाना खाया है।"

"ओह, सिरिल, यह बात सच हो ही नहीं सकती ! अब चार से ज्यादा बज चुके हैं।" जोसेफाइन चिल्लाई। कांस्टेंशिया चाकू लेकर चाकलेट-रोल काटने के लिए तैयार बैठी थी।

"ऐसी ही बात है," सिरिल ने कहा। "मुझे विक्टोरिया में एक आदमी से मिलना था, और उसने मुझे देर तक उलझाए रखा। मुझे बस अभी खाने का वक्त मिला और मैं किसी तरह लपकता यहाँ चला आ रहा हूँ। और उसने मुझे—उफ"—सिरिल ने अपनी पेशानी पर हाथ पटका—"परेशान कर दिया," उसने कहा।

आज का दिन सबसे ज्यादा मायूस करनेवाला दिन था। लेकिन अब भी उससे उम्मीद नहीं की जा सकती थी कि उसे यह बात मालूम है।

"सिरिल, तुम मेरिंग केक तो लोगे, है ना ?" आंटी जोसेफाइन ने कहा। "ये मेरिंग केक खास तुम्हारे लिए मँगवाए गए हैं। तुम्हारे पिता इसके बहुत शौकीन थे। हमें यकीन है कि तुम भी इसे पसन्द करते होगे।"

"हाँ, मुझे पसन्द है आंटी, " सिरिल ने जोर से कहा। "आप बुरा तो नहीं मानेंगी अगर मैं पहले आधा ही लूँ ?"

"नहीं, नहीं; लेकिन हम तुम्हें इसे खत्म किए बगैर नहीं छोड़ेंगे।"

"क्या तुम्हारे पापा अब भी मेरिंग केक के शौकीन हैं ?" आंटी कांस्टेंस ने नर्मी से पूछा। अपने ख्यालों की दुनिया से निकलते हुए वह थोड़ा चौंकी।

"कांस्टेंस आंटी, मुझे मालूम नहीं है," सिरिल ने खुशदिली से जवाब दिया।

उसकी इस बात पर दोनों बहनें चौंक उठीं और उसे देखने लगीं।

"अरे, नहीं जानते हो ?" जोसेफाइन ने टोका। "सिरिल, तुम अपने पापा के बारे में ऐसी बात नहीं जानते ?"

"बेशक," कांस्टेंस आंटी ने नर्मी से कहा।

सिरिल ने उसे हँसी में टालने की कोशिश की। "ओह, हाँ," उसने कहा, "इतना लम्बा समय–" वह हकलाया। वह रुक गया। उनके चेहरे देखकर वह परेशान हो गया।

"इसके बावजूद," जोसेफाइन ने कहा।

और कांस्टेंस आंटी उसे देखती रही।

सिरिल ने अपनी चाय की प्याली रख दी। "आप थोड़ा रुकें," उसने चहककर कहा। "जोसेफाइन आंटी, थोड़ा रुकें। मैं सोच रहा हूँ।"

उसने निगाहें ऊपर कीं। उनके चेहरे पर खुशियाँ झलकनी शुरू हुई थीं। सिरिल ने अपने घुटनों पर मुक्का मारा।

"बेशक," उसने कहा, "यह मेरिंग केक ही है। मैं उसे कैसे भूल सकता हूँ ? हाँ, जोसेफाइन आंटी, आप बिलकुल सही हैं। पापा मेरिंग केक के जबर्दस्त शौकीन हैं।"

दोनों की खुशियों का ठिकाना नहीं रहा। जोसेफाइन तो खुशी से लाल हो गई, कांस्टेंस ने एक गहरी, बहुत गहरी आह भरी।

"और सिरिल, अब तुम्हें जरूर पापा से मिल लेना चाहिए," जोसेफाइन ने कहा। "उनको मालूम है कि तुम आज आ रहे हो।"

"बिलकुल," सिरिल ने दिल से और दृढ़ता से कहा। वह अपनी कुर्सी से उठा; अचानक उसने घड़ी पर निगाह डाली।

"आंटी कांस्टेंस, क्या आपकी घड़ी थोड़ी धीमी नहीं है ? मुझे ठीक पाँच बजे पैडिंगटन में एक–एक आदमी से मिलना था। मुझे डर है कि मैं दादा के साथ ज्यादा समय तक नहीं रह पाऊँगा।"

"अरे, उन्हें भी तुम्हारे साथ ज्यादा देर तक बातें करने की उम्मीद नहीं होगी !" जोसेफाइन ने कहा।

कांस्टेंशिया अब भी घड़ी को ही घूर रही थी। वह फैसला नहीं कर पायी कि घड़ी सुस्त है या तेज है। उसे बिलकुल यकीन था कि दोनों में से एक बात तो जरूर है। किसी भी तरह मामला यही था।

सिरिल अब भी वहीं जमा था। "कांस्टेंस आंटी, आप मेरे साथ नहीं आ रही हैं ?"

"बेशक," जोसेफाइन ने कहा। "हम चलेंगे। कांस्टेंस, आओ चलें।"

उन्होंने दरवाजे पर दस्तक दी, और सिरिल अपनी फूफियों के पीछे-पीछे दादा के गर्म कमरे में दाखिल हुआ।

"आओ," दादा पिनर ने कहा। "अब वहीं मत रुके रहो। यह क्या है ? तुम कहाँ थे ?"

वह अपनी छड़ी थामे धधकती आग के सामने बैठे थे। उन्होंने अपने घुटनों पर एक मोटा कम्बल डाल रखा था और उनकी गोद में एक खूबसूरत सुनहरा रेशमी रूमाल पड़ा था।

"पापा, यह सिरिल है," जोसेफाइन ने थोड़ा सकुचाते हुए कहा। और वह सिरिल का हाथ पकड़कर थोड़ा आगे बढ़ी।

"नमस्ते दादा !" सिरिल ने कहा। वह जोसेफाइन आंटी के हाथ से अपना हाथ निकालने की कोशिश कर रहा था। दादा ने सिरिल पर चुभती-सी निगाह डाली जिसके लिए वह मशहूर थे। कांस्टेंस आंटी कहाँ हैं ? वह जोसेफाइन आंटी की दूसरी तरफ खड़ी थीं। उसकी लम्बी बाँहें नीचे गिरी थीं; दोनों हाथ एक-दूसरे में गुँथे थे। उसने कभी अपनी निगाहें दादा पर से नहीं हटाईं।

"हाँ," दादा ने अपने हाथ थपथपाते हुए कहा, "तुम्हें मुझसे कोई बात करनी है ?"

उसके पास क्या है, उसे दादा को क्या बताना है ? सिरिल ने महसूस किया कि वह किसी पक्के अहमक की तरह मुस्कुराए जा रहा है। कमरा भी घुटन भरा था।

लेकिन जोसेफाइन आंटी उसके बचाव के लिए आगे बढ़ीं। वह इतराती हुई चीखीं, "पापा, सिरिल कहता है कि इसका बाप अब भी मेरिंग केक का शौकीन है।"

"ऐं ?" पिनर दादा ने मेरिंग केक के किसी सुर्ख गोले की तरह अपने हाथों को मोड़ते हुए कहा।

जोसेफाइन ने दोहराया, "हाँ, पापा, सिरिल कहता है कि उसका बाप अब भी मेरिंग केक का बहुत शौकीन है।"

"मैं नहीं सुन पा रहा हूँ," बूढ़े कर्नल पिनर ने कहा। उन्होंने छड़ी से जोसेफाइन को पीछे हटने का इशारा किया, फिर अपनी छड़ी सिरिल की तरफ की, "मुझे बताओ वह क्या कहने की कोशिश कर रही है।"

(मेरे खुदा !) "मुझे ही बताना होगा ?" सिरिल ने जोसेफाइन आंटी की तरफ ताकते हुए कहा। उसका चेहरा शर्म से लाल हो रहा था।

"हाँ, हाँ, बताओ," वह मुस्कुराई। "इससे वह बहुत खुश होंगे।"

"हाँ, बताओ !" कर्नल पिनर चिल्लाए। उन्होंने फिर हाथ थपथपाना शुरू कर

दिया।

सिरिल आगे की तरफ झुका और जोर से चिल्लाया, "पापा अब भी मेरिंग केक के बहुत शौकीन हैं।"

इस पर दादा इतने जोर से उछले जैसे किसी ने उन पर गोली चला दी हो।

"चीखो नहीं !" वह चिल्लाए। "इस लड़के के साथ क्या मामला है ? क्या हुआ है इसको ?"

"ओह, जोसेफाइन आंटी, क्या मैं बात जारी रखूँ ?" परेशान सिरिल कराहा।

"सिरिल, सब ठीक-ठाक है," जोसेफाइन आंटी ने कहा, जैसे वे दोनों एक साथ दाँत के किसी डाक्टर के यहाँ हों। "वह बस एक मिनट में सारी बात समझ जाएँगे।" और वह सरगोशियों में सिरिल से बोली, "तुम जानते ही हो, वह कुछ कम सुनने लगे हैं।" और फिर वह आगे झुकी और सचमुच दादा की तरफ मुँह करके चिल्लाई, "पापा, सिरिल सिर्फ आपको यह बताना चाहता था कि उसका बाप अब भी मेरिंग केक का बहुत शौकीन है।"

कर्नल पिनर ने इस बार बात सुन ली और सिरिल को ऊपर से नीचे तक ताकते हुए चिन्तित हो गए।

"क्या खास बात है !" बूढ़े कर्नल पिनर ने कहा। "इसमें क्या खास बात है जो तुम मुझे बताने यहाँ तक आए !"

सिरिल ने भी यह बात महसूस की।

"हाँ, मैं सिरिल को घड़ी भेजूँगी," जोसेफाइन ने कहा।

"यह बहुत अच्छा होगा," कांस्टेंशिया ने कहा। "जैसा कि मुझे याद आ रहा है, पिछली बार जब वह यहाँ आया था तो वक्त को लेकर कुछ दिक्कत आई थी।"

अपने खास अन्दाज में केट धमाके के साथ कमरे में दाखिल हुई और उनको टोका जैसे उसने दीवार में कोई खुफिया दरवाजा खोज लिया हो।

"तली हुई या उबली हुई ?" उसने अपनी तेज आवाज में सवाल किया।

तली हुई या उबली हुई ? जोसेफाइन और कांस्टेंशिया एक पल के लिए उलझकर रह गईं। वे कुछ समझ नहीं पाईं।

"केट, क्या चीज तली हुई या उबली हुई ?" जोसेफाइन ने पूछा। वह अब समझने की कोशिश कर रही थी।

केट ने नाक सुड़कते हुए कहा, "मच्छी।"

"हुँह, तो तुमने यह बात पहले क्यों नहीं कही ?" जोसेफाइन ने नर्मी से कहा। "केट, तुम हमसे कैसे उम्मीद करती हो कि हम तुम्हारी बात समझ लेंगे ? इस दुनिया में हजारों चीजें हैं जो तली हुई या उबली हुई होती हैं।" और इस तरह की हिम्मत

का इजहार करने के बाद उसने खुशमिजाजी से कांस्टेंशिया से पूछा, “कांस्टेंस, तुम क्या पसन्द करोगी ?”

“मुझे लगता है कि तली हुई मछली बेहतर होगी,” कांस्टेंशिया ने कहा। “दूसरी तरफ यह भी सही है कि उबली हुई मछली शानदार होती है। मुझे लगता है कि दोनों तरह की मछली मुझे एक जैसी पसन्द है...अगर तुम्हें...मतलब यह कि...।”

“मैं उसे तल दूँगी,” केट ने कहा, और तेजी से कमरे से निकलते हुए उनके कमरे का दरवाजा खोला और बावर्चीखाने का दरवाजा धड़ाम से बन्द कर लिया।

जोसेफाइन ने कांस्टेंशिया को घूरा; वह अपनी जर्द भवें तब तक ऊपर करती गई जब तक वह उसके जर्द बालों में लहराते हुए खो नहीं गई। वह उठ खड़ी हुई। उसने बड़े अक्खड़ और प्रभावशाली अन्दाज में कहा, “कांस्टेंशिया, क्या तुम मेरे साथ ड्राइंग-रूम में चलना पसन्द करोगी ? मुझे तुमसे कुछ अहम चीजों पर चर्चा करनी है।”

उन्हें केट के बारे में जब भी कोई चर्चा करनी होती तो वे उसके लिए ड्राइंग-रूम को ही चुनतीं।

जोसेफाइन ने अर्थपूर्ण रूप से ड्राइंग-रूम का दरवाजा बन्द किया। “कांस्टेंशिया, बैठ जाओ,” उसने कहा, उसके लहजे से अभिमान झलक रहा था। वह शायद पहली बार कांस्टेंशिया के साथ ऐसा व्यवहार कर रही थी। और कांस्टेंस उलझी-उलझी निगाहों से अपने लिए एक कुर्सी तलाश करती रही, जैसे वह खुद को अजनबी महसूस कर रही हो।

“अब सवाल यह है,” जोसेफाइन ने आगे की तरफ झुकते हुए कहा, “उसे हम अपने साथ रखें या नहीं रखें।”

“हाँ, यह तो सवाल है,” कांस्टेंशिया ने सहमति जताई।

“और इस बार,” उसने दृढ़ता से कहा, “हमें किसी निश्चित फैसले तक पहुँचना ही होगा।”

कांस्टेंशिया ने एक पल इन्तजार किया जैसे वह शायद अब तक छान-बीन में लगी रही हो, लेकिन तुरन्त ही उसने खुद को सँभाला और कहा, “हाँ, जोसी।”

“कांस्टेंस, तुम देख ही रही हो,” जोसेफाइन ने खुलासा किया, “अब सभी चीजें कितनी बदल गई हैं।” कांस्टेंशिया ने तेजी से सिर उठाया। “मेरे कहने का मतलब है,” जोसेफाइन ने अपनी बात जारी रखी, “अब हम पहले की तरह केट पर आश्रित नहीं हैं।” उसके चेहरे पर सुर्खी की एक लहर दौड़ गई। “अब पापा नहीं हैं जिनके लिए खाना बनाने की जरूरत हो।”

“हाँ, एकदम सही बात है,” कांस्टेंशिया ने सहमति जताई। “सचमुच पापा के लिए अब खाना पकाने की जरूरत नहीं है, और बाकी जो चीजें हैं–”

जोसेफाइन ने फौरन उसे टोका, “तुम नींद में तो नहीं हो, क्या कांस्टेंस, ऊँघ

रही हो क्या ?"

"जोसी, नींद ?" कांस्टेंशिया की आँखें फैल गईं थी।

"अच्छा, थोड़ा ध्यान दो," जोसेफाइन ने तल्खी से कहा, और फिर वह वापस विषय पर चली आई। "जरा इस पर गौर करो कि क्या होगा, अगर हम"—और उसने दरवाजे की तरफ टटोलती निगाहों से झाँकते हुए किसी तरह साँस ली—"केट को नौकरी से हटाने का नोटिस देंगे"—उसने फिर अपनी आवाज बुलन्द की—"हम अपने नाश्ते-खाने का इन्तजाम खुद कर सकते हैं।"

"हाँ, क्यों नहीं," कांस्टेंशिया चिल्लाई। वह अपनी मुस्कुराहट दबा नहीं सकी। यह विचार बड़ा सनसनीखेज था। उसने अपनी मुट्ठियाँ भींचीं। "जोसी, हम क्या खाया करेंगे ?"

"अरे, अंडे को तरह-तरह से पकाकर !" जोसी ने शान से कहा। "और उसके अलावा भी तरह-तरह के पके खाने हैं।"

"लेकिन, मुझे तो हमेशा यही बताया गया है," कांस्टेंशिया बोली, "वे बड़े महँगे समझे जाते हैं।"

"नहीं, अगर कोई उन्हें संयम से खरीदे," जोसेफाइन ने कहा। लेकिन उसने खुद को इस लुभावने नए रास्ते से पीछे हटा लिया और कांस्टेंशिया को भी अपने साथ घसीटा।

"हमें अब जिस सवाल से निबटना है, बहरहाल, वह यही है कि क्या केट पर सचमुच हम भरोसा करते हैं या नहीं।"

कांस्टेंशिया पीछे की तरफ झुक गई। उसकी सपाट हँसी उसके होंठों से फूट पड़ी।

"जोसी, क्या यह अजीब नहीं है," उसने कहा, "कि बस इसी एक सवाल पर मैं कभी मन नहीं बना सकी ?"

उसने कभी यह नहीं किया था। सारी परेशानी उसे साबित करने की थी। कोई किसी चीज को साबित कैसे करता है, कैसे कर सकता है ? मान लें कि केट उसके सामने खड़ी है और उसने जानबूझकर एक खास किस्म का चेहरा बनाया है। हो सकता है कि उसके कोई तकलीफ नहीं हो। क्या किसी भी तरह केट से यह पूछना नामुमकिन है कि वह इस तरह का मुँह बना रही है ? अगर केट जवाब देती, "हाँ" और, बेशक, वह "ना" भी कह सकती है तो क्या होगा ! कितनी बेइज्जती की बात होगी ! और फिर अगर कांस्टेंशिया को यह भी शक हुआ, उसे लगभग यकीन था कि जब वह और जोसेफाइन घर से बाहर होती हैं तो केट दराजोंवाली उनकी मेज के पास जाती है, कुछ निकालने के लिए नहीं, बल्कि ताक-झाँक करने के लिए। बहुत बार जब वह घर लौटी

तो उसने पाया कि उसकी सलीब बिलकुल उल्टी जगहों पर पड़ी है, उसकी लेस टाई के नीचे या उसके शाम के लिबास के ऊपर है। कई बार उसने केट को फँसने के लिए चक्रव्यूह रचे। उसने चीजों को एक खास ढंग से सजाया और फिर उसकी गवाही के लिए जोसेफाइन को बुलाया।

"जोसी, तुमने इसे देख लिया ना ?"

"हाँ, कांस्टेंस।"

"अब हम कह सकेंगे।"

"लेकिन, मेरी बहन, जब वह उसे देखने जाएगी, वह हमेशा की तरह सबूतों से दूर रहेगी ! अगर कोई चीज इधर-उधर हुई तो यह उसी वक्त हो जाएगी जब वह दराज बन्द करेगी; एक झटका भी चीजों को बिखेर सकता है।"

"जोसी, तुम्हीं फैसला करो। मैं खुद कोई फैसला नहीं कर पा रही हूँ। यह बहुत मुश्किल मामला है।"

लेकिन एक लम्बे विराम और एक तीखी निगाह के बाद वह आह भरती और कहती, "कांस्टेंस, तुमने मेरे दिमाग में शक डाल दिया। अब मैं भी इस मामले में कुछ नहीं कह सकती।"

"अच्छा, तब हम इसे फिर टाल देते हैं," जोसेफाइन बोली। "अगर हम इसे इस बार टालते हैं..."

लेकिन उसी क्षण नीचे सड़क पर बड़ा-सा बाजा बज उठा। जोसेफाइन और कांस्टेंशिया एक साथ उछल पड़ीं।

"कांस्टेंस, दौड़ो," जोसेफाइन बोली। "जल्दी दौड़ो। वहाँ चवन्नी पड़ी है एक..."

तभी उन्हें याद आ गया। अब इसका कोई मतलब नहीं है। अब उन्हें बाजेवाले को अपना बाजा बजाने से कभी रोकना नहीं पड़ेगा। अब कभी उसे और कांस्टेंशिया को यह नहीं कहा जाएगा कि वे उस बन्दर को वहाँ से भगाएँ ताकि वह कहीं और जाकर शोर-गुल मचाए। जब पापा को लगता था कि वे जाने में सुस्ती दिखा रही हैं तो वह गरजना शुरू कर देते थे, लेकिन वह मनहूस आवाज अब कभी नहीं गूँजेगी। बाजेवाला अब सारा दिन हंगामा मचा सकता है, लेकिन छड़ी ठकठकाने की कोई आवाज नहीं उभरेगी।

क्या सोच रही है कांस्टेंशिया ? उसके लबों पर एक अजनबी-सी मुस्कुराहट है; वह भिन्न दिख रही है। वह कहीं रोने वाली तो नहीं है।

"जोसी, जोसी," कांस्टेंशिया ने अपने हाथों को दबाते हुए नर्मी से कहा। "तुम्हें मालूम है, आज कौन-सा दिन है ? आज शनिवार है। आज एक हफ्ता हुआ, पूरा एक

हफ्ता हुआ।"

"पापा के इन्तकाल के बाद एक हफ्ता, पापा के इन्तकाल के बाद एक हफ्ता हो गया।"

बैरल-आर्गन की आवाज फिर गूँजी, और साथ ही जोसेफाइन भी व्यावहारिकता और समझदारी की बात भूल गई; उसके होंठों पर एक अजनबी-सी हल्की मुस्कुराहट दौड़ गई। हिन्दुस्तानी कालीन पर जर्द सुर्ख रोशनी का एक चौकोर टुकड़ा फैला था; रोशनी आ और जा रही थी—और फिर वह थम गई और गहराने लगी—और फिर सुनहरे रंग में जगमगाने लगी।

"सूरज डूब रहा है," जोसेफाइन बोली, जैसे उसकी सचमुच कुछ अहमियत है।

बैरल-आर्गन से स्वर-लहरियों का एक फव्वारा उमड़ रहा था, निश्चल, सुस्पष्ट स्वर-लहरियाँ, लापरवाही से इधर-उधर बिखरी।

कांस्टेंशिया ने अपना बड़ा और ठंडा हाथ बढ़ाया जैसे वह उन्हें अपनी गिरफ्त में लेना चाहती हो, लेकिन उसके बाद उसके हाथ नीचे गिर गए। वह मेंटलपीस की तरफ बढ़ी और बुद्ध की अपनी पसन्दीदा प्रतिमा के पास पहुँची। पत्थर और गिलट की बनी प्रतिमा की मुस्कुराहट उसे हमेशा एक अजीब-सा अहसास दिलाती रही है, एक दर्द का, एक मीठे-से दर्द का अहसास दिलाती रही है। बुद्ध की यह प्रतिमा आज और भी मुस्कुराती प्रतीत हो रही थी। वह कुछ जानता है, उसके पास कोई राज है। "मैं कुछ चीजें जानता हूँ जो तुम नहीं जानती," उसके बुद्ध ने कहा। आह, वह कौन-सी बात है, कौन-सी बात हो सकती है वह ? फिर भी वह हमेशा महसूस करती कि कुछ है...कुछ तो है।

सूरज की रोशनी ने खिड़की पर दस्तक दी, चोरी-छिपे अन्दर घुसी, और फिर फर्नीचर और तस्वीरों पर अपना नूर बिखेर दिया। जोसेफाइन ने उसे देखा। जब सूरज की रोशनी ने माँ की तस्वीर को छुआ, वह ठिठकी जैसे वह माँ के इतने कम अवशेष पाकर उलझन में पड़ गई। वहाँ सिर्फ पैगोडा की शक्लवाली कान की बालियाँ थीं और काले रंग का पंखों का गले में पहना जानेवाला बो। आखिर मृत लोगों की तस्वीरों का रंग हमेशा इस तरह उड़ क्यों जाता है ? जोसेफाइन ने सोचा। जैसे ही कोई आदमी मरता है, उसकी तस्वीर भी मर जाती है। लेकिन माँ की यह तस्वीर तो बहुत पुरानी है। पैंतीस साल पुरानी। जोसेफाइन को उस दिन की याद आई जब वह एक कुर्सी पर खड़ी होकर पंखों के उस बो की तरफ इशारा कर कांस्टेंशिया को बता रही थी कि वह एक साँप था जिसने सीलोन में माँ को मार डाला...क्या सारी चीजें बदल जातीं अगर माँ नहीं मरी होती ? उसे इसका कोई कारण नहीं दिखा। जब तक वे स्कूल जाती रहीं, फ्लोरेंस आंटी उनके साथ रहीं, और वे तीन बार घूमने गए थे और अपनी सालाना छुट्टियाँ मनाई थीं और...बेशक नौकरों का फेरबदल हुआ था।

कुछ गौरैया, नन्ही गौरैया खिड़की की कगार पर चहचहा रही थीं। "चीं–चीं–चीं।" लेकिन जोसेफाइन को लगा कि वहाँ खिड़की के कगार पर गौरैया नहीं हैं। वे उसके अन्दर हैं, और हल्का-हल्का शोर मचा रही हैं। "चीं–चीं–चीं।" आह, कौन इस तरह रो रहा है, इतनी कमजोर और बेसहारा आवाज में ?

अगर माँ जिन्दा होतीं तो क्या उन दोनों की शादी हो चुकी होती ? लेकिन उनसे शादी करनेवाला तो कोई नहीं है। पहले पापा के ऐंग्लो-इंडियन दोस्त हुआ करते थे पर उनसे भी वह झगड़ लिये। लेकिन उसके बाद उसकी और कांस्टेंशिया की मुलाकात पादरियों को छोड़कर किसी मर्द से नहीं हुई। कोई मर्दों से कैसे मिले ? या अगर वे मर्दों से मिल भी लेतीं तो मर्दों को इतनी अच्छी तरह कैसे जान पातीं कि उनके बीच की अजनबियत दूर हो जाती। आदमी साहसिक कारनामों के बारे में, अपना पीछा किए जाने के बारे में, और ऐसी ही दूसरी चीजों के बारे में पढ़ता है। लेकिन किसी ने उसका या कांस्टेंशिया का कभी पीछा नहीं किया। अरे, हाँ, ईस्टबोर्न में एक साल ऐसा भी हुआ था कि एक रहस्यमय आदमी बोर्डिंग हाउस में उनके बेडरूम के बाहर गर्म पानी के जग पर एक पैगाम छोड़ गया था। जब तक कांस्टेंस उस सन्देश तक पहुँची पानी से उठती भाप ने उसकी लिखाई इतनी हल्की कर डाली थी कि उसे पढ़ा नहीं जा पा रहा था; वे लोग तो इतना भी नहीं समझ सकीं कि दोनों में से किसको यह सन्देश लिखा गया था। और वह आदमी अगले ही दिन कहीं चला गया। और वहीं यह अध्याय समाप्त हो गया। बाकी बचा था बाप की खिदमत करना और साथ ही उनके सामने आने से बचना। लेकिन अब ? लेकिन अब ? जोसेफाइन ने चुपके-चुपके कमरे में घुसते सूरज का एक मुलायम स्पर्श अपने जिस्म पर महसूस किया। उसने अपना चेहरा ऊपर उठाया। रोशनी ने उसे खिड़की की तरफ आकर्षित किया...

जब तक बैरल-आर्गन बजना बन्द नहीं हुआ, कांस्टेंशिया बुद्ध की प्रतिमा के पास ही रही, विस्मय में डूबी हुई। लेकिन उसका यह विस्मय आम दिनोंवाला नहीं था, इस बार यह किसी चाहत की तरह था। उसने उन मौकों को याद किया जब वह यहाँ आती थी, चौदहवीं की चाँद की रोशनी में नाइटगाउन पहने बिस्तर से नीचे सरक जाती थी और दोनों बाँहें फैलाए फर्श पर इस तरह दराज हो जाती थी जैसे किसी ने उसे सूली पर चढ़ा दिया हो। क्यों ? बड़ा-सा, जर्द चाँद उससे यह करवाता था। उकेरे पर्दे पर नाचती भयानक आकृतियों ने अपनी मनहूस निगाहों से उसे घूरा और उसने उसका ख्याल नहीं किया। उसने याद किया कि जब भी वे साहिल पर गईं, वह खुद आगे बढ़ी और जितना मुमकिन हुआ समुद्र के करीबतर हुई, और बेचैन समुद्र की तरफ निगाह किए कोई गीत गाया, गीत जिसे उसने खुद रचा था। यहाँ एक अलग ही किस्म की जिन्दगी है, दौड़कर बाहर जाना, थैलों में सामान घर लाना, मंजूरी मिलने पर सामान लाना, उनके बारे में जोसी से चर्चा करना, फिर मंजूरी मिलने पर और चीजें लाने के

लिए उन्हें ले जाना, और पापा के ट्रे सजाना, और कोशिश करना कि उसकी वजह से पापा नाराज नहीं हों। लेकिन ये सब कुछ जैसे किसी सुरंग में हुआ था। यह वास्तविक नहीं था। वह सचमुच तभी खुद को महसूस कर सकी जब वह इस सुरंग से बाहर चाँद की रोशनी में या साहिल पर.या तूफान में पहुँचती। इसका क्या मतलब है ? क्या है वह जिसकी तमन्ना हमेशा उसके दिल में होती ? ये सारी चीजें कहाँ लेकर जाती हैं उसे ? अब ? अब ?

वह अजीब-सा संकेत करती हुई बुद्ध से दूर चली गई। वह वहाँ पहुँची जहाँ जोसेफाइन खड़ी थी। वह जोसेफाइन से कुछ बोलना चाहती थी, भविष्य के बारे में कुछ दहला देनेवाली अहम बातें, और—और क्या...

"क्या तुम ऐसा नहीं सोचती कि शायद—" उसने अपनी बात शुरू की।

लेकिन जोसेफाइन ने उसे बीच में ही टोक दिया। "मैं यह सोच कर दंग हूँ कि अगर—" वह बड़बड़ाई। दोनों चुप हो गईं; दोनों ने एक-दूसरे के बोलने का इन्तजार किया।

"बोलो, बोलो, कांस्टेंस," जोसेफाइन ने कहा।

"जोसी, नहीं, पहले तुम," कांस्टेंशिया बोली।

"नहीं, तुम वह बात कहो जो तुम कहना चाहती थी। तुम शुरू करो," जोसेफाइन ने कहा।

"मैं—मैं पहले तुम्हारी बातें सुनना चाहूँगी," कांस्टेंशिया ने कहा।

"कांस्टेंस, बेवकूफी मत करो।"

"जोसी, सचमुच।"

"कोनी !"

"ओह, जोसी !"

विराम। उसके बाद कांस्टेंशिया मन्द स्वर में बोली, "जोसी, मैं वह बात नहीं कह सकती जो मैं कहना चाहती थी क्योंकि मैं भूल गई कि वह क्या बात थी...कि मैं क्या कहना चाहती थी।"

जोसेफाइन एक पल के लिए खामोश रही। उसने एक बड़े से बादल को घूरा जिसने सूरज को ढँक रखा था। उसके बाद उसने संक्षिप्त जवाब दिया, "मैं भी भूल गई।"

मिस्टर और मिसेज फाख्ता

बेशक वह जानता था और उससे बेहतर कोई मर्द नहीं जानता था कि उसके पास कोई अवसर ही नहीं था, कुछ सम्भव नहीं था। इस तरह की किसी चीज का ख्याल भी बेमानी था। इतना बेमानी था कि उसने अच्छी तरह समझ लिया था कि अगर उसके पिता--बहुत खूब, उसने बखूबी समझ लिया था कि उसके पिता क्या-क्या करना चाहेंगे। दरअसल इस तरह की कोई हताशा, इस तरह का कोई ख्याल कि यह अब इंग्लैंड में उसका आखिरी दिन होगा, उसे इस कदर बेदम नहीं करता। और अब भी...उसने अलमारी में से एक टाई, नीली और मोतिए रंग के चेक की एक टाई चुनी, और अपने पलंग के किनारे बैठ गया। मान लिया कि वह जवाब देगी, "यह कैसी ढिठाई !" तो क्या उसे हैरत होगी ? उसने अपनी कमीज के नर्म कालर को ऊपर उठाते हुए और उसके नीचे टाई को दबाते हुए तय किया, नहीं, जरा बराबर भी नहीं। उसे उम्मीद थी कि वह ऐसी ही कोई बात कहेगी। उसे यह नहीं लग रहा था कि अगर वह मामले को पूरी संजीदगी से लेगा तो वह और क्या कह सकती है।

तो यह बात थी ! उसने घबराते हुए आईने के सामने बो बाँधी, अपने दोनों हाथों से अपने बालों को सँवारा और अपने जैकेट की जेबों के फ्लैप खींचे। रोडेशिया में फलों के बागान में सालाना 500 से 600 पाउंड की कमाई। कोई पूँजी नहीं। एक कौड़ी भी उसके पास नहीं आ रही। कम से कम चार साल तक आमदनी में इजाफे की कोई उम्मीद नहीं। शक्ल-सूरत और उस तरह की तमाम चीजों के मामले में वह पिछड़ चुका था। वह अपनी सेहत के बारे में भी शेखी नहीं बघार सकता था क्योंकि पूर्वी अफ्रीका के उसके कारोबार ने उसे इस बुरी तरह से पस्त कर दिया था कि उसे छह माह की छुट्टी लेनी पड़ी। वह आईने के सामने झुका और उसमें खुद को टटोलते हुए सोचा कि वह अब भी कमजोर और जर्द दिखता था और आज शाम के इस वक्त वह आम दिनों से ज्यादा कमजोर दिख रहा है। हे ईश्वर ! यह क्या हो गया ? उसके बाल लगभग हरे दिखते हैं। भाड़ में जाए, उसके बाल हरे नहीं हो सकते। यह कुछ ज्यादा ही बेतुका है। तभी शीशे में हरे रंग की रोशनी कँपकँपायी; यह बाहर के पेड़ का

प्रतिबिम्ब था। रेगी मुड़ा, अपना सिगरेट-केस निकाला, लेकिन तभी उसे याद आया कि उसकी माँ बेडरूम में सिगरेट पीने से कितना चिढ़ती है। उसने सिगरेट वापस रख दी और अलमारी की तरफ चला गया। नहीं, वह घबराया हुआ था कि क्या वह अपने अनुकूल किसी एक अच्छी चीज के बारे में सोच सकता है, जबकि वह...आह !...वह जम-सा गया। उसने अपनी बाँहें मोड़ लीं और झुककर अलमारी पर पूरी तरह लद गया।

उसे पक्का यकीन था कि अपनी हैसियत, अपने पिता की दौलत और इस हकीकत के बावजूद कि वह इकलौती बेटी है और पास-पड़ोस में बेहद लोकप्रिय लड़की है और बावजूद इसके कि वह खूबसूरत और चालाक है--चालाक !—इसके अलावा भी बहुत कुछ था और हकीकतन ऐसी कोई चीज नहीं थी जिसे वह नहीं कर सकती थी। और बावजूद इसके कि उसके माँ-बाप उसे बेहद प्यार करते थे और वह भी उन्हें बेहद चाहती थी और उसे कुछ भी करने की इजाजत दे देते थे, अगर जरूरत पड़ती तो वह किसी भी चीज में माहिर और जीनियस होती। वह उससे इतना ज्यादा प्यार करता था कि हमेशा उसकी उम्मीद लगाए रहता। तो क्या यह उम्मीद थी ? या फिर उसकी देख-रेख करने की ललक, यह जिम्मेदारी उठाने की ख्वाहिश कि उसकी महबूबा को उसकी चाहत की हर चीज मिल जाए और उसके नजदीक कोई ऐसी चीज नहीं फटके जो मुकम्मल नहीं हो। उसे मोहब्बत मिले। वह उससे कितना प्यार करता है ? वह अलमारी को सख्ती से दबाते हुए बड़बड़ाया, “मैं उससे प्यार करता हूँ ! मैं उससे प्यार करता हूँ !” और उसे लगा कि वह उमताली जाते हुए उसके साथ चल रहा था। रात का वक्त था। वह एक कोने में बैठी सो रही थी। उसकी नर्म ठुड्डी उसके कालर में छिपी थी, उसकी सुनहरी भूरी जुल्फों की लटें उसके गालों को सहला रही थीं। उसने उसकी खूबसूरत नन्ही नाक पर, उसके लबों पर निगाह डाली। उसके कान बच्चों जैसे थे और उनका एक बड़ा हिस्सा जुल्फों से ढँका था। गाड़ी जंगल से गुजर रही थी। मौसम खुश्क था और अँधेरा छाने लगा था। सफर अभी लम्बा था। तभी वह जाग उठी और बोली, “क्या मैं सो गई थी ?” और उसने जवाब दिया था, “हाँ, तुम ठीक तो हो ना। लाओ मैं—” और वह आगे उसकी ओर झुक गया। उफ, ऐसा स्वर्गिक आनन्द था कि उसके लिए यह सपना जारी रखना मुश्किल हो गया। लेकिन इसने उसे इतना साहस तो दे दिया कि वह दौड़ता हुआ नीचे गया, हॉल से अपना स्ट्रा हैट उठाया और बाहर का दरवाजा बन्द करते हुए कहा, “अच्छा, मैं अपनी किस्मत तो आजमा ही सकता हूँ। इतना ही काफी है।”

लेकिन उसकी किस्मत ने उसे तुरन्त ही एक जोरदार झटका दिया। माँ बाग में दोनों बिल्लियों चिन्नी और बिड्डी के साथ चहलकदमी कर रही थीं। बेशक रेजिनाल्ड को माँ से बहुत लगाव था। वह—वह उसका भला चाहती थी, उसकी हिम्मत की कोई

इन्तहा नहीं थी। लेकिन इससे कतई इनकार नहीं किया जा सकता था कि वह एक कठोर अभिभावक थी। और एलिक चाचा के निधन और उनका फलों का बागान उसे मिलने से पहले ऐसे कई क्षण आए, और उनमें से ज्यादातर रेगी की जिन्दगी से जुड़े थे, जब उसे इसका सख्त अहसास होता था कि एक विधवा का बेटा होना किसी के लिए सबसे बड़ी सजा होती है। और इस तथ्य ने हालात और कठोर बना दिये कि रेगी के पास जो कुछ था वह माँ ही थी। उसमें सिर्फ माँ और बाप की शख्सियत ही घुली-मिली नहीं थी, बल्कि वह रेगी के लिए अपने तमाम रिश्तेदारों से लड़ी थी। इसीलिए जब उसे घर की याद सताती और वह सितारों की मद्धिम रोशनी में बरामदे में बैठा ग्रामोफोन पर यह गीत सुनता होता, "प्यारे, जिन्दगी और क्या है मोहब्बत के सिवा ?" तो उसके जेहन में बस माँ का ही खाका उभरता; लम्बी-तंगड़ी माँ, बाग में चिन्नी और बिड्डी के साथ चहलकदमी करती हुई।

माँ मुरझा गए पत्तों और फूलों को काटकर अलग करने के लिए बड़ी-सी कैंची लिये थी। रेजिनाल्ड को देखकर वह रुकी।

"रेजिनाल्ड, तुम बाहर जा रहे हो ?" उसने पूछा, हालाँकि वह देख रही थी कि रेगी बाहर जा रहा है।

"माँ, चाय के वक्त तक मैं लौट आऊँगा," रेगी ने जैकेट की जेबों में अपने दोनों हाथ ठूँसते हुए कमजोर-सी आवाज में जवाब दिया।

कट। कैंची ने किसी फूल या टहनी का सिर कलम किया था। रेगी लगभग उछल पड़ा।

"मेरा ख्याल था कि तुम यहाँ अपनी आखिरी शाम अपनी माँ के लिए रख सकते थे।"

खामोशी। बिल्लियों ने उसे घूरा। वे माँ का एक-एक लफ्ज समझती थीं। बिड्डी बाहर जुबान निकाले जमीन पर पड़ रही, वह इतनी मोटी और चिकनी थी कि अधपिघली टॉफी जैसी दिखती थी। लेकिन चिन्नी की पोर्सेलिन जैसी आँखें रेजिनाल्ड के चेहरे पर चमक रही थीं, और उसने आहिस्ता से नाक सुड़की मानो पूरी दुनिया एक बदबू के सिवा और कुछ नहीं। कट, माँ की कैंची फिर चली। बेचारे पौधे, उन पर अच्छी मार पड़ रही है।

"क्या तुम्हारी माँ पूछ सकती है कि तुम कहाँ जा रहे हो ?" माँ का सवाल था।

आखिरकार मामला तमाम हुआ, लेकिन रेगी ने उस वक्त तक अपनी रफ्तार कम नहीं की जब तक वह घर से निकलकर कर्नल प्रौक्टर के घर के नजदीक नहीं पहुँच गया। तभी जाकर उसे यह अहसास भी हुआ कि आज की शाम कितनी शानदार है। सुबह से ही बारिश हो रही थी। गर्मियों के आखिरी दिनों की यह बारिश थी, गर्म और भारी बारिश और फिर बड़ी तेजी से आसमान साफ हो गया और अब बस जंगल के

ऊपर मँडराते बत्तखों के झुंड की तरह बादलों के टुकड़े बचे थे। हवा के झोंके पेड़ों को हिला रहे थे और उन पर से पानी के कतरे झटककर नीचे टपक रहे थे। एक गर्म मोती उसके हाथ पर टपका। पट ! एक दूसरा उसके हैट से टकराया। वीरान सड़क दमक रही थी, बाड़ों में से एक अजीब-सी बू फूट रही थी, और घरों के बगीचों में गुलखैरू के कितने बड़े-बड़े और हसीन फूल बिखरे थे। और यह रहा कर्नल प्रौक्टर का घर—वह वहाँ पहुँच चुका था। उसके हाथ फाटक पर थे, उसकी कुहनी कामिनी की झाड़ियों को छू रही थी, और उसके कोट की आस्तीन पर पंखुड़ियाँ और पराग बिखरे थे। लेकिन इन्तजार करो एक पल। यह सब बहुत तेजी मे हो गया था। वह सभी चीजों पर एक बार फिर से सोच लेना चाहता था। सोच लेना, जरा ठहरो। लेकिन वह पगडंडी पर चला जा रहा था और उसकी एक तरफ गुलाब की बड़ी-बड़ी झाड़ियाँ थीं। ऐसे नहीं करना चाहिए। लेकिन उसके हाथ घंटी तक चले गए और उसे खींच दिया और पागलों की तरह उसे टनटन बजाना शुरू कर दिया, जैसे वह यह कहने आया हो कि घर में आग लग गई है। नौकरानी जरूर हॉल में रही होगी क्योंकि सामने का दरवाजा बड़े झटके से खुला, और घण्टियों की टनटनाहट खत्म होने से पहले रेगी खाली ड्राइंग-रूम में दाखिल हो चुका था और दरवाजा भी बन्द हो चुका था। आश्चर्य की बात यह थी कि जब ऐसा हुआ तो नीम-अँधेरा कमरा और वहाँ बड़े-से पियानो के ऊपर पड़ा छाता उसे छेड़ रहा था, बल्कि सच कहें तो उत्साहित कर रहा था। यहाँ कितनी खामोशी थी, लेकिन एक पल में ही दरवाजा खुलेगा और उसकी किस्मत का फैसला किया जाएगा। यह अहसास उससे भिन्न नहीं था जो दाँत का इलाज कराने गए लोगों को डेंटिस्ट के यहाँ होता है। वह बुरी तरह बेचैन था। लेकिन उसी समय उसकी हैरत की इन्तहा नहीं रही जब उसने खुद को यह जुमला कहते सुना, "या परवरदिगार, तू सब जानता है, तूने मेरे लिए ज्यादा कुछ नहीं किया है..." इसने उसको बुलन्दी दी और वह अहसास कर पाया कि वह कितना संजीदा है। लेकिन तब तक बहुत देर हो चुकी थी। दरवाजे का हैंडल घूमा। ऐन कमरे में दाखिल हुई और दोनों के बीच के अँधेरे फासले को पार करते हुए उसके करीब पहुँच गई, उसके हाथों में अपना हाथ दिया, और अपनी नर्म आवाज में कहा, "माफ करना, पापा घर में नहीं हैं, और माँ हैट की खरीदारी के लिए शहर में हैं। रेगी, यहाँ तुम्हारी मेजबानी करने के लिए सिर्फ मैं हूँ।"

रेगी अपने जैकेट के बटनों को हैट से दबाए हाँफता रहा और फिर हकलाया, "दरअसल बात यह है कि मैं सिर्फ...तुम्हें गुडबाई कहने आया था।"

"अच्छा !" ऐन हल्के से चिल्लाई--वह उससे एक कदम पीछे हटी और उसकी भूरी आँखें नाचने लगीं—"इतनी छोटी मुलाकात !"

फिर गौर से देखते हुए उसने अपनी ठुड्डी तिरछी की और खिलखिलाकर हँस पड़ी,

एक लम्बा कहकहा, एक जोरदार ठहाका। और फिर वह उसके पास से हटते हुए पियानो के पास पहुँची और उससे टिककर छाते के फुँदनों के साथ खेलने लगी।

"सॉरी," उसने कहा, "इस तरह हँसने का मुझे बहुत अफसोस है। मुझे नहीं मालूम मैंने ऐसा क्यों किया। यह एक बुरी आ...दत है।" और फिर अचानक उसने अपनी भूरी जूती पटकी, और अपनी सफेद ऊनी जैकेट में से जेबी रूमाल निकाला। उसने कहा, "मुझे जरूर इस पर काबू पाना चाहिए। यह एक बेहूदी आदत है।"

"ऐन, ईश्वर के लिए," रेगी ने जोर से कहा, "मुझे तुम्हें हँसते हुए देखना अच्छा लगता है ! मैं इससे ज्यादा किसी चीज की कल्पना नहीं कर सकता हूँ..."

लेकिन सच्चाई यह थी, और दोनों ही उससे वाकिफ थे, कि वह हमेशा नहीं हँसती थी; यह उसकी आदत नहीं थी। महज उस दिन से जब दोनों की मुलाकात हुई, पहले पल से ही, किसी अनजानी वजह से ऐन उसको देखकर हँसी थी। रेगी खुदा से दुआ करता था कि वह इसकी वजह समझ जाए। यह कोई मायने नहीं रखता था कि वे कहाँ और किन चीजों पर बात कर रहे हों। हो सकता है कि दोनों बातचीत की शुरुआत में पूरी शिद्दत के साथ खुद को संजीदा दिखाने की कोशिश करें—जहाँ तक उसका मामला है तो उसने खुद को बेइन्तहा संजीदा दिखाने की कोशिश की है—लेकिन अचानक, किसी जुमले के बीच में ऐन उसको ताकती और उसके चेहरे पर कँपकँपाहट की एक हल्की लहर दौड़ जाती। उसके लब जुदा होते, उसकी आँखें नाचने लगतीं, और वह हँसना शुरू कर देती।

रेगी को इस बात का अन्दाजा था कि ऐन को खुद भी नहीं मालूम था कि वह हँस क्यों पड़ती है। उसने देखा था कि ऐसे मौकों पर ऐन पीछे मुड़ जाती है, खुद पर खफा होती है, अपने गाल बिचकाती है, और हाथों को दबाती है। लेकिन उससे कुछ हासिल नहीं होता। लम्बा मुलायम कहकहा उस वक्त भी हवा में गूँजता रहता जबकि वह चिल्लाती रहती, "मैं नहीं जानती मैं क्यों हँस रही हूँ। यह एक पहेली है।"

उसने अपना रूमाल लपेटकर फेंक दिया।

"बैठ जाओ," उसने कहा। "सिगरेट पियोगे ? तुम्हारे बगल में रखी उस छोटी-सी डिबिया में सिगरेट है। मैं भी एक लूँगी।" रेगी ने उसके लिए माचिस जलाई, और जब वह सिगरेट सुलगाने के लिए उसकी तरफ झुकी तो उसने देखा कि उसने अपनी उँगली में मोती जड़ी एक अँगूठी पहन रखी है जिसमें एक नन्हा-सा शोला जगमगा रहा है। "कल ही जा रहे हो ना तुम ?" ऐन ने पूछा।

"हाँ, कल," रेगी ने मुँह से धुँआ उगलते हुए कहा। आखिर वह इस कदर घबराया हुआ क्यों है ? लेकिन घबराहट का लफ्ज उसके लिए नाकाफी था।

"यह, यह—इस पर यकीन कर पाना बेहद मुश्किल है," उसने कहा।

"हाँ—है ना यह बात ?" ऐन ने मुलायम लहजे में कहा, और वह आगे की तरफ

झुकी और ऐशट्रे में अपनी सिगरेट की राख झाड़ने लगी। इस तरह वह कितनी हसीन लगती है !—बस दिलकश—और वह इस बड़ी-सी कुर्सी में कितनी छोटी दिख रही है। रेगी का दिल उसकी नजाकत से भर उठा, लेकिन यह उसकी आवाज थी, नर्म आवाज, जिससे वह सिहर उठा। "मुझे लगता है कि तुम यहाँ बरसों तक रहे हो," वह बोली।

रेजिनाल्ड ने सिगरेट का एक लम्बा कश लिया। "लौट जाने का ख्याल बहुत डरावना है," उसने कहा।

"कू-रू-कू-कू-कू-कू," सन्नाटे में एक आवाज गूँजी।

"लेकिन तुम्हें यहाँ से जाना तो अच्छा लगता है ? है ना यह बात ?" ऐन ने कहा। उसने मोतियोंवाले अपने हार में उँगलियाँ फेरीं। "पापा पिछली ही रात कह रहे थे कि तुम कितने खुशनसीब हो कि तुम अपनी तरह से जिन्दगी जी रहे हो।" और उसने एक बार फिर उसे गहरी निगाहों से ताका। रेगी के होंठों पर फीकी मुस्कुराहट थी। "मैं खुद को खुशनसीब नहीं मानता," उसने हौले से कहा।

"रू-कू-कू-कू-कू," आवाज फिर गूँजी। और ऐन बड़बड़ाई, "तुम्हारे कहने का मतलब है कि तन्हाई सताती है।"

"ओह, मैं तन्हाई की परवाह नहीं करता," रेजिनाल्ड ने कहा, और उसने बेदर्दी से सिगरेट हरे ऐशट्रे में कुचल दिया। "मैं किसी हद तक उसका सामना कर सकता हूँ, यहाँ तक कि उसे पसन्द भी करने लगा हूँ। दरअसल यह..." अचानक वह यह महसूस कर परेशान हो गया कि शर्म से उसके गाल लाल होने लगे हैं।

"रू-कू-कू-कू-कू ! रू-कू-कू-कू-कू"

ऐन उछल पड़ी। "चलो, मेरे फाख्तों को गुड बाई कहो," उसने कहा। "उन्हें किनारेवाले बरामदे में कर दिया गया है। रेगी, तुम्हें फाख्ते पसन्द हैं, है ना ?"

"बेहद," रेगी ने उसके लिए नीची खिड़की खोलते हुए जोश से कहा और एक तरफ खड़ा हो गया। ऐन आगे की तरफ दौड़ी और फाख्तों को देखकर खिलखिलाकर हँसने लगी।

फाख्तों के लिए बनाए गए घर में फर्श पर बिछी बारीक सुर्ख रेत पर दो फाख्ते आगे-पीछे मटरगश्ती कर रहे थे। एक हल्की-सी चीख मारकर दौड़ते हुए आगे भागा, और दूसरे ने पूरी गम्भीरता से सिर झुकाकर उसका पीछा किया। "तुमने देखा," ऐन उसका मतलब समझाने लगी, "वह सामनेवाली मिसेज फाख्ता है। वह मिस्टर फाख्ता को देखती है और खिलखिलाती है और भाग जाती है, और फिर मिस्टर सिर झुकाए-झुकाए मिसेज जी का पीछा करते हैं। और इससे मिसेज जी को फिर हँसी आती है। वह भागती है, और उसके पीछे," ऐन चिल्लाई, और वह उकड़ूँ बैठ गई, "सिर झुकाए-झुकाए दौड़ते हैं मिस्टर जी...यही पूरी जिन्दगी है। तुम जानते हो, वे इसके अलावा और कुछ नहीं करते।" वह उठ खड़ी हुई और पिंजड़े की छत के ऊपर

रखे एक थैले से अनाज के कुछ जर्द दाने लेकर पिंजड़े के फर्श पर बिखेर दिये। "रेगी, जब रोडेशिया में तुम उनको याद करोगे, तो यकीन रखना कि वे यही कर रहे होंगे..."

रेगी ने ऐसा कोई संकेत नहीं दिया कि उसने फाख्तों को देखा है या उसका कोई लफ्ज सुना है। जिस क्षण वह ख्यालों की अपनी दुनिया से लौटा, उसने पूरा जोर लगाकर अपना राज खुद से अलग किया और उसे ऐन के सामने रखा, "ऐन, क्या तुम्हें लगता है कि तुम्हें मेरा ख्याल आएगा ?" बात कही जा चुकी थी। बात पूरी हो चुकी थी। और कुछ पल के विराम के दौरान रेजिनाल्ड ने देखा कि बाग में रोशनी फैली है, और नीला आसमान थरथरा रहा है और बरामदे के खम्भों पर पत्ते खड़खड़ा रहे हैं, और ऐन हथेली पर अनाज के दाने लिये एक उँगली से उलट-पलट रही है। उसने धीरे से अपनी मुट्ठी बन्द की और बड़बड़ाई, "नहीं, इस तरह कभी नहीं।" और उसी के साथ रेगी की नई दुनिया दूर चली गई। वह तेज कदमों से वहाँ से चली गई और उसके पास कुछ भी महसूस करने के लिए बमुश्किल कोई वक्त बचा। वह उसके पीछे-पीछे बाग की पगडण्डियों पर, सुर्ख गुलाबों की मेहराबों के नीचे, लॉन के पार बढ़ता गया। वहाँ, खुशनुमा झाड़ियों की बाड़ के पीछे ऐन रेजिनाल्ड के रूबरू हुई। "ऐसी बात नहीं कि मैं तुम्हें बेहद चाहती नहीं हूँ..." उसने कहा। "मुझे तुमसे लगाव है। लेकिन,"–उसकी आँखें थोड़ी फैल-सी गईं–"उस तरह नहीं"–उसके चेहरे पर कँपकँपाहट की एक लहर दौड़ गई–"आदमी को चाहत होनी चाहिए–" तभी उसके लब खुले, और वह खुद को रोक नहीं पाई। वह हँसने लगी। "वहाँ, जरा देखो, जरा देखो," वह चिल्लाई। "यह तुम्हारी चेक-टाई है। इस मौके पर भी, जब कोई सोचेगा कि लोग वाकई गम्भीर होंगे, तुम्हारी टाई मुझे बुरी तरह उस बो-टाई की याद दिलाती है जो तस्वीरों में बिल्लियाँ पहने दिखती हैं ! ओह, बराए मेहरबानी मुझे माफ कर दो, मैं कुछ ज्यादा ही बोल गई।"

रेगी ने उसका नर्म और नाजुक हाथ अपने हाथों में थाम लिया। "तुम्हें माफ करने का कोई सवाल ही नहीं उठता," उसने फौरन जवाब दिया। "कैसे हो सकता है ? और मुझे लगता है कि मुझे मालूम है मैं तुम्हें क्यों हँसाता हूँ। ऐसा इसलिए कि तुम हर मामले में मुझसे इतना ऊपर हो कि मैं किसी हद तक हास्यास्पद हो जाता हूँ। ऐन, मैं जानता हूँ। लेकिन अगर मुझे–"

"नहीं, नहीं।" ऐन ने गर्मजोशी से उसका हाथ दबाया। "ऐसी बात नहीं है। यह बिलकुल गलत है। मैं तुमसे जरा भी ऊपर नहीं हूँ। तुम मुझसे हजार गुना अच्छे हो। तुम कितने निःस्वार्थ हो–और रहमदिल और सीधे-सादे। मुझमें ये खूबियाँ नहीं हैं। तुम मुझे नहीं जानते। मैं बहुत गन्दी लड़की हूँ," ऐन ने कहा। "बीच में मत टोको। इसके अलावा कोई और बात नहीं है। बात यह है"--उसने अपना सिर हिलाया–"मैं

शायद ऐसे किसी मर्द से शादी नहीं करूँगी जिस पर मैं हँसती हूँ। जरूर तुम यह बात समझ रहे हो। मैं जिस मर्द से शादी करूँगी–" ऐन ने एक लम्बी साँस ली। वह उससे अलग हो गई, और रेगी की तरफ देखकर मुस्कुराई। उसकी मुस्कुराहट सपनीली और अजीब थी। "मैं जिस मर्द से शादी करूँगी–"

और रेगी को लगा कि एक लम्बा, खूबसूरत अजनबी नौजवान उसके आगे आ खड़ा हुआ है और उसकी जगह ले ली है–उस तरह का नौजवान जो वह और ऐन अमूमन थिएटर में देखते रहे हैं, जो अचानक शून्य से निकल कर मंच पर पहुँच जाता है और एक लफ्ज अदा किए बगैर नायिका को अपनी बाँहों में भर लिया करता है, और फिर कहीं भी ले जाता है।

रेगी अपने ख्यालों में उस नौजवान के आगे झुका। "हाँ, मैं समझ रहा हूँ," उसने भर्राई-सी आवाज में कहा।

"समझ रहे हो ? हाँ, मुझे उम्मीद है कि तुम समझ सकते हो। क्योंकि मैं इस मामले में बहुत खराब महसूस कर रही हूँ। इसका खुलासा करना बहुत मुश्किल है। तुम जानते हो मैं कभी नहीं..." वह रुकी। रेजिनाल्ड उसे ताकता रहा। वह मुस्कुरा रही थी। "क्या यह अजीब नहीं लगता ?" उसने कहा, "मैं तुमको कुछ भी कह सकती हूँ। मैं शुरू से ऐसा कर पाती थी।"

रेगी ने मुस्कुराने और कहने की कोशिश की, "मुझे खुशी है।" ऐन बोलती रही। "मैं तुम्हें जितना चाहती हूँ उतना किसी और को नहीं चाहती। मैंने कभी किसी के साथ खुद को इतना खुश महसूस नहीं किया जितना तुम्हारे साथ। लेकिन मुझे यकीन है कि यह वह चीज नहीं है जिसे लोग और किताबें मोहब्बत का नाम देते हैं। क्या तुम मेरी बात समझ रहे हो ? ओह, काश तुम समझ सकते कि मैं किस कदर परेशान हूँ ! हम–हम मिस्टर और मिसेज फाख्ता जैसे होंगे।"

बस हो गया। रेजिनाल्ड को लगा कि यह आखिरी फैसला है और उसे यह बात इस हद तक सच लगी कि वह उसे बर्दाश्त नहीं कर सका। उसने कहा, "मुझे यह यकीन मत दिलाओ।" वह दूसरी तरफ घूम गया और लॉन से परे ताकने लगा। वहाँ माली की छोटी-सी झोंपड़ी थी। उसके बगल में सदाबहार बलूत का पेड़ था। चिमनी के ऊपर धुएँ का नीला पारदर्शी बादल टँगा था। लेकिन वह वास्तविक नहीं लग रहा था। उसके हलक में यह कैसा दर्द है ! क्या वह बोल सकता है ? उसे जोश आया। "मुझे अब घर जाना चाहिए," वह फटी हुई आवाज में बोला और तेजी से लॉन पार करने लगा। ऐन उसके पीछे दौड़ी। "नहीं, तुम अभी नहीं जा सकते," वह गिड़गिड़ाती हुई बोली। "शायद तुम्हें इस अहसास के साथ घर नहीं जाना चाहिए।" वह त्यौरियाँ चढ़ाए, अपने दाँतों से होंठ चबाते हुए उसे घूरती रही।

"ओह, सब ठीक-ठाक है," रेगी ने खुद को झकझोरते हुए कहा। "मम्म...

मैं...” और उसे अपनी बात कहने के लिए हाथ हिलाना पड़ा, “इस पर काबू पा लूँगा।”

“लेकिन यह भयानक है,” ऐन ने कहा। उसने अपने हाथ बाँध लिये और रेगी के सामने खड़ी हो गई। “तुम जरूर समझ रहे होगे कितना घातक होगा हमारे लिए शादी करना। है ना ?”

“ओह, हाँ, बेशक ! बेशक !” रेगी ने मरियल-सी आवाज में जवाब दिया।

“कितनी गलत, कितनी गन्दी सोच है। मेरा मतलब है, मिस्टर और मिसेज फाख्ता के लिए यह बात ठीक हो सकती है। लेकिन जरा वास्तविक दुनिया में इसकी कल्पना करो—कल्पना करो जरा।”

“ओह, हाँ, बिलकुल,” रेगी ने कहा, और उसने फिर कदम बढ़ाना शुरू किया। लेकिन एक बार फिर ऐन ने उसे रोक लिया। उसने उसकी आस्तीन खींची, और रेगी की हैरत की इन्तहा नहीं रही। इस बार वह ऐसी बच्ची-सी दिख रही थी जो बस रोने ही वाली हो।

“लेकिन जब तुम सब समझते हो तो इतने मायूस क्यों हो ?” वह बिलखने लगी। “तुमने इस बात को अपने दिल पर इस कदर क्यों ले लिया है ? रोनी-सी सूरत क्यों बना ली है तुमने ?”

रेगी ने हलक में थूक गटका और फिर हाथ से किसी अनजानी चीज को भगाने लगा। “मैं इसे बर्दाश्त नहीं कर सकता। मुझे धक्का लगा है। अगर मैं अभी यहाँ से चला जाऊँ तो मैं...”

“तुम अभी चले जाने की बात कैसे कर सकते हो ?” ऐन ने हिकारत से कहा और अपने पाँव पटके। उसका चेहरा सुर्ख हो रहा था। “तुम इतने जालिम कैसे हो सकते हो ? जब तक मुझे यह यकीन नहीं हो जाएगा कि तुम उतने ही खुश हो जितना शादी का प्रस्ताव करने से पहले थे, मैं तुम्हें जाने नहीं दूँगी। तुम्हें यह बात समझनी चाहिए, यह बिलकुल सीधी-सी है।”

लेकिन यह रेजिनाल्ड को बिलकुल सीधा नहीं लगा। उसे यह बेहद मुश्किल लगा।

“भले ही मैं तुमसे शादी नहीं कर सकती हूँ तो भी मैं यह जानकर कैसे रह सकती हूँ कि तुम मुझसे दूर हो। सिर्फ वह वाहियात माँ है जिसे तुम खत लिख सकते हो और तुम उदास हो, और यह सब मेरी वजह से है ?”

“यह तुम्हारी गलती नहीं है। तुम इस तरह मत सोचो। यह तो बस किस्मत है।” रेगी ने उसका हाथ अपनी आस्तीन से हटा दिया और उसे चूमा। उसने बड़ी नर्मी से कहा, “मेरे लिए मलाल मत करो, मेरी प्यारी ऐन।” इस बार वह लगभग वहाँ से दौड़ते हुए भागा, गुलाबी मेहराबों के नीचे से गुजरा और तेज-तेज कदमों से बाग का रास्ता तय करने लगा।

“रू-कू-कू-कू-कू ! रू-कू-कू-कू-कू !” बरामदे से आवाज आई। “रेगी, रेगी,” बाग से आवाज आई।

वह रुका, वह घूमा। लेकिन जब ऐन की निगाह उसके कातर, परेशान चेहरे पर पड़ी, वह हँस पड़ी।

“लौट आओ, मिस्टर फाख्ता,” ऐन ने कहा। और रेगी लॉन पार करता हुआ धीरे-धीरे उसकी तरफ कदम बढ़ाने लगा।

एक जवान लड़की

नीला लिबास पहने, गालों पर हल्की लाली और सुनहरे बालों की लटों को हेयरपिन में समेटे नीली-नीली आँखोंवाली मिसेज रैडिक की बेटी बस ऐसी लगती थी जैसे सीधे जन्नत से उतरी हो। मिसेज रैडिक की कातर, काफी हद तक हैरत से भरी और प्रशंसाभरी निगाहों से भी यही झलकता था कि उन्हें भी इस बात पर यकीन है; लेकिन बेटी कैसिनो की सीढ़ियों पर कदम रखकर ज्यादा खुश नहीं थी। और खुश भी क्यों हो वह ? दरहकीकत वह ऊब रही थी–ऐसे ऊबी थी मानो जन्नत में जुआखाने बेशुमार हों और वहाँ नाराज बूढ़े सन्तों का जमघट हो।

"तुमको हेनी को ले जाने में एतराज तो नहीं होगा ?" मिसेज रैडिक ने कहा। "बेशक तुम्हें नहीं होगा ? वह रही कार, और तुम लोग चाय पीना, हम एक घंटे में इस सीढ़ी पर–बस यहीं–लौट आएँगे। समझ रही हो न, मैं चाहती हूँ कि वह अन्दर जाए। वह पहले वहाँ कभी नहीं गई और वह देखने लायक जगह है। मुझे लगता है कि उसका वहाँ नहीं जाना अच्छा नहीं होगा।"

"उफ, बस करो माँ," बेटी थके लहजे में बोली। "मेरे साथ आओ। ज्यादा बातें मत करो। और हाँ, तुम्हारा बैग खुला है; तुम्हारे पैसे फिर गुम होंगे।"

"माफ करना," मिसेज रैडिक ने कहा।

"उफ, अन्दर तो आओ ! मैं कुछ पैसे बनाना चाहती हूँ।" आवाज से बेसब्री झलक रही थी। "तुम्हारे लिए खुशगप्पियाँ ठीक हैं, लेकिन मेरा दिवाला पिट चुका है !"

"प्यारी, यह लो पचास फ्रैंक का नोट, यह सौ फ्रैंक का नोट !" मैंने देखा, दोनों दरवाजे से जुआखाने में दाखिल हो रहे हैं और मिसेज रैडिक उसके हाथों में नोट ठूँसती जा रही हैं।

हेनी और मैं एक मिनट तक सीढ़ी पर ही खड़े रहे और आते-जाते लोगों को ताकते रहे। उसके होंठों पर गहरी मुस्कुराहट थी।

"देखो," वह चिल्लाया, "वहाँ एक इंग्लिश बुलडाग है। क्या उन्हें यहाँ कुत्ते लाने की इजाजत है ?"

"नहीं, उन्हें इसकी इजाजत नहीं है।"

"जबर्दस्त कुत्ता है, है ना ? काश मेरे पास एक होता। कितना मजा है उसमें। वे लोगों को दहला देते हैं और कभी अपने मालिकों पर गुस्सा नहीं करते।" अचानक उसने मेरी बाँह दबाई। "जरा उस बूढ़ी औरत को तो देखो। कौन है वह ? ऐसी क्यों दिखती है वह ? क्या वह कोई जुआरी है ?"

बूढ़ी, जर्जर काया सब्ज साटन का लिबास और उस पर एक काला मखमली लबादा, सिर पर जामुनी रंग के पंखोंवाला सफेद हैट डाले हिलती-डोलती धीरे-धीरे सीढ़ियाँ चढ़ रही थी जैसे किसी खिलौने की तरह उसे तार से खींचा जा रहा हो। वह सामने की तरफ घूर रही थी। वह हँस रही थी और खुद से मुखातिब होते हुए इशारे कर रही थी और बड़बड़ा रही थी। उसके पंजों में एक गन्दा-सा बैग दबा था।

लेकिन ठीक उसी वक्त मिसेज रैडिक नमूदार हुईं। उनके साथ एक और औरत थी। मिसेज रैडिक मेरी तरफ लपकीं। उनके चेहरे पर चमक थी और वह एक अलग इनसान लग रही थीं। वह उस औरत की तरह थीं जो किसी स्टेशन के प्लेटफार्म पर ट्रेन रवाना होने से ठीक एक पल पहले दोस्तों को गुड बाई कह रही हो।

"ओह, तुम अब भी यहाँ मौजूद हो। यह किस्मत की बात है ! तुम गई नहीं। उसको लेकर बड़ा खराब दिन रहा आज मेरा," उसने हाथ से अपनी बेटी की तरफ इशारा किया जो जमीन पर निगाहें जमाए और पाँव से सीढ़ी को रगड़ते हुए दूर चुपचाप खड़ी थी। "उन्होंने उसे अन्दर नहीं जाने दिया। मैंने कसम खाई कि वह इक्कीस साल की है लेकिन उन्होंने मेरी बात पर यकीन नहीं किया। मैंने उस आदमी को अपना पर्स दिखाया, मैं और ज्यादा कुछ नहीं कर सकती थी। लेकिन उसका कोई फायदा नहीं था। उसने झिड़क दिया...और अब मैं अभी-अभी न्यूयार्क की मिसेज मैकएवेन से मिली हूँ, और उन्होंने बस अभी-अभी सैल प्रिवी में तेरह हजार की रकम जीती है। और अब वह कह रही हैं कि किस्मत का सितारा बुलन्द रहते भर मैं उनके साथ कैसिनो में रहूँ। बेशक मैं उसे नहीं छोड़ सकती। लेकिन अगर तुम कहो..."

इस पर "वह" अपनी माँ पर भड़क उठी। "आखिर क्यों मुझे नहीं छोड़ सकती ?" उसने बड़े गुस्से में कहा। "कैसी बेहूदा बातें करती हो तुम। कैसे हंगामा मचा रखा है तुमने। यह आखिरी मौका है जब मैं तुम्हारे साथ निकली हूँ। सचमुच तुम्हारी बातें बहुत कड़वी हैं।" उसने अपनी माँ को ऊपर से नीचे तक ताका। "खुद को ठंडा करो," उसने पूरे रोब के साथ कहा।

मिसेज रैडिक परेशान थीं, बिलकुल परेशान। वह मिसेज मैकएवेन के साथ कैसिनो में लौटने के लिए "उतावली" थीं, लेकिन...

मैंने हिम्मत जुटाई। "क्या तुम--तुम सब चलोगे मेरे साथ चाय पीने ?"

"हाँ, हाँ। वह खुश हो जाएगी। मैं बस यही चाहती थी, है ना मेरी प्यारी ? चलें

मिसेज मैकएवेन...मैं बस एक घंटे में यहाँ लौटती हूँ...या उससे भी कम वक्त में...मैं...”

मिसेज रैडिक धड़ाधड़ सीढ़ियाँ चढ़ने लगीं। मैंने देखा उनका बैग फिर खुला था।

सो हम तीन लोग रह गए। लेकिन सचमुच यह मेरी गलती नहीं थी। हेनी भी बेहद परेशान और उलझा था। जब कार नजदीक आई तो लड़की ने अपना कोट समेट लिया—गन्दगी से बचने के लिए। उसके नन्हे पाँव भी ऐसे लग रहे थे जैसे वह उसे हमारे पास लाना नहीं चाहते।

जैसे ही कार चली, मैं फुसफुसाई, “मैं बेहद शर्मिन्दा हूँ।”

“हुँह, मैं इन सब पर ध्यान नहीं देती,” उसने कहा। “मैं इक्कीस साल की नहीं दिखना चाहती। जब कोई सत्तरह साल का हो, तो क्यों इक्कीस का दिखना चाहेगा ? मुझे इस”—और उसके बदन में हल्की-सी थरथराहट हुई—“बेहूदगी से नफरत है और मोटे बूढ़ों के घूरने से नफरत है। वहशी !”

हेनी ने उसे गौर से देखा और फिर खिड़की से बाहर झाँकने लगा।

हम गुलाबी और सफेद संगमरमर के बने एक आलीशान महल के नजदीक पहुँचे। उसके दरवाजे के बाहर नारंगी के पेड़ लगे थे।

“क्या तुम अन्दर जाना चाहोगी ?” मैंने उसे सुझाव दिया।

वह झिझकी, महल को गौर से देखा, अपने होंठ चबाए और फिर बेफिक्र हो गई। “हाँ, और कोई दूसरी जगह नहीं दिखती,” उसने कहा। “हेनी, बाहर निकलो।”

खाली मेज की तलाश में मैं पहले अन्दर गई। वह मेरे पीछे-पीछे आई। लेकिन सबसे दिक्कततलब चीज यह थी कि उसका छोटा भाई साथ था जिसकी उम्र महज बारह साल थी। और उसे अपने साथ लिये चलना बड़ी परेशानी की चीज थी।

वहाँ एक मेज खाली थी। उस पर गुलाबी गुलदस्ता रखा था और गुलाबी तश्तरियों के साथ नीले रंग के छोटे चाय के नैपकिन पड़े थे।

“क्या हम यहाँ बैठें ?”

उसने बड़ी बेदिली से बेंत की सफेद कुर्सी पर हाथ रखा।

“हाँ, हम यहाँ बैठ सकते हैं।

हेनी उससे टकराते हुए आगे बढ़ा और एक स्टूल पर किसी तरह बैठ गया। वह खुद को असहज-सा महसूस कर रहा था। उसने अभी तक अपने दस्ताने भी नहीं उतारे थे। उसने अपनी निगाहें झुका लीं और मेज को घूरने लगी। जब वायलिन की मद्धिम-सी आवाज उभरी तो वह चौंकी और अपने होंठ एक बार फिर चबाए। फिजा में खामोशी थी।

तभी वेट्रेस पहुँची। मुझ में उससे कुछ पूछने की ज्यादा हिम्मत नहीं थी। “चाय—काफी ? चाइना टी या फिर बर्फ की ठंडी लेमन टी ?”

सचमुच उसे कुछ फर्क नहीं पड़ता था। उसके लिए सब बराबर था। सच्चाई यह थी कि उसे कुछ चाहिए ही नहीं था। हेनी फुसफुसाया, "चाकलेट !"

लेकिन जैसे ही वेट्रेस आर्डर लेकर जाने के लिए मुड़ी, वह लापरवाही से चिल्लाई, "हाँ, मेरे लिए भी तुम एक चाकलेट ला सकती हो।"

जब तक हम चाकलेट के आने का इन्तजार करते रहे, उसने एक सुनहरा पाउडर-बाक्स निकाला जिसके ढक्कन में आईना लगा था। उसने पाउडर को इस तरह हिलाया जैसे वह कोई बेमतलब की चीज हो और फिर थोड़ा-सा पाउडर अपनी खूबसूरत नाक पर लगा लिया।

"हेनी," उसने कहा, "ये फूल वहाँ से हटा दो।" उसने गुलदस्ते की तरफ इशारा किया, और मैंने उसकी बड़बड़ाहट सुनी, "मैं मेज पर फूल रखना बर्दाश्त नहीं कर सकती।" साफ तौर पर ये फूल उसे बहुत तकलीफ पहुँचा रहे थे, क्योंकि मैं जब उन्हें हटाने लगी तो उसने अपनी आँखें बन्द कर लीं।

वेट्रेस चाय और चाकलेट लेकर आ चुकी थी। उसने झाग से लबालब बड़े कप उनके सामने रखे और मेरे पास एक खाली ग्लास रख दिया। हेनी ने अपनी नाक कप में डुबो दी और जब उसने सिर उठाया तो उसकी नाक के सिरे पर झाग थरथरा रहा था। लेकिन उसने किसी नन्हे भद्र पुरुष की तरह उसे तुरन्त पोंछ डाला। मैं इस उधेड़बुन में लगी रही कि मैं उसका ध्यान उसके कप की तरफ दिलाऊँ या नहीं। वह उसकी तरफ ध्यान नहीं दे रही थी, निगाह नहीं कर रही थी और अचानक यूँ ही उसने एक चुस्की ले ली। हैरान-परेशान मैं उसे देखती रही; उसके बदन में हल्की-सी थरथराहट हुई।

"बहुत ज्यादा मीठा है !" उसने कहा।

चाकलेट जैसे बदन और किशमिश जैसे सिरवाला एक नन्हा लड़का पेस्ट्री की एक ट्रे लिये आया। उसने उसे पेश की, लेकिन वह बोली, "ओह, मुझे जरा भी भूख नहीं है। इन्हें ले जाओ।"

बच्चे ने पेस्ट्री हेनी की तरफ बढ़ाई। हेनी ने फौरन मेरी तरफ निगाह की। उसने एक चाकलेट क्रीम, एक काफी एक्लेयर, चेस्टनटभरा एक मेरिंग केक और ताजे स्ट्राबेरी से भरा एक हार्न उठा लिया। वह बमुश्किल यह सब बर्दाश्त कर रही थी। लेकिन जैसे ही वह बच्चा आगे बढ़ा, उसने अपनी तश्तरी बढ़ा दी।

"मुझे एक दो," वह बोली।

चाँदी की चिमटी से उसने तश्तरी पर एक, दो, तीन पेस्ट्री—और एक चेरी टार्टलेट डाल दिया। "मैं नहीं समझ पा रही हूँ कि क्यों तुम मुझे सब दिये जा रहे हो," वह बोली और लगभग मुस्कुरा दी। "मैं इन्हें नहीं खा पाउँगी। मैं इतना नहीं खा सकती।"

मुझे बहुत इत्मीनान महसूस हुआ। मैं पीछे झुक गई और चाय की चुस्कियाँ लेने

लगी। मैंने यह भी पूछ लिया कि क्या मैं सिगरेट पी सकती हूँ। इस पर वह एक पल के लिए झिझकी, उसके हाथों में काँटा था। उसने आँखें खोलीं, और सचमुच मुस्कुरा दी। "बेशक," उसने कहा। "मुझे हमेशा लोगों से इसकी उम्मीद रहती है।"

लेकिन उसी पल हेनी के साथ एक हादसा हो गया। उसने अपने पेस्ट्री हार्न में अपना काँटा जोर से भोंका और वह बिखर गया। आधी मेज गन्दी हो गई। हेनी का चेहरा तमतमा उठा। यहाँ तक कि उसके कान धधक रहे थे। शर्मिन्दगी से उसने अपने एक हाथ से मेज पर बची चीजें समेटना शुरू किया।

"तुम बिलकुल जंगली हो," लड़की ने कहा।

ओफ, मुझे अब बचाव के लिए कुछ करना होगा। मैंने जल्दी से, "क्या तुम्हें लम्बे समय तक विदेश में रहना होगा ?"

लेकिन तब तक वह हेनी को भूल चुकी थी। वह मुझे भी भुला चुकी थी। वह कुछ और ही बात याद करने की कोशिश कर रही थी...वह मीलों दूर थी।

"मैं–नहीं–जानती," वह मीलों दूर उसी मुकाम से ठहर-ठहर कर बोली।

"मुझे लगता है कि तुम्हें वहाँ लन्दन से ज्यादा अच्छा लगेगा। यह ज्यादा–ज्यादा–"

जब मैं अपनी बात पूरी नहीं कर पायी तो वह मेरे पास लौट आई और उलझी-उलझी निगाहों से मुझे देखने लगी। "ज्यादा ?"

"अच्छी जगह है," मैं अपनी सिगरेट हिलाती हुई बोली।

लेकिन इस बात पर गौर करने के लिए पूरा एक केक लगा। तब भी वह इतना ही बोली, "हाँ, कई चीजों पर निर्भर करता है।"

हेनी खा चुका था। वह अब भी शर्मिन्दा था।

मैंने मेज से मेन्यू उठा लिया। "हेनी, आइसक्रीम के बारे में क्या ख्याल है। टैंजरीन और जिंजर कैसा रहेगा ? नहीं, कुछ ठंडा होना चाहिए। ताजा पाइनएपल क्रीम कैसी रहेगी ?"

हेनी ने उसे बहुत पसन्द किया। वेट्रेस की नजरें हम पर ही थीं। उसने आर्डर लिया।

"क्या तुमने टैंजरीन और जिंजर कहा था ? मुझे जिंजर पसन्द है। तुम मेरे लिए एक मँगवा सकती हो।" और तभी वह तेजी से बोली, "काश यह आर्केस्ट्रा शुरू से ही ऐसा नहीं बजता। हम इसी पर पिछले क्रिसमस-भर नाचते रहे थे। यह बेहद उबाऊ है।"

लेकिन फिजा ख़ुशगवार थी। मैंने अब उसे महसूस किया था। मेरे अन्दर ताजगी भरने लगी थी।

"मुझे लगता है कि यह एक बढ़िया जगह है, है ना हेनी ?" मैंने कहा।

हेनी ने कहा : "घटिया !" उसने बहुत धीरे-से अपनी बात कहनी चाही थी, लेकिन वह तेज आवाज में बोल बैठा।

बढ़िया ? यह जगह ? बढ़िया ? पहली बार उसने इस बारे में सोचा और यह देखने की कोशिश की कि वहाँ क्या है...उसने अपनी आँखें झपकाईं। उसकी सुन्दर आँखों से आश्चर्य झलक रहा था। एक बेहद खूबसूरत बूढ़ा उसको एक आँखवाले चश्मे से ताक रहा था। लेकिन वह उसे नहीं देख सकी। जहाँ वह बूढ़ा था, वहाँ एक सुराख था और वह उसके आर-पार देख रही थी।

आखिरकार काँच की तश्तरी में नन्हे चिपटे चम्मचों के खनकने की आवाज बन्द हुई। हेनी कुछ थका-सा दिख रहा था, लेकिन उसने अपने सफेद दस्ताने फिर पहन लिये थे। उसे अपनी हीरे जड़ी घड़ी से कुछ दिक्कत हुई, यह दस्ताने के आड़े आ गई। उसने उसे झटके से खींचने की कोशिश की। इस बेहूदा चीज को तोड़ने की कोशिश की। लेकिन वह नहीं टूटी। आखिरकार उसे दस्ताने को खींचना पड़ा। मैंने देखा वह उसके बाद एक पल के लिए भी नहीं टिकी। वह झटके से खड़ी हुई और एक तरफ चल दी जबकि मुझे चाय वगैरह के पैसे अदा करने का बेहूदा काम अंजाम देना पड़ा।

एक बार फिर हम बाहर थे। शाम गहराने लगी थी। आसमान में नन्हे तारे बिखर गए थे और सड़कों पर लैम्प दमकने लगे थे। हम कार के आने का इन्तजार कर रहे थे और वह पहले की तरह ही सीढ़ी पर खड़ी थी और निगाहें झुकाए अपने पैरों से फर्श रगड़ रही थी।

जब कार आई तो हेनी उसका दरवाजा खोलने के लिए लपका और वह अपनी सीट पर धँस गई। उसके मुँह से एक लम्बी आह निकली।

"उसे बोलो," वह फुसफुसाई, "कार तेज चलाए।"

हेनी ने खँखार कर शोफर तक बात पहुँचाई। फिर वह आराम से हमारे सामनेवाली छोटी-सी सीट पर लद गया।

सुनहरा पाउडर-बाक्स एक बार फिर बाहर आया। एक बार फिर पाउडर हिलाया गया, एक बार फिर उसने आईने में खुद को निहारा।

हम स्याह और सुनहरे शहर को चीरते हुए उसी तरह आगे बढ़ रहे थे जिस तरह ब्रोकेड के कपड़े को कतरती हुई कैंची बढ़ती है। हालाँकि हेनी की निगाहें किसी चीज से चिपकी हुई थीं, उसे बाहर का नजारा लेने में दिक्कत हो रही थी।

और जब हमारा कारवाँ कैसिनो पहुँचा तो मिसेज रैडिक वहाँ नदारद थीं। सीढ़ियों पर उनका कोई अता-पता नहीं था, उनका कहीं नामो-निशान नहीं था।

"मैं वहाँ जाकर उन्हें ढूँढ़ना चाहती हूँ, इस बीच क्या तुम कार में बैठना पसन्द करोगी ?"

लेकिन कहाँ वह बैठनेवाली ! बिलकुल नहीं ! हेनी वहाँ बैठ सकता है। कार में

बैठना उसे गवारा नहीं हो सकता। वह सीढ़ियों पर उनका इन्तजार करेगी।

"लेकिन शायद ही मैं तुम्हें यहाँ छोड़ना पसन्द करूँ," मैं बड़बड़ाई। "मैं तुम्हें यहाँ कतई तन्हा नहीं छोडूँगी।"

इस पर उसने अपना कोट पीछे फेंका और मेरी तरफ मुड़ी। उसके लब खुले। "खुदा के वास्ते--क्यों ! मैं–मैं इस पर जरा भी ध्यान नहीं देती। मुझे–मुझे इन्तजार करना पसन्द है।" और अचानक उसके गाल तमतमा उठे, उसकी आँखें स्याह हो गईं। एक पल के लिए मुझे लगा कि वह रोनेवाली है। "म्म–मुझे यहीं रहने दो," वह आजिजी और गर्मजोशी-भरी आवाज में बोली। "मुझे यह पसन्द है। मैं इन्तजार करना पसन्द करती हूँ। सच–सचमुच ! मैं हमेशा इन्तजार करती हूँ–हर तरह की जगहों पर..."

उसका स्याह कोट खुल गया, और उसका संगमरमरी गला–नीले लिबास में उसका नर्म जवाँ जिस्म–एक फूल की मानिन्द था जो अभी-अभी स्याह कली के खुलने से नमूदार हो रहा हो।

पार्कर माई की जिन्दगी

उस साहित्यकार ने मंगलवार के मंगलवार अपने फ्लैट में सफाई करनेवाली बूढ़ी पार्कर माई के लिए दरवाजा खोला और उसके नाती के बारे में पूछा। पार्कर माई अँधेरे छोटे हॉल में खड़ी हो गई, उसने अपना हाथ बढ़ाया और उस शरीफ आदमी को दरवाजा बन्द करने में मदद करने लगी। उसने धीरे से जवाब दिया, "हमने कल उसे दफन कर दिया।"

"ओह ! यह जानकर बेहद अफसोस हुआ," साहित्यकार के लहजे से दुख झलक रहा था। वह आधा नाश्ता कर चुका था। वह एक फटीचर-सा गाउन पहने था और उसके एक हाथ में मुड़ा-तुड़ा अखबार था। लेकिन अब वह अजीब-सा महसूस करने लगा था। वह उसे कुछ और कहे बगैर अब अपने गरम सिटिंग-रूम में नहीं जा सकता था। यह सोच कर कि ये लोग जनाजा और कफन-दफन पर बड़ा ध्यान देते हैं, उसने नरम लहजे में पूछ लिया, "मैं उम्मीद करता हूँ कि कफन-दफन ठीक-ठाक से हो गया होगा।"

"माफ कीजिए, आपने कुछ पूछा," पार्कर माई ने भर्राई आवाज में कहा।

बेचारी बूढ़ी ! परेशान दिखती है। उसने कहा, "मुझे उम्मीद है कि–कि जनाजा अच्छे से हो गया होगा।" पार्कर माई ने कोई जवाब नहीं दिया। वह सिर झुकाए लड़खड़ाती हुई रसोईघर की तरफ चली गई। उसके एक हाथ में एक बोसीदा थैली थी जिसमें उसका सफाई का सामान, एक एप्रन और एक जोड़ा किरमिची जूते रखे थे। भद्र साहित्यकार ने अपनी भवें तानी और नाश्ते में जुट गया।

"मेरे ख्याल से अब वह उबर गई है," ब्रेड पर मार्मलेड लगाते हुए उसने कहा।

पार्कर माई ने अपना बोसीदा जैकेट उतारा और दरवाजे के पीछे टाँग दिया। इसके बाद उसने एप्रन बाँधा और जूतियाँ उतारने के लिए बैठ गई। जूतियाँ पहनना या उन्हें उतारना कई साल से उसके लिए एक तकलीफदेह काम था। दरअसल, वह उस तकलीफ से इस कदर परिचित हो चुकी थी कि तस्मे खोलते ही उसका चेहरा खिंच जाता था और उस पर दर्द की लकीरें उभर आती थीं। जूते उतारने का काम पूरा करने

के बाद उसने आह भरी और धीरे-धीरे अपने घुटने सहलाने लगी।

"नानी ! नानी !" उसका नन्हा नाती बटनवाले जूते पहने उसकी गोद में खड़ा था। वह गली में खेलकर तुरन्त लौटा था।

"अरे शैतान ! देख तो तूने अपनी नानी के स्कर्ट की क्या गत बना दी।"

लेकिन उसने नानी के गले में बाँहें डाल दीं और उसके गाल से अपना गाल रगड़ने लगा।

"नानी, मुझे एक अठन्नी दो," उसने खुशामद की ।

"चल, हट। नानी के पास एक अधेला भी नहीं है।"

"हुँह, तुम्हारे पास है।"

"नहीं, नहीं है।"

"हाँ, है। मुझे एक अठन्नी दो।"

वह पहले ही से चमड़े के अपने पुराने पर्स को टटोलने लगी थी।

"अच्छा, अपनी नानी को तुम क्या दोगे ?"

वह हल्का-सा हँसा और नानी से चिपट गया। उसने महसूस किया कि नाती की पलकें उसके गाल से सटी हैं और फड़फड़ा रही हैं। "मेरे पास कुछ नहीं है," वह फुसफुसाया...

बूढ़ी उठी। उसने गैस के चूल्हे से लोहे की केतली उठाई और उसे नल के नीचे रख दिया। ऐसा लग रहा था कि केतली में पानी गिरने से होनेवाला शोर उसके दर्द को कम कर रहा है। उसने बाल्टी को भी पानी से भर दिया।

उस रसोईघर की हालत का बयान करने के लिए पूरी एक किताब दरकार होगी। हफ्ते के दौरान भद्र साहित्यकार खुद ही सारे काम करता। मतलब यह कि जैम की एक खाली शीशी इस्तेमाल की जा चुकी चाय की पत्तियों के लिए अलग कर दी गई थी, वह उस में पत्तियाँ डालता जाता। इस बीच वह बर्तन इस्तेमाल करता जाता और गन्दे बर्तनों को एक तरफ खिसकाता जाता। और जब इस्तेमाल के लिए एक भी साफ-सुथरा काँटा नहीं बचता तो एकाध काँटे को तौलिया से पोंछकर काम चलाने की कोशिश करता। वह अपने दोस्तों को बताता कि उसकी "व्यवस्था" बहुत आसान थी और वह समझ नहीं पाता कि लोग घरेलू काम को लेकर इतना हाय-तौबा क्यों मचाते हैं।

"सीधी-सी बात है, एक-एक कर सब कुछ गन्दा कर दो, फिर किसी बुढ़िया को पकड़ो जो हफ्ते में एक बार सफाई कर दे और सब कुछ ठीक-ठाक रहेगा।"

नतीजतन रसोईघर एक विशाल कूड़ेदान दिखता था। रसोई का फर्श डबलरोटी के टुकड़ों, खाली लिफाफों और अधजली सिगरेटों से पटा पड़ा था। पार्कर भाई को उससे कोई नाराजगी नहीं थी। उसे उस भद्र साहित्यकार पर रहम आता था कि उस

बेचारे की देखभाल करनेवाला कोई नहीं है। रसोई के धुएँ से काली पड़ चुकी खिड़की से उदास विशाल आकाश दिखाई देता था और जब भी वहाँ बादल होते तो वे पुराने-से दिखते, जिनके किनारे मसक गए हों और जगह-जगह सुराख हो गए हों, या फिर चाय के धब्बे हों।

पानी गरम हो रहा था। इस बीच पार्कर माई ने फर्श पर झाड़ू लगाना शुरू कर दिया। झाड़ू लगाते हुए उसने सोचा, "मुझे क्या मिला ? कितनी सख्त जिन्दगी है मेरी।"

पड़ोसी तक उसके बारे में यही बात कहते थे। कई बार अपने बोसीदा बैग के साथ लड़खड़ाते हुए जब वह घर लौटती तो उन्हें यह कहते हुए सुनती। किसी कोने में खड़े या रेलिंग से टिके लोग कह रहे होते, "पार्कर माई की जिन्दगी कितनी कठिन है !" और उनकी यह बात इतनी सच थी कि उसे इस बात पर कोई गर्व नहीं था। यह कुछ इसी तरह की बात थी कि कोई कहे कि वह बेसमेंट बैक में 27 नम्बर में रहती है। कितनी मुश्किल है जिन्दगी...

जब वह 16 साल की हुई तो वह स्ट्रैटफोर्ड से लन्दन चली आई और बावर्चिन का काम करने लगी। हाँ, वह स्ट्रैटफोर्ड-ऑन-एवन में पैदा हुई थी। शेक्सपीयर, जनाब ? नहीं। लोग उससे हमेशा शेक्सपीयर के बारे में पूछा करते। लेकिन थिएटर जाने से पहले उसने शेक्सपीयर का नाम तक नहीं सुना था।

उसके दिलो-दिमाग में स्ट्रैटफोर्ड की कोई याद बाकी नहीं थी सिवाय इसके कि "रात में चूल्हे के पास बैठकर चिमनी से तारे देखे जा सकते थे," और "माँ हमेशा सुअर का मांस छत से लटकाकर रखती थी।" और वहाँ सामने के दरवाजे के नजदीक कुछ था, शायद कोई झाड़ी थी और हमेशा उसमें से बहुत अच्छी खुशबू आया करती थी। लेकिन वह झाड़ी बहुत अजीब शक्ल की थी। उसे उसकी बस एक या दो बार उस वक्त याद आई जब वह अस्पताल में भर्ती थी।

जहाँ उसने पहली बार काम किया, वह बेहद खौफनाक जगह थी। उसे बाहर कदम रखने की इजाजत नहीं थी। वह प्रार्थना के लिए सुबह और शाम को छोड़कर कभी ऊपर नहीं गई। हमेशा उस तहखाने में ही रहना पड़ता था। बावर्चिन एक निर्मम औरत थी। वह उसकी चिट्ठियाँ छीन लेती और पार्कर माई से पहले उन्हें खुद पढ़ती और उन्हें आग में फेंक देती क्योंकि ये चिट्ठियाँ उसे सपनों की दुनिया में ले जातीं...और गुबरैले ! क्या आप यकीन करेंगे ? वह जब तक लन्दन नहीं आई थी, उसने काला गुबरैला नहीं देखा था। यहाँ माई हमेशा हँस देती। काला गुबरैला नहीं देखा ! यह तो ऐसा ही है जैसे किसी ने अपने पैर नहीं देखे हों।

उस परिवार के बाद वह एक डाक्टर के घर में नौकरानी रही। और वहाँ दो साल दिन-रात खटने के बाद उसने शादी कर ली। उसका पति नानबाई था।

"वह नानबाई थे, मिसेज पार्कर !" भद्र साहित्यकार कहता। वह कभी-कभार अपनी किताबों के अम्बार को एक तरफ सरका देता और उसकी तरफ भी थोड़ा ध्यान देता जिसे जिन्दगी कहते हैं। "नानबाई के साथ शादी करने का तो अपना ही मजा होगा।"

मिसेज पार्कर के चेहरे पर यकीन नहीं झलक रहा था।

"इतना साफ-सुथरा काम," भद्र पुरुष ने कहा।

मिसेज पार्कर के चेहरे पर सहमति की झलक नहीं थी।

"आपको ग्राहकों को ताजा डबलरोटियाँ देना अच्छा नहीं लगता ?"

"देखिए, जनाब," मिसेज पार्कर ने कहा। "मैं दुकान में ज्यादा समय नहीं रहती थी। हमारे तेरह बच्चे हुए और उनमें से सात को हमें दफनाना पड़ा। आप कह सकते हैं कि हम अस्पताल की दौड़ लगाते रहे।"

"हाँ, मिसेज पार्कर, आपने यह सब किया होगा।" भद्र साहित्यकार बोला। वह सिहर उठा और फिर से कलम उठा ली।

हाँ सात चले गए। और जब बाकी छह छोटे ही थे, उसका पति दारू पीकर बीमार पड़ गया। डाक्टर ने उस वक्त बताया था कि उसके फेफड़े में आटा घुस गया है। उसका पति अस्पताल के बेड पर सिर तक अपनी कमीज उठाए बैठा था और डाक्टर ने उसकी पीठ पर अपनी उँगली से एक दायरा बनाया।

"मिसेज पार्कर, अगर हम यहाँ आपरेशन कर इसे खोलें," डाक्टर ने कहा, "तो तुम देखोगी कि उसका फेफड़ा सफेद पाउडर से भरा पड़ा है। साँस लो, मेरे दोस्त।" मिसेज पार्कर कभी यकीन के साथ यह नहीं कह सकी कि उसने सचमुच देखा था या उसे भ्रम हुआ था कि उसके मुर्दा पति के होंठों से ढेर सारा सफेद पाउडर निकला था।

उसे अपने छह नन्हे बच्चों को पालने में और खुद को खड़ा करने में सख्त संघर्ष करना पड़ा। यह भयानक था ! और जब बच्चे स्कूल जाने की उम्र के हो गए तो उसकी ननद उसकी मदद करने उसके यहाँ आ गई। उसके आए हुए दो महीने भी नहीं गुजरे होंगे कि वह सीढ़ियों से फिसलकर गिर गई। उसकी रीढ़ की हड्डी में चोट लगी। घायल ननद बच्चों से भी बदतर थी। वह खूब चीखती-चिल्लाती। मिसेज पार्कर पाँच साल तक उसकी तीमारदारी करती रही। और फिर बेटी मौडी गलत राह पर चल पड़ी और अपनी बहन एलिस को भी अपने साथ ले गई। उसके दो बेटे परदेस कमाने चले गए और छोटा जिम सेना के साथ हिन्दुस्तान चला गया। सबसे छोटी एथेल ने एक नाकारा वेटर से शादी कर ली जिसकी मौत रसौली फटने से उसी साल हुई जिस साल नन्हा लेनी पैदा हुआ था। और अब नन्हा लेनी--मेरा नाती...

गन्दी प्यालियों और गन्दी तश्तरियों का पूरा अम्बार धोया और सुखाया जा चुका

था। स्याह पड़ चुके चाकुओं को आलू के टुकड़े से साफ किया गया था और कार्क के टुकड़े से चमका दिया गया था। मेज को धो-पोंछ दिया गया था और ड्रेसर और सिंक भी साफ हो चुके थे जिनमें मछली की हड्डियाँ तैर रही थीं...

वह कभी हट्टा-कट्टा और मजबूत बच्चा नहीं था, शुरू से ही नहीं था। वह उन खूबसूरत बच्चों में था जिन्हें उनके नाजुक नक्शो-निगार की वजह से लोग लड़की समझ लिया करते हैं। चाँदी की-सी चमकदार जुल्फों की लटें, नीली आँखें और नाक की एक तरफ हीरे की शक्ल का एक चकत्ता। उस बच्चे को पालने के लिए उसने और एथेल ने क्या-क्या न जतन किए ! अखबार पढ़कर तरह-तरह के नुस्खे नन्हे बच्चे पर आजमाए गए ! हर इतवार को एथेल बुलन्द आवाज में अखबार पढ़ती जबकि पार्कर माई सफाई का अपना काम निबटाती।

"हाँ जनाब—आपकी जानकारी के लिए बस एक लाईन लिख रहा हूँ कि मेरा नन्हा मिर्टिल लगभग मर चुका था...चार बोतल के बाद...नौ हफ्तों में वजन आठ पाउंड बढ़ गया, और यह सिलसिला अब भी जारी है।"

और उसके बाद अलमारी से अंडे की शक्लवाला दवात निकाला जाता और फिर खत लिखा जाता, और अगली सुबह काम पर जाते वक्त माई उसे पोस्ट कर आती। लेकिन कुछ काम नहीं आया। किसी भी चीज से नन्हे लेनी का वजन नहीं बढ़ा। कब्रिस्तान ले जाने के समय भी उसका रंग नहीं बदला। बस में खूब झटके लगने से भी कभी उसकी भूख नहीं बढ़ी।

लेकिन वह पहले ही दिन से नानी का बच्चा था...

चूल्हे से उठकर कमर सीधी करते हुए मैली खिड़की की तरफ कदम बढ़ाती पार्कर माई ने पूछा, "किसके बच्चे हो तुम ?" और एक हल्की-सी आवाज इतनी गर्मजोशी से और इतने करीब से आई कि उसे लगा कि उसका गला रुँध रहा है। उसे लगा कि वह आवाज उसके दिल के नीचे उसकी छाती में हो और कह रही हो, "मैं नानी का बेता हूँ !"

तभी कदमों की आहट आई और साहित्यकार सैर के लिबास में नमूदार हुआ।

"मिसेज पार्कर, मैं बाहर जा रहा हूँ।"

"जी अच्छा, जनाब।"

"और तुम्हारा आधा पाउंड कलमवाली ट्रे में रखा है।"

"शुक्रिया, जनाब।"

"हाँ, एक बात और," साहित्यकार ने तेजी से कहा, "पिछली बार जब तुम यहाँ थी, तुमने कोको फेंका नहीं था—या फेंका था ?"

"नहीं, जनाब।"

"अजीब बात है ! मैं कसम खा सकता हूँ कि मैंने टिन में चाय के चम्मच भर

कोको छोड़ दिया था।" वह अचानक रुक गया। उसने नरमी से मगर दृढ़ लहजे में कहा, "तुम जब भी कोई चीज फेंकोगी, मुझे बता दोगी–है ना मिसेज पार्कर ?" और वह इस यकीन के साथ खुश-खुश वहाँ से चला गया कि उसने पार्कर माई को जता दिया है कि वह लापरवाह दिखता है, लेकिन है वह किसी औरत की तरह चौकन्ना और चौकस।

दरवाजा बन्द होने की आवाज आई। पार्कर माई ने अपने ब्रश और कपड़े उठाए और बेडरूम में चली गई। लेकिन जब वह बिस्तर ठीक करने लगी और थपथपाकर बिस्तर की शिकनें दुरुस्त करने लगी तो नन्हे लेनी की याद उसे तड़पाने लगी। आखिर क्यों उस नन्ही-सी जान को इतनी तकलीफें झेलनी पड़ीं ? यह बात ऐसी थी जो उसकी समझ से बाहर थी। आखिर क्यों किसी फरिश्ते जैसी नन्ही-सी जान को एक-एक साँस के लिए तड़पना और जूझना पड़ा ? किसी बच्चे को इस तरह तड़पाने का कोई मतलब नहीं था।

...लेनी की छोटी-सी छाती के बक्से से कुछ ऐसी आवाज आई जैसे वहाँ कुछ उबल रहा हो। उसकी छाती में किसी चीज का एक बड़ा-सा टुकड़ा अटका पड़ा बलबल कर रहा था जिससे वह निजात नहीं पा रहा था। जब वह खाँसा तो उसके माथे पर पसीना आ गया; उसकी आँखें उबल पड़ीं और हाथ थरथराने लगे और वह बड़ा-सा टुकड़ा इस तरह बलबल करने लगा जैसे सॉसपैन में आलू का टुकड़ा उछलता है। लेकिन इन सबसे भयानक बात यह थी कि जब वह खाँस नहीं पाता तो वह तकिए का सहारा लेकर बैठ जाता और कभी कुछ नहीं बोलता या जवाब देता और ऐसा लगता मानो वह कुछ सुन ही नहीं रहा हो। वह सिर्फ आहत-सा तकता रहता।

पार्कर माई उसके सुर्ख कानों से नम बालों के गुच्छे हटाते हुए बोली, "मेरे अजीज, तुम्हारी गरीब बूढ़ी नानी की उसमें कोई गलती नहीं है।" लेकिन लेनी ने अपना सिर घुमा लिया और दूसरी तरफ देखने लगा। वह उसकी बातों से बेहद आहत था। उसने अपना सिर झुका लिया और एक किनारे देखने लगा जैसे उसे यकीन नहीं आ रहा हो कि उसकी नानी ऐसा कर सकती है।

लेकिन आखिरकार...पार्कर माई ने चादर बिस्तर पर बिछा दी। नहीं, अब वह इस बारे में कुछ सोच नहीं सकती थी। बहुत हो चुका--उसकी जिन्दगी में बर्दाश्त करने के लिए बहुत कुछ था। उसने उनको अब तक बर्दाश्त किया था, उसने दिल ही दिल सब कुछ सहा था। वह कभी रोती हुई नहीं दिखी थी। किसी ने उसे रोते हुए नहीं देखा था। उसके बच्चों तक ने भी कभी उसे रोते-बिलखते नहीं देखा था। उसने गर्व-भरा अपना सिर हमेशा बुलन्द रखा था। लेकिन अब ! लेनी चला गया–उसके पास क्या बचा है ? उसके पास कुछ नहीं है। वही उसकी जिन्दगी का हासिल था और अब उसे भी छीन लिया गया। आखिर मेरे ही साथ यह सब क्यों होता है ? वह सोचने

लगी ? "आखिर मैंने क्या किया ?" बूढ़ी पार्कर माई बोली। "आखिर मैंने क्या किया ?"

और जब उसके मुँह से ये लफ्ज निकले, उसके हाथ से ब्रश छूटकर जमीन पर गिर पड़ा। तभी उसे अहसास हुआ कि वह बावर्चीखाने में है। वह इतनी परेशानहाल थी कि उसने अपना हैट उठाया, जैकेट पहना और फ्लैट से कुछ इस तरह बाहर निकली जैसे वह नींद में चल रही हो। उसे इस बात का कुछ भी पता नहीं था कि वह क्या कर रही है। वह ऐसे इनसान की तरह थी जो घटनाओं से इतना दहशतजदा हो जाए कि बेमकसद इधर-उधर चलना शुरू कर दे--जैसे इस तरह चलते चले जाने से वह बच निकलेगा...

बाहर सड़क पर ठंड थी। हवा बर्फ की तरह जिस्म में चुभ रही थी। लोग तेज, बहुत तेज रफ्तार से लपक रहे थे। मर्द इस तरह चल रहे थे जैसे कैंची और औरतें बिल्ली की तरह चल रही थीं। कोई किसी को नहीं पहचान रहा था--कोई किसी पर ध्यान नहीं दे रहा था। अगर वह फूट पड़ती, अगर आखिर में, इतने सालों के बाद वह रोना शुरू करती तो खुद को इस जेलखाने में पाती।

लेकिन रो पड़ने का ख्याल आते ही लगा जैसे नन्हा लेनी नानी की बाँहों में आ गया हो। आह, मेरे अजीज, यही तो वह करना चाहती है। नानी माँ रोना चाहती है। अगर अब वह रोना चाहेगी तो वह लम्बे समय तक रोती रहेगी। उसके रोने के लिए बेशुमार वजहें हैं--उसकी पहली नौकरी और जालिम बावर्चिन से लेकर डाक्टर के यहाँ जाने तक, अपने सात नन्हे बच्चों के लिए, अपने पति की मौत पर, पाल-पोस कर बड़ी की गई औलादों के घर छोड़कर चले जाने पर और तकलीफों के उस सिलसिले पर जो लेनी तक पहुँचा। लेकिन इतनी सारी दुख-तकलीफों पर ठीक से और पूरी तरह आँसू बहाने के लिए लम्बे समय की जरूरत होगी। बहरहाल, उसके लिए भी वक्त आ चुका है। उसे अब यह करना ही चाहिए। वह अब उसे और टाल नहीं सकती; अब वह और इन्तजार नहीं कर सकती...पर आखिर कहाँ जाए वह ?

"पार्कर माई की जिन्दगी बहुत मुश्किलों से गुजरी है।" हाँ, बेशक मुश्किल जिन्दगी है ! उसकी ठुड्डी कँपकँपाने लगी; अब वह ज्यादा समय नहीं गँवा सकती। लेकिन वह जाए कहाँ ? कहाँ जाए वह ?

वह घर नहीं जा सकती; वहाँ एथेल है। उसका रोना एथेल को डरा देगा, कमजोर कर देगा। वह कहीं किसी बेंच पर नहीं बैठ सकती; लोग उसके सामने सवालों की झड़ी लगा देंगे। वह सम्भवतः लौटकर उस भद्र पुरुष के फ्लैट पर भी नहीं जा सकती, अजनबियों के घरों में उसे रोने का कोई अधिकार नहीं है। अगर वह कहीं किसी जगह सीढ़ियों पर बैठ गई तो पुलिसवाले उससे जवाब तलब करेंगे।

उफ, कहीं कोई जगह नहीं है जहाँ वह छिप सके और अकेले में मनचाहे समय

तक रुक सके, जहाँ कोई उसे परेशान नहीं करे और कोई उसकी वजह से परेशान नहीं हो। आखिर इस दुनिया में क्या कोई ऐसी जगह नहीं है जहाँ वह रो सके ?

पार्कर माई खड़ी थी, इधर-उधर ताकती हुई। बर्फीली हवाएँ उसके एप्रन में घुसकर उसे गुब्बारा बना दे रही थीं। और फिर बारिश भी होने लगी। वहाँ कोई जगह नहीं थी।

शादी

स्टेशन की तरफ जाते हुए विलियम ने मायूसी के साथ सोचा कि वह बच्चों के लिए कुछ नहीं ले जा रहा है। बेचारे नन्हे बच्चे ! कितनी मुश्किल जिन्दगी है उनकी। बच्चे उसे देखकर यह कहते हुए उसकी तरफ दौड़ते, "डैडी, आप क्या लाये हैं हमारे लिए ?" और उसके पास कुछ नहीं था। उसे स्टेशन पर बच्चों के लिए कुछ मिठाइयाँ खरीदनी होंगी। लेकिन पिछले चार शनिवार उसने क्या किया था; पिछली बार बच्चों ने जब अपने सामने वही पुराने डिब्बे देखे तो उनके चेहरे लटक गए थे।

पैडी ने कहा था, "मेरे पास पहले भी यही लाल रिबिंग था !"

और जानी ने कहा था, "हमेशा मुझे गुलाबी मिलता है। मुझे गुलाबी से नफरत है।"

लेकिन विलियम क्या करे ? यह मामला इतनी आसानी से निबटनेवाला नहीं था। बेशक, अगर पुराना वक्त होता तो वह एक टैक्सी लेकर खिलौने की किसी बढ़िया दुकान में चला जाता और बस पाँच मिनट में कोई खिलौना पसन्द कर लेता। लेकिन आजकल वहाँ रूसी खिलौने थे, फ्रांसीसी खिलौने थे, सर्बियाई खिलौने थे—खुदा जाने कहाँ-कहाँ के खिलौने थे। एक साल से ज्यादा अरसा हुआ जब इसाबेल ने पुराने गधों और इंजनों और इसी तरह की चीजों को हटा दिया क्योंकि वे "बेहद भावुकतापूर्ण" और "बच्चों के आकार-बोध के लिए बुरे" थे।

"यह बेहद जरूरी है," इसाबेल ने समझाया था, "कि बच्चे शुरू से ही सही चीजों को पसन्द करें। बाद में इससे ढेर सारा वक्त बचता है। सचमुच, अगर उन बेचारे बच्चों को अपना बचपन इन भयानक चीजों के बीच गुजारना पड़ेगा तो यही कल्पना की जा सकती है कि बड़े होते ही वे रॉयल एकेडमी जाने के लिए कहेंगे।"

उसने कुछ इस तरह से कहा जैसे रॉयल एकेडमी जाना किसी की निश्चित और तत्काल मौत जैसा हो...

"अच्छा, मैं नहीं जानता," विलियम ने आहिस्ता से कहा, "जब मैं उनकी उम्र का था तो मैं एक पुराना तौलिया लेकर सोने जाता था जिसमें गाँठ लगी होती थी।"

नई इसाबेल ने उसे देखा। उसकी आँखें सिकुड़ी हुई थीं और लब खुले थे।

"विलियम प्यारे ! मुझे यकीन है तुम ऐसा ही करते होगे !" वह अपने नए अन्दाज में हँसी।

मिठाई ठीक रहेगी। यह सोचते हुए उसने टैक्सीवाले को देने के लिए उँगली से अपनी जेब के सिक्कों को टटोला। उसने बच्चों को देखा कि वे डिब्बे सबको पकड़ा रहे हैं जबकि इसाबेल के दोस्त बेहिचक मिठाइयाँ उठा रहे थे। ये बच्चे कितने खुले दिल के हैं...

फल लेना कैसा रहेगा ? विलियम ने स्टेशन के ठीक अन्दर एक दुकान के सामने मँडराते हुए सोचा। सब के लिए एक-एक खरबूजा कैसा रहेगा ? क्या उसमें भी उन्हें हिस्सा बँटाना चाहिए ? या फिर पैड के लिए एक अनानास, और जानी के लिए एक खरबूजा ? इसाबेल के दोस्त शायद ही बच्चों के खाने के वक्त नर्सरी में ताक-झाँक करें। बहरहाल, जैसे ही विलियम ने एक खरबूजा खरीदा, विलियम की कल्पना में एक भयानक दृश्य उभरा। उसने देखा कि इसाबेल का एक युवा कवि मित्र न जाने किस वजह से नर्सरी के दरवाजे के पीछे अपनी लम्बी-सी जीभ निकाले खरबूजे की एक फाँक को चपड़-चपड़ चाट रहा है।

अपने बेढंगे से दिखने वाले दो पैकेटों के साथ विलियम ट्रेन की तरफ लपका। प्लेटफार्म पर खूब भीड़ थी। ट्रेन खड़ी थी। ट्रेन के दरवाजे झटके के साथ खुल और बन्द हो रहे थे। इंजन की सिसकारी की आवाज गूँज रही थी और लोग इधर-उधर दौड़-भाग मचा रहे थे। विलियम सीधे फर्स्ट क्लास के उस डिब्बे की तरफ बढ़ा जिसमें सिगरेट पीने की छूट थी। उसने वहाँ अपना सूटकेस और पैकेट डाले और अपनी अन्दरूनी जेब से कागजात का एक मोटा बंडल निकाला और एक तरफ बैठकर उसके अध्ययन में खो गया।

"हमारे ग्राहक सकारात्मक हैं...ऐसे मौके पर...हम यह पुनर्विचार करने के लिए बाध्य हैं–" आह, यह बेहतर है। विलियम ने सिर से चिपक गए बालों पर उँगलियाँ फेरीं और डिब्बे के फर्श पर अपने पाँवों को फैला लिया। उसकी छाती में उठती जानी-पहचानी हूक अब शान्त हो गई थी। "अपने फैसलों के सन्दर्भ में–" उसने अपनी जेब से नीले रंग की पेंसिल निकाली और आहिस्ता-आहिस्ता पैराग्राफ पर निशान लगाने लगा।

दो लोग आए। उसके पास से गुजरे और दूरवाले कोने में बैठ गए। एक नौजवान ने अपनी गोल्फ स्टिक को रैक पर डाला और उसके सामनेवाली सीट पर बैठ गया। ट्रेन हल्के-से झटके के साथ चल दी। विलियम ने देखा गर्म और रोशनियों से दमकता स्टेशन उससे दूर होता जा रहा है। सुर्ख चेहरेवाली एक लड़की ट्रेन के साथ दौड़ रही है। उदास और मायूस उस लड़की ने हाथ हिलाए और चिल्लाई। "बेवकूफी भरा

जुनून !" विलियम ने मन ही मन कहा। तभी प्लेटफार्म के एक छोर पर चीकट कपड़े पहने स्याह चेहरेवाले एक मजदूर ने ट्रेन को देखकर खीसें निपोरीं। विलियम ने एक बार फिर खुद से कहा, "गलीज जिन्दगी !" और अपने कागजात में डूब गया।

थोड़ी देर बाद जब उसने सिर उठाया तो वहाँ हर तरफ खेत थे। जानवरों ने घने पेड़ों के नीचे पनाह ले रखी थी। एक चौड़ी-सी नदी बह रही थी और नंग-धड़ंग बच्चे उसके छिछले पानी में गोते लगा रहे थे। आसमान जर्द था और एक परिन्दा ऊँचा उड़ रहा था। जर्द आसमान में वह ऐसा लग रहा था जैसे किसी नग पर कोई दाग।

"हमने अपने ग्राहकों के पत्राचार की जाँच-परख की है..." उसका पढ़ा हुआ आखिरी जुमला उसके जेहन से बार-बार टकरा रहा था। "हमने अपने ग्राहकों के पत्राचार की..." विलियम उस जुमले से जैसे चिपक गया। लेकिन इससे कुछ फायदा नहीं हुआ। जुमला बीच में ही टूट गया, और खेत, आसमान, उड़ान भरता परिन्दा, पानी सभी ने कहा, "इसाबेल।" यही चीज हर शनिवार की शाम दोहराई जाती है। जब वह इसाबेल से मिलने जा रहा होता है, अनगिनत काल्पनिक मुलाकातों का एक सिलसिला शुरू हो जाता है। वह स्टेशन पर थी, दूसरे तमाम लोगों से थोड़ी अलग खड़ी; वह बाहर खुली टैक्सी में बैठी थी; वह बाग के फाटक पर खड़ी थी; वह घास पर चहलकदमी कर रही थी; दरवाजे पर थी, या फिर हॉल के ठीक अन्दर।

उसकी हल्की खनकदार आवाज ने कहा, "यह विलियम है," या "हिल्लो विलियम !" या फिर "अच्छा, तो विलियम आ गया !" उसने इसाबेल के नर्म और ठंडे हाथों को, उसके गालों को छुआ।

इसाबेल की अनोखी ताजगी ! जब वह छोटा था तो उसे बारिश के बाद बाग में दौड़ना और गुलाब की झाड़ियों को झकझोरना बहुत पसन्द था। इसाबेल गुलाब की वही झाड़ी थी, उसकी पंखुड़ियों-सी नर्म और मुलायम, दमकती हुई और ठंडी। और वह अब भी वही नन्हा बच्चा था। लेकिन अब बाग में दौड़ना नहीं होता था और न ही खिलखिलाना और झकझोरना। उसके सीने में वही पुरानी हल्की-हल्की हूक फिर से उठने लगी। उसने पाँव फैलाए, कागजात एक तरफ फेंके, और आँखें मूँद लीं।

"इसाबेल, यह क्या है ? क्या है यह ?" उसने बड़ी मुलायमियत से पूछा। वे अपने नए घर के बेडरूम में थे। इसाबेल सिंगार मेज के सामने एक खूबसूरत स्टूल पर बैठी थी। सिंगार मेज पर स्याह और सब्ज डिब्बे बिखरे पड़े थे।

"विलियम, क्या पूछ रहे थे तुम ?" वह आगे की तरफ झुकी और उसके नफीस घने बाल उसके गालों पर आ गिरे। "ओह, तुम जानती हो !" कमरे के बीच में खड़ा वह खुद को अजनबी महसूस कर रहा था। इसाबेल अपने स्टूल को चक्कर देती हुई उसकी तरफ मुड़ी।

"उफ, विलियम !" उसने अनुनय के स्वर में कहा, और अपनी कंघी हवा में

उठाये बोलने लगी, "प्लीज ! प्लीज, इतने बेदर्द मत बनो। तुम हमेशा कहते हो या जताते रहते हो कि मैं बदल गई हूँ। सिर्फ इस वजह से कि मैं सच्चे हमदर्द लोगों को जानने-पहचानने लगी हूँ और मुझमें तमाम चीजों का शौक पैदा होने लगा है, तुम इस तरह का बर्ताव करते हो जैसे मैंने..." इसाबेल ने एक अदा से अपने बाल झटके और हँस दी—"अपने प्यार या किसी चीज की हत्या कर डाली है। यह सरासर बेहूदगी है"—उसने अपने होंठ चबाए—"और विलियम, यह चीज मुझे पागल कर देती है। इस नए घर और नौकरों को लेकर भी तुम मुझसे नाराज हो।"

"इसाबेल !"

"हाँ, हाँ, एक तरह से यह सच है," इसाबेल ने जल्दी से कहा। "तुम्हें लगता है कि यह सब एक और बदशगुन है। हाँ, विलियम, मैं जानती हूँ, जब भी तुम इन सीढ़ियों पर चढ़ते हो," उसने नर्म लहजे में कहा, "तुम ऐसा ही सोचते हो। मैं महसूस करती हूँ। लेकिन विलियम, हम उस छोटी-सी झोंपड़ी में हमेशा तो नहीं रह सकते थे। कम से कम व्यावहारिक तो बनो। वहाँ इन बच्चों के लिए काफी जगह नहीं थी।"

हाँ, यह बात सच थी। हर सुबह जब वह बाहर आता तो पाता कि इसाबेल बच्चों को लिये पिछले ड्राइंग-रूम में है। बच्चे सोफे पर डाली गई चीते की खाल पर सवारी कर रहे होते या फिर इसाबेल के डेस्क को काउण्टर बनाकर दुकान-दुकान खेल रहे होते। या फिर समुद्री डाकू का खेल खेलते हुए पैड आतिशदान के ऊपर बिछाए जाने वाले कपड़े पर बैठा होता और नौका में बैठकर आतिशदान के ताँबे के बेलचे से जान बचाते किसी जहाजी की नकल कर रहा होता जबकि जॉनी सँड़सी से समुद्री डाकुओं को हलाक कर रहा होता। हर शाम वे घर की तंग सीढ़ियों पर अपनी बूढ़ी-थुलथुली नौकरानी की पीठ पर सवारी गाँठते।

हाँ, वह समझता था कि वह एक भद्दा-सा छोटा मकान था। वह सफेद रंग का एक छोटा-सा मकान था जिसके पर्दे नीले रंग के थे और खिड़की पर पेट्यूनिया के गमले थे। विलियम जब दरवाजे पर अपने दोस्तों का इस्तकबाल करता तो उन्हें उन पौधों को जरूर दिखाता। "देखा, पेट्यूनिया के हमारे ये पौधे ? क्या तुम्हें नहीं लगता कि लन्दन के लिए ये अजूबा हैं ?"

लेकिन बेवकूफी की बात यह थी कि उसे इसका जरा भी गुमान नहीं था कि इसाबेल उसकी तरह खुश और सन्तुष्ट नहीं है। हे ईश्वर, यह कैसी नादानी थी ! उन दिनों उसे जरा भी अन्दाजा नहीं था कि वह उस छोटे-से घर से वास्तव में नफरत करती थी, कि वह सोचती थी कि मोटी नौकरानी बच्चों को बिगाड़ रही है, कि वह खुद को बेहद तन्हा महसूस करती थी और नए लोगों और नए संगीत और नई तस्वीरों और इसी तरह की चीजों के लिए लालायित रहती थी। अगर वे मोइरा मॉरीसन की स्टूडियो पार्टी में नहीं गए होते—अगर मोइरा मॉरीसन ने पार्टी के खात्मे पर उनके निकलते

समय यह नहीं कहा होता, "खुदगर्ज आदमी, मैं तुम्हारी बीवी का उद्धार करने जा रही हूँ। वह एक बेहद संवेदनशील नन्ही टाइटेनिया (शेक्सपीयर की 'ए मिडसमर नाइट्स ड्रीम' में परियों की रानी–अनु.) की तरह है"–अगर इसाबेल मोइरा के साथ पेरिस नहीं गई होती–अगर–अगर...

ट्रेन एक और स्टेशन पर रुकी। बेटिंगफोर्ड। हे भगवान। वह दस मिनट में पहुँच जाएगा। विलियम ने कागजात अपनी जेब में ठूँसे, उसके सामने बैठा नौजवान कब का गायब हो चुका था। अब बाकी दो लोग उतर गए। शाम का सूरज सूती फ्राक पहने औरत और उसके बच्चों को अपनी किरणों से नहला रहा था। बच्चों के चेहरों पर धूप से झुलसने के धब्बे थे। धूप समुद्र तट के पथरीले किनारों पर बिखरे जर्द रेशमी फूलों पर पड़ रही थी। खिड़की से सर-सर करती समुद्र की महक में भीगी हवा आ रही थी। उसने सोचा, क्या इसाबेल भी सप्ताहान्त के अपने सफर में ऐसी ही किसी भीड़ से रूबरू होती होगी ?

उसने छुट्टियों के उन दिनों को याद किया जो चारों साथ बिताते थे और रोज नाम की एक छोटी किसान लड़की बच्चों की देखभाल करती थी। इसाबेल जर्सी पहने थी और उसके बाल गुँथे थे; वह चौदह साल की किसी बाला की तरह दिख रही थी। बाप रे ! कैसे उसकी नाक छिल जाया करती थी ! और कितना डटकर वे खाते थे और परों से बने गुदगुदे बिस्तर पर एक-दूसरे के पैर में पैर फँसाए कितनी देर तक सोया करते थे...विलियम सोचने लगा कि अगर इसाबेल को उसकी इस भावुकता की जानकारी होगी तो वह कितना परेशान हो जाएगी। और ऐसा सोचते हुए वह बेचारगी के साथ मुस्कुरा उठा।

"हिल्लो विलियम !" वह स्टेशन पर थी और उसकी कल्पना के अनुरूप ही दूसरों से कुछ दूर अलग खड़ी थी, और–विलियम का दिल बल्लियों उछला–वह अकेले थी।

"हैलो, इसाबेल !" विलियम ने उसे गौर से देखा। उसने सोचा कि वह इतनी खूबसूरत लग रही है कि उसे कुछ कहना चाहिए, "तुम गजब की दिख रही हो।"

"अच्छा ?" इसाबेल ने कहा। "मैं गजब की हसीन नहीं हूँ। अब चलें, तुम्हारी वाहियात ट्रेन देर से पहुँची है। टैक्सी बाहर खड़ी है।" जब वे टिकट कलेक्टर के पास से गुजर रहे थे तो इसाबेल ने हल्के-से अपना हाथ उसकी बाँह पर रख दिया। "हम सभी तुमसे मिलने आए हैं," उसने कहा, "लेकिन बॉबी केन मिठाई की दुकान पर है, हम उसे बुला लेंगे।"

"ओह !" विलियम उस क्षण बस इतना ही कह सका।

वहाँ उसकी नजरों के सामने टैक्सी थी जिसके एक तरफ बिल हण्ट और डेनिस ग्रीन पसरे थे। उनके हैट उनके चेहरे पर झुके थे जबकि मोइरा मॉरीसन किसी विशाल

स्ट्राबेरी जैसा टोप पहने उछल रही थी।

"बर्फ नहीं है ! बर्फ नहीं है ! बर्फ नहीं है !" वह चिल्लाई।

और अपने हैट के अन्दर से ही डेनिस ने सुर में सुर मिलाया, "सिर्फ मछली बेचनेवाले के पास से मिल सकती है।"

हैट से सिर निकालते हुए बिल हण्ट ने जोड़ा, "और उसके अन्दर से निकलेगी समूची मछली।"

इसाबेल ने कहा, "उफ ! क्या परेशानी है !" उसने विलियम को बताया कि कैसे वे सब शहर में हर जगह बर्फ खोजते फिरे जबकि वह उसका इन्तजार करती रही। "मक्खन को छोड़कर हर चीज जैसे सीधे समुद्र में जा रही है।"

"हमें अब अपने बदन पर मक्खन का लेप लगाना होगा।" डेनिस ने कहा।

"जरा सुनो," विलियम ने कहा, "हम बैठेंगे कैसे ? बेहतर यही होगा कि मैं ड्राइवर के बगल में बैठ जाऊँ।"

"नहीं, बॉबी केन ड्राइवर के बगल में बैठा है," इसाबेल ने कहा। "तुम मेरे और मोइरा के बीच में बैठोगे।" टैक्सी वहाँ से चल दी। "तुम्हारे उन अजीबो-गरीब डिब्बों में क्या है ?"

"क-टे-हु-ए सिर !" बिल हण्ट ने कहा और एक झुरझुरी ली।

"ओह, फल !" इसाबेल ने खुशी जताई। "अक्लमन्द विलियम ! एक खरबूजा और एक अनन्नास। कितना बढ़िया !"

"नहीं, कुछ देर रुको," विलियम ने मुस्कुराते हुए कहा। लेकिन अन्दर ही अन्दर वह बेहद परेशान था। "मैंने बच्चों के लिए खरीदे हैं।"

"अरे, मेरे प्यारे !" इसाबेल हँसी और अपना एक हाथ उसकी बाँह में फँसा दिया। "उन्होंने अगर खा लिया तो दर्द से ऐंठते फिरेंगे। नहीं"–उसने उसका हाथ थपथपाया–"अगली बार तुम उनके लिए कुछ और ले आना। मैं अनन्नास किसी को नहीं दूँगी।"

"जालिम इसाबेल ! मुझे उसकी महक तो लेने दो !" मोइरा ने कहा। उसने विलियम की ओर अपनी बाँहें फैलायीं। "ओह !" स्ट्राबेरी जैसा टोप आगे की तरफ गिर पड़ा। इसाबेल ने जताया जैसे वह बेहोश हो गई हो।

"अनन्नास के प्यार में दीवानी हुई एक खातून," डेनिस ने कहा। टैक्सी एक छोटी-सी दुकान के सामने रुकी जिस पर धारीदार चिक लगी थी। वहाँ से बॉबी केन निकला। उसके दोनों हाथ छोटे-छोटे पैकेटों से भरे थे।

"मैं उम्मीद करता हूँ कि ये अच्छी होंगी। मैंने उन्हें उनके रंग की वजह से पसन्द किया है। ये कुछ गोल-सी चीजें हैं जो सचमुच बहुत शानदार हैं।" वह खुशी से चिल्लाया, "जरा देखो तो इसे ! कितनी जबर्दस्त है।"

लेकिन उसी पल दुकानदार नमूदार हुआ। "आह, मैं भूल गया था। इनमें से किसी के भी पैसे अदा नहीं किए गए हैं," बॉबी ने कहा। वह परेशान दिख रहा था। तभी इसाबेल ने दुकानदार को एक नोट थमाया और बॉबी का चेहरा फिर खुशी से दमकने लगा। "हैलो, विलियम ! मैं ड्राइवर के बगल में बैठा हूँ।" और ऊपर से नीचे सफेद लिबास पहने खाली सिर वह कार में घुसा। उसने कन्धों तक आस्तीन चढ़ा रखी थी। "अवन्ती !" वह चिल्लाया।

चाय पीने के बाद दूसरे लोग नहाने चले गए जबकि विलियम बच्चों के पास रहा। लेकिन जॉनी और पैडी सोए थे, गुलाबी चमक जर्द हो गई थी, चमगादड़ उड़ रहे थे, और नहाने गए लोग अब भी लौट कर नहीं आए थे। इस बीच विलियम घर में इधर-उधर घूमता रहा। तभी लैम्प लिये नौकरानी हॉल से होती हुई वहाँ पहुँची। वह उसके पीछे-पीछे सिटिंग-रूम में गया। यह पीले रंग का एक बड़ा-सा कमरा था। विलियम के सामनेवाली दीवार पर किसी ने तस्वीर बना रखी थी जिसमें लड़खड़ा रहे एक युवक को एक युवती को डेजी के फूल पेश करते दिखाया गया था। युवती की एक बाँह बेहद छोटी थी जबकि दूसरी बाँह बेहद लम्बी और पतली। कुर्सियों और सोफे पर किसी काली चीज की पट्टियाँ चढ़ी थीं और टूटे अण्डों जैसे छींटे थे, और जिस तरफ भी नजर जाती थी सिगरेट के टुकड़ों से भरे ऐश-ट्रे दिखते थे। विलियम बाँहवाली एक कुर्सी पर बैठ गया। उसने अपनी जेब में पड़े कागजात के बारे में सोचा, लेकिन वह इतना भूखा और थका था कि उसे पढ़ने का इरादा टाल गया। दरवाजा खुला था और बावर्चीखाने से आवाजें आ रहीं थी। नौकर इस तरह से बर्ताव कर रहे थे जैसे वे घर में अकेले हों। अचानक वहाँ एक जोरदार ठहाका सुनाई दिया और उसी के साथ "शिश्श..." की आवाज भी गूँजी। नौकरों को याद था कि वह घर में मौजूद है। विलियम उठ खड़ा हुआ और दरीचे से बाग में चला गया, और जब वह अँधेरे में वहाँ खड़ा था उसने रेत-भरी सड़क पर नहाकर आते हुए लोगों की आवाज सुनी। सन्नाटे में उनकी आवाज गूँज रही थी।

"मैं समझता हूँ कि यह मोइरा पर है कि वह बहलाने-फुसलाने की अपनी कला का इस्तेमाल करे।"

मोइरा ने सिसकी ली।

"हमारे पास सप्ताहान्त के इन जश्नों के लिए एक ग्रामोफोन होना चाहिए ताकि हम "पहाड़ों की सुन्दरी" गीत बजा सकें।"

"अरे नहीं ! अरे नहीं !" यह इसाबेल के चिल्लाने की आवाज थी। "यह विलियम के लिए अच्छा नहीं होगा। विलियम के साथ बढ़िया ढंग से पेश आओ मेरे बच्चो ! वह सिर्फ कल शाम तक हमारे साथ है।"

"उसे मुझ पर छोड़ दो," बॉबी चिल्लाया। "मैं लोगों से बहुत अच्छे ढंग से पेश

आता हूँ।"

फाटक खुला और फिर बन्द हुआ। विलियम छज्जे पर चला गया। उन की नजर विलियम पर पड़ गई। "हैलो, विलियम !" बॉबी केन अपने तौलिए को थपथपाते हुए लॉन पर उछलने और कलाबाजियाँ लगाने लगा। "विलियम, अफसोस कि तुम नहीं आए। पानी शानदार था और हमने बहुत मजा लिया और उसके बाद हम पब गए और वहाँ जंगली आलूचे की जिन का लुत्फ लिया।"

दूसरे भी घर तक पहुँच चुके थे। "जरा मेरी बात सुनो, इसाबेल," बॉबी ने पुकारा, "क्या आज रात तुम मुझे निजिंस्की ड्रेस पहने देखना चाहोगी ?"

"नहीं," इसाबेल बोली, "अभी कोई कपड़े बदलने नहीं जाएगा। हम सभी भूखे हैं। विलियम भी भूखा है। लड़के-लड़कियों सब चले चलो, हम सार्डीन मछलियों से शुरुआत करेंगे।"

"मैं जानती हूँ सार्डीन कहाँ हैं," मोइरा ने कहा और वह एक डिब्बा लिये हॉल में दौड़ती हुई आई।

"सार्डीन के डिब्बे के साथ महिला," डेनिस ने बड़ी संजीदगी से कहा।

व्हिस्की की बोतल से कार्क निकालते हुए बिल हण्ट ने पूछा, "हाँ तो विलियम, लन्दन का क्या हाल-चाल है ?"

"ओह, लन्दन कुछ ज्यादा नहीं बदला," विलियम ने जवाब दिया।

"वही पुराना लन्दन," बॉबी ने एक मछली में काँटा धँसाते हुए कहा।

लेकिन एक पल बाद ही विलियम भुला दिया गया। मोइरा मॉरीसन इस बात को लेकर परेशान हो रही थी कि पानी के अन्दर किसी के पाँव का रंग कैसा होता है।

"मेरे तो जर्द, कुकुरमुत्ते जैसे जर्द रंग के हो जाते हैं।"

बिल और डेनिस ने डटकर खाया। मुस्कान बिखेरती इसाबेल गिलास भरती रही, और नई तश्तरियाँ सजाती रही। इस बीच उसने कहा, "बिल, मेरी चाहत है कि तुम इसे पेंट करो।"

अपने मुँह में डबलरोटी का एक टुकड़ा ठूँसते हुए बिल ने बुलन्द आवाज में पूछा, "क्या पेंट करूँ ?"

"हमें," इसाबेल बोली, "खाने की इस मेज के चारों तरफ बैठे। बीस साल के बाद यह अद्भुत लगेगी।"

बिल ने आँखें नचाईं और मुँह चलाने लगा। "रोशनी ठीक नहीं है," उसने उजड्ड ढंग से कहा, "ज्यादा ही पीलापन है।" और खाने का सिलसिला जारी रखा। उसका यह अन्दाज भी इसाबेल को प्यारा लगा।

खाने के बाद तमाम लोग इस कदर थक चुके थे कि वे जम्हाइयाँ लेने के सिवा कुछ नहीं कर सकते थे और इसी तरह देर रात गए सभी सोने चले गए।

अगले दिन शाम को टैक्सी का इन्तजार करते हुए विलियम को पहली बार इसाबेल के साथ अकेले में बात करने का मौका मिला। जब वह अपना सूटकेस हॉल में लेकर आया तो इसाबेल दूसरों को छोड़कर उसके पास चली आई। वह झुकी और सूटकेस उठा लिया। "कितना वजनी है !" उसने कहा और शर्मिन्दगी के साथ हँस दी। "लाओ, मुझे दो। फाटक तक मैं ले चलती हूँ।"

"नहीं, तुम क्यों उठाओ ?" विलियम ने कहा। "बिलकुल नहीं, लाओ मुझे दो।"

"ओह, प्लीज, मुझे ले चलने दो," इसाबेल बोली, "सचमुच, मैं इसे ले चलना चाहती हूँ।" वे खामोश साथ-साथ चलने लगे। विलियम ने महसूस किया कि अब उसके पास बोलने के लिए कुछ नहीं है।

"लो," इसाबेल ने विजयी अन्दाज में कहा और सूटकेस जमीन पर रख दिया। वह परेशान निगाहों से रेत-भरी सड़क को ताकने लगी। "इस बार तुमसे मेरी बहुत थोड़ी ही बातचीत हुई," उसने हाँफते हुए कहा। "क्या यह बहुत छोटी मुलाकात नहीं थी ? मुझे लग रहा है कि तुम बस अभी-अभी आए हो। अगली बार–" तभी एक टैक्सी दिखी। "मैं उम्मीद करती हूँ कि लन्दन में वे तुम्हारा ठीक से ख्याल रखेंगे। मुझे अफसोस है कि बच्चे दिन-भर गायब रहे। दरअसल मिस नील ने यह सारा इन्तजाम किया था। उन्हें तुमसे मिल न पाना खलेगा। बेचारा विलियम, लन्दन लौट रहा है।" टैक्सी मुड़ी। "गुड बाई !" उसने हड़बड़ी में उसे एक छोटा-सा चुम्बन दिया; वह जा चुकी थी।

खेत, पेड़, बाड़ें सभी कतार दर कतार पीछे भागते जा रहे थे। टैक्सी इस अन्धे से छोटे शहर को पीछे छोड़ती हुई स्टेशन की तरफ जा रही थी।

ट्रेन आ चुकी थी। वह सीधे फर्स्ट क्लास के उस डिब्बे में घुसा जिसमें सिगरेट पीने की इजाजत थी। वह कोनेवाली सीट पर जम गया, लेकिन इस बार उसने जेब से कागजात नहीं निकाले। उसने अपनी बाँहें बाँध लीं और ऊँघने लगा और इसी दौरान मन ही मन इसाबेल को एक खत लिखने लगा।

डाक हमेशा की तरह देर से आई। वे बाहर रंगीन छाते लगाए लम्बी कुर्सियों पर आराम कर रहे थे। सिर्फ बाबी केन इसाबेल के पैरों के पास घास पर बैठा था। उकताहट-भरा और दमघोंटू दिन उमस-भरे माहौल में लटके झण्डे की तरह था।

"क्या तुम्हें लगता है कि जन्नत में भी सोमवार होता होगा ?" बॉबी ने बचकाने अन्दाज में पूछा।

डेनिस बड़बड़ाया, "जन्नत एक लम्बा सोमवार होगा।"

लेकिन इसाबेल इस सोच-विचार में उलझी थी कि कल रात जो सामन मछली खाने के लिए रखी थी, उसका क्या हुआ। वह सोच रही थी कि लंच के लिए फिश

मेयोनीज अच्छा रहेगा, पर...

मोइरा सोई हुई थी। नींद उसका ताजातरीन ईजाद थी। "यह कितनी जबर्दस्त चीज है। बस आपको इतना करना है कि अपनी आँखें बन्द कर लें। कितना मजेदार है।"

जब लाल चेहरेवाला बूढ़ा डाकिया अपनी ट्राइसाइकिल पर सवार रेतीली सड़क से होता हुआ वहाँ पहुँचा तो लगा कि उसकी हैंडल की जगह वहाँ चप्पू होने चाहिए थे।

बिल हण्ट ने अपनी किताब नीचे रख दी। "चिट्ठियाँ," उसने लापरवाही से कहा, और तमाम लोग उसका इन्तजार करने लगे। लेकिन हाय रे बेदर्द डाकिया, वहाँ सिर्फ एक लिफाफा था, खूब मोटा, इसाबेल के लिए। इसके अलावा कुछ और नहीं था, अखबार भी नहीं।

"बस यही एक विलियम की चिट्ठी है," इसाबेल ने उदास लहजे में कहा।

"विलियम की तरफ से—इतनी जल्दी ?"

"वह शादी के समय कही बातें लिख-लिखकर तुम्हें याद दिलाता रहता है।"

"क्या हर कोई शादी के समय कुछ कहता है ? मुझे तो लगता था कि सिर्फ नौकर ऐसा करते हैं।"

"बेशुमार पन्ने ! उसकी तरफ तो देखो ! खत पढ़ती एक खातून," डेनिस ने कहा।

"जानेमन, मेरी प्यारी इसाबेल !" कितने ही पन्ने थे। जैसे-जैसे इसाबेल उन्हें पढ़ती जा रही थी, उसके चेहरे पर हैरत की जगह ऊब लेने लगी। आखिर विलियम ने यह सब क्यों लिखा...? कितना अजीब है यह सब...किन हालात ने उसे यह सब लिखने को प्रेरित किया...? वह उलझन, यहाँ तक कि डर महसूस करने लगी। यह बिलकुल विलियम जैसा है। क्या सचमुच है ? बेशक यह बेहूदगी है, इसे बेहूदा और बेतुका ही होना चाहिए। "हा, हा, हा ! ओ प्यारे !" उसे क्या करना चाहिए ? इसाबेल अपनी कुर्सी पर पसर गई और जब तक थक नहीं गई, कहकहे लगाती रही।

"अरे, हमें भी तो कुछ बताओ," सब उससे कहने लगे। "तुम्हें बताना ही होगा।"

"मैं बताने के लिए बेकरार हूँ," इसाबेल ने कहा। वह बैठ गई, अपनी चिट्ठी के पन्ने इकट्ठे करने लगी, और पन्नों को उनके सामने लहराया। "मेरे पास आ जाओ," उसने कहा। "सुनो, यह अद्भुत है। एक प्रेमपत्र है यह !"

"प्रेमपत्र ! लेकिन कितना शानदार !"

"जानेमन, प्यारी इसाबेल।" लेकिन अभी उसने विलियम का खत बमुश्किल पढ़ना शुरू किया ही था कि उनके ठहाकों ने उसे टोक दिया।

"पढ़ना जारी रखो, इसाबेल। यह जबर्दस्त है।"

"यह अब तक की सबसे शानदार खोज है।"

"ओह पढ़ो न, इसाबेल !"

"जानेमन, खुदा माफ करे कि मैं तुम्हारी खुशियों की राह में आड़े आऊँ।"

"ओहो ! ओहोहो ! होहोहोहो !"

"शिश्शश !"

इसाबेल ने खत पढ़ना जारी रखा। जब वह खत के आखिरी जुमले तक पहुँची तो सभी दीवानगी के आलम में पहुँच चुके थे। बॉबी घास पर लोट-पोट हो रहा था और उसकी आँखों से आँसू निकलने लगे थे।

"तुम मुझे इजाजत दो कि मैं अपनी नई किताब में इसे जस का तस इस्तेमाल करूँ।" डेनिस ने गम्भीरता से कहा। "मैं इसे अपनी किताब का एक अध्याय बनाउँगा।"

"ओह इसाबेल," मोइरा ने सिसकी ली, "कैसा लगेगा तुम्हें उसकी बाँहों में देखकर !"

"मैंने हमेशा यही सोचा था कि तलाक के मामलों में पेश किए जानेवाले खत फर्जी होते हैं। लेकिन इसके सामने तो वे भी फीके पड़ जाते हैं।"

"जरा यह चिट्ठी मुझे दो। मैं खुद से इसे पढ़ना चाहूँगा," बॉबी केन ने कहा।

लेकिन उनकी हैरत की इन्तहा नहीं रही जब उन्होंने देखा कि इसाबेल ने विलियम की चिट्ठी मरोड़ डाली। अब वह ठहाके नहीं लगा रही थी। उसने एक-एक कर सबकी तरफ ताका; वह थकी-सी दिख रही थी। "नहीं, अभी नहीं। अभी नहीं," वह हकला रही थी।

और जब तक वे सारा माजरा समझ पाते, वह दौड़ती हुई घर में जा चुकी थी। वह हॉल से होती हुई जीने पर पहुँची और जीने से होती हुई बेडरूम में दाखिल हुई। वहाँ वह पलंग के एक किनारे बैठ गई। "कितनी कमीनी, कितनी घृणित, कितनी बदतमीजी-भरी हरकत है यह," इसाबेल बड़बड़ाई। उसने अपनी उँगलियों के पोरों से अपनी आँखें दबाईं और आगे-पीछे डोलने लगी। उसने एक बार फिर उन्हें देखा, लेकिन अब वे चार नहीं चालीस थे और जब वह खत पढ़ रही थी, वे ठहाके लगा रहे थे, हँसी उड़ा रहे थे और हाथ बढ़ा-बढ़ाकर ताने मार रहे थे। ओह, कितना घृणित काम किया उसने। कैसे वह कर पायी ! "जानेमन, खुदा न करे कि मैं तुम्हारी खुशियों की राह में आड़े आऊँ।" ओह, विलियम ! इसाबेल ने तकिए में अपना मुँह छिपा लिया। लेकिन उसने महसूस किया कि इस उदास कमरे को भी मालूम है कि वह कितनी छिछली, कितनी खोखली, कितनी बेकार...

तभी नीचे बाग से आवाजें आईं।

"इसाबेल, हम सब नहाने जा रहे हैं। तुम भी आओ।"

"आ जाओ विलियम की जोरू !"

"जाने से पहले उसे एक बार और पुकार लो, एक बार फिर पुकार लो !"

इसाबेल उठ बैठी। यही वह पल है जब उसे फैसला करना होगा। क्या वह उन लोगों के साथ जाएगी, या यहीं रहेगी और विलियम को खत लिखेगी। क्या, क्या करना चाहिए उसे ? "मुझे फैसला करना ही होगा।" ओह, तो भला यह भी कोई पूछने की बात है। बेशक वह यहीं रुकेगी और खत लिखेगी।

"टाइटेनिया !" मोइरा तेज आवाज में चीखी।

"इसा-बेल ?"

नहीं, यह बेहद मुश्किल है। "मैं—मैं उनके साथ जाउँगी, और विलियम को बाद में लिखूँगी। बाद में कभी। बाद में। अभी नहीं। लेकिन मैं जरूर लिखूँगी।"

और, अपने नए अन्दाज में हँसती हुई इसाबेल सीढ़ियों से उतरने लगी।

सफर

साढ़े आठ बजे पिक्टन के लिए जहाज रवाना होनेवाला था। जब वे टैक्सी से बाहर आए तो उन्होंने पाया कि रात खूबसूरत है, मन्द हवा बह रही है और आसमान में तारे झिलमिला रहे हैं। वे बन्दरगाह की ओर चलने लगे। तभी समुद्र की सतह को छूती हुई हल्की-सी हवा सरसराती हुई फेनेला के हैट के नीचे से गुजरी और उसने फड़फड़ाते हैट को उड़ने से बचाने के लिए उस पर हाथ रख दिया। जहाज घाट पर अँधेरा था, घटाटोप अँधेरा; ऊन के गोदाम, मवेशियों से लदे ट्रक, ऊँचे-ऊँचे क्रेन, चपटा-सा रेल इंजन, सभी घने अँधेरे में घुल-मिल गए प्रतीत हो रहे थे। यहाँ-वहाँ लकड़ी के गोल खम्भों पर, जो बड़े-से स्याह कुकुरमुत्ते की डंडी जैसे लग रहे थे, एक लालटेन लटकी थी। लेकिन ऐसा लगता था कि वह इस घुप्प अँधेरे में अपनी कमजोर टिमटिमाती रोशनी फैलाने से डर रही हो। वह धीरे-धीरे जल रही थी जैसे खुद के लिए जल रही हो और उसे किसी दूसरे से मतलब नहीं हो।

फेनेला के पिता घबराए हुए-से तेज कदम उठा रहा था। उसके साथ फेनेला की दादी हड़बड़ाती हुई चल रही थी। वह काला मर्दाना ओवरकोट पहने थीं जिसकी फटफट की आवाज आ रही थी। वे इतना तेज चल रहे थे कि उसे बार-बार दौड़ लगानी पड़ती थी। फेनेला अपने कन्धों पर सामान उठाए और साथ ही दादी माँ की छतरी भी सँभाले थी। छतरी की मूठ हंस के सिर की शक्ल की थी जो बार-बार उसके कन्धे पर टहोके मार रहा था जैसे वह भी उससे तेज-तेज चलने को कह रहा हो... बेतरतीब अन्दाज में टोपियाँ पहने और उलझे लिबास में मर्द लपक रहे थे; कपड़ों से लदी औरतें उनके पीछे घिसट रही थीं; और सफेद ऊनी शॉल में पूरी तरह लिपटा एक नन्हा बच्चा माँ और बाप के बीच नाराजगी के साथ झटके खाता डोल रहा था। बच्चे की सिर्फ स्याह बाँहें और टाँगें शॉल से झाँक रही थीं और वह मक्खन में जा गिरी किसी मक्खी की तरह दिख रहा था।

तभी अचानक ऊन के सबसे बड़े गोदाम के पीछे से एक जोरदार आवाज हुई, "या-ऊ-ऊ-उ-उ !" इसी के साथ धुएँ की एक मीनार आसमान में खड़ी हो गई। यह

इतना अचानक हुआ कि फेनेला और उसकी दादी दोनों उछल पड़ीं।

"पहली सीटी," उसके पिता ने उन्हें आगाह किया, और तभी पिक्टन जानेवाला जहाज उन्हें दिखाई दिया। गोल सुनहरी रोशनियों से जड़ा जहाज अँधेरे घाट पर खड़ा दमक रहा था और ऐसा लगता था मानो वह ठंडे समुद्र की जगह सितारों के बीच सफर करने के लिए तैयार हो। लोग ऊपर जानेवाले रास्ते पर धक्का-मुक्की करते चले जा रहे थे। पहले दादी चढ़ी, फिर पिता और तब फेनेला। डेक पर का चबूतरा थोड़ा ऊँचा था, और वहाँ जर्सी पहनकर खड़े एक बूढ़े नाविक ने उसकी मदद के लिए अपना खुश्क और सख्त हाथ बढ़ाया। अब वे जहाज पर थे और हड़बड़ाते लोगों की भीड़ से अलग थे। वे लोहे की एक छोटी-सी सीढ़ी के नीचे खड़े थे जो ऊपरी डेक तक जाती थी। उन्होंने विदा लेना शुरू किया।

"ये रहा, अम्मा, ये रहा आपका सामान !" फेनेला के पिता ने गोल लपेटी हुई एक और गठरी थमाते हुए कहा।

"शुक्रिया, फ्रैंक।"

"और आपने अपने टिकट तो सँभाल कर रख लिये ना ?"

"हाँ।"

"और तुम्हारे दूसरे टिकट ?"

दादी माँ ने दस्तानों को टटोला और उनकी तरफ इशारा किया।

"हाँ, यह ठीक है।"

वह खुद को कठोर दिखाने की कोशिश कर रहा था, लेकिन उसे गहरी नजरों से देखती फेनेला ने पाया कि वह थका हुआ और उदास है। "और कुछ ?"

फेनेला ने देखा कि उसके पिता के लब हिल रहे हैं, "पापा को मेरा सलाम कहना।" और जबर्दस्त उत्तेजना से गुजर रही उसकी दादी ने कहा, "बेशक मेरे लाडले ! अब तुम जाओ। तुम लौट नहीं पाओगे। फ्रैंक, अब तुम जाओ। अब जाओ।"

"अरे माँ, परेशान मत होओ। अभी तीन मिनट बाकी हैं।" फेनेला की हैरत की इन्तहा नहीं रही जब उसने देखा कि उसके पिता ने अपना हैट उतार लिया और दादी माँ को अपनी बाँहों में भींच लिया। उसने सुना वह कह रहा था, "खुदा हाफिज, माँ !"

और दादी ने काले धागेवाले बोसीदा हो चुके दस्ताने से ढँका अपना हाथ अपने बेटे के गाल पर रख दिया और सुबकने लगीं। "खुदा तुम्हारी हिफाजत करे, मेरे बहादुर बच्चे !"

यह मंजर इतना परेशान करनेवाला था कि फेनेला ने तेजी से पलटकर दूसरी तरफ देखना शुरू कर दिया। उसने अपने हलक में आया थूक गटका और मस्तूल के सिर से चिपके एक हरे सितारे को घूरते हुए त्यौरियाँ चढ़ाने लगी। लेकिन तभी उसे

घूमना पड़ा। उसका पिता जा रहा था।

"गुड बाई, फेनेला। अच्छी लड़की की तरह रहना।" उसकी ठंडी नम मूँछ ने उसके गालों को सहलाया। फेनेला ने उसके कोट के गिरेबान को धीरे से पकड़ लिया।

"मुझे वहाँ कब तक रहना है ?" उसने सरगोशियों में पूछा। फेनेला की आवाज से परेशानी झलक रही थी। लेकिन उसने बेटी की तरफ निगाह नहीं की। उसने बड़ी नर्मी से उसे हिलाया और नर्म लहजे में कहा, "हम इस पहलू पर गौर करेंगे। अच्छा अपना हाथ लाओ।" उसने उसकी हथेली में कोई चीज दबाई। "यह एक शिलिंग है, तुम्हारे काम आएगा।"

पैसा ! तो इसका मतलब है कि वह हमेशा के लिए जा रही है ! "पापा !" वह चिल्लाई। लेकिन वह जा चुका था। वह जहाज से उतरनेवाला आखिरी आदमी था। नाविकों ने सीढ़ी हटा ली। काली रस्सी का एक बहुत बड़ा कुंडल हवा में उछाला गया जो घाट पर एक जोरदार आवाज के साथ गिरा। एक घंटा टनटनाया और एक सीटी बजी। खामोशी के साथ अँधेरा घाट पीछे की तरफ सरकने लगा, खिसकने लगा, उनसे दूर जाने लगा। अब घाट और जहाज के बीच पानी का तेज बहाव था। फेनेला ने उधर देखने की भरपूर कोशिश की। क्या पापा पीछे नहीं मुड़े होंगे ?—या हाथ हिला रहे होंगे ?—या तन्हा खड़े होंगे ?—या सिर झुकाए जा रहे होंगे ? घाट और जहाज के बीच की पानी की पट्टी चौड़ी होती जा रही थी। अब जहाज ने समुद्र की तरफ तेजी से जाना शुरू कर दिया था। अब तट की तरफ देखने से कोई फायदा नहीं था। वहाँ कुछ प्रकाश बिन्दुओं के सिवा, घंटाघर के धुँधले साये और स्याह पहाड़ों पर रोशनी के कुछ धब्बों के सिवा अब कुछ दिख भी नहीं रहा था।

ताजा हवा के झोंकों ने फेनेला के स्कर्ट को झटका दिया। वह दादी के पास लौट गई। उसे यह देखकर इत्मीनान हुआ कि दादी उदास नहीं दिख रही थीं। वह दोनों गठरियों को एक-दूसरे पर रखकर उसके ऊपर खुद बैठ गई थीं। उन्होंने अपने दोनों हाथ आपस में बाँध रखे थे और उनकी गर्दन एक तरफ झुकी थी। उनके चेहरे पर गहरी दमक थी। फेनेला ने देखा कि उनके लब हिल रहे हैं। वह समझ गई कि दादी दुआ माँग रही हैं। लेकिन उन्होंने उसे देखकर सिर हिलाया जैसे वह इशारा कर रही हों कि दुआ अब खत्म ही होनेवाली है। उन्होंने हाथ खोले, आह भरी और फिर हाथ बाँध लिये और आगे की तरफ झुककर खुद को एक हल्का-सा झटका दिया।

"और अब मेरी बच्ची," उन्होंने अपनी गर्दन छूते हुए कहा, "मैं समझती हूँ कि हमें अपना केबिन देख लेना चाहिए। तुम मेरे साथ-साथ रहो और खबरदार मुझसे अलग मत होना।"

"जी, दादी।"

"और हाँ, यह ख्याल रखना कि सीढ़ी की रेलिंग में फँसकर कहीं छतरी न टूट

जाए। जब मैं ऊपर आ रही थी तो मैंने देखा कि किसी की एक बेहद खूबसूरत छतरी टूटी पड़ी थी।"

"जी, दादी।"

रेलिंग से मर्द चिपके थे और उनके बस स्याह साये दिख रहे थे। उनके सुलगते पाइप के शोलों में किसी की नाक चमकी तो किसी की टोपी का सिरा और किसी की अजीबोगरीब भवें। फेनेला ने उन्हें देखा। दूर एक छोटी-सी आकृति हवा में टँगी-सी खड़ी थी। वह अपने जैकेट की जेब में अपना हाथ घुसेड़े समुद्र की तरफ ताक रहा था। जहाज थोड़ा डगमगाया और उसे लगा कि तारे भी थोड़ा लड़खड़ाए हैं। तभी एक जर्द चेहरेवाला परिचारक लिनेन का कोट पहने और एक ट्रे उठाये दरवाजे से दाखिल हुआ और लहराता हुआ-सा उनके बगल से गुजर गया। दोनों उसी दरवाजे से घुसीं। वे बड़े एहतियात के साथ ताँबा मढ़े पायदानों पर कदम रखते हुए रबड़ के कालीन तक पहुँचीं। फिर उन्हें इतनी सीधी सीढ़ियों पर उतरना पड़ा कि दादी तो हर पायदान पर अपने दोनों पाँव रखतीं। फेनेला ने ताँबे की रेलिंग को मजबूती से थाम रखा था। हंस के सिर जैसी मूठवाली छतरी की बात अब उसके जेहन से निकल चुकी थी।

नीचे दादी रुकीं। फेनेला डरी कि कहीं दादी माँ फिर दुआ माँगने तो नहीं जा रही हैं। लेकिन नहीं, वह बस टिकट निकालने के लिए रुकी थीं। वे अब सैलून में थे। रोशनी बहुत तेज थी और माहौल दमघोंटू था। हवा में पेंट की और जली हुई हड्डियों की और रबड़ के जलने की बू थी। फेनेला मना रही थी कि जितनी जल्द हो सके, दादी वहाँ से निकल चले। लेकिन दादी जल्दबाजी में नहीं दिख रही थीं। उनकी निगाह वहाँ रखी हैम सैंडविचों से भरी टोकरी पर गड़ी थी। वह वहाँ गई और बड़ी नफासत से सैंडविच को छुआ।

"भैया, कैसे दे रहे हो सैंडविच ?" दादी ने पूछा।

काँटा-छुरी को बड़े जोर से पटकते हुए उजड्ड नौकर चीखा, "दो पेंस !"

दादी को यकीन नहीं आया।

"दो पेंस में एक ?" उसने पूछ लिया।

"हाँ जी," नौकर ने जवाब दिया और अपने सहयोगी को आँख मार दी।

दादी के चेहरे से आश्चर्य झलक रहा था। वह फेनेला की तरफ मुँह करते हुए फुसफुसाई, "यह तो सरासर डकैती है !" दोनों दरवाजे की तरफ बढ़ गईं। वे अब एक गलियारे में थीं जिसकी दोनों तरफ केबिन बने थे। तभी एक अच्छी-सी परिचारिका उनके पास पहुँची। वह नीले रंग की वर्दी पहने थी और उसके कालर और आस्तीन में ताँबे के बड़े-बड़े बटन लगे थे। ऐसा लगता था जैसे वह दादी को अच्छी तरह जानंती हो।

"अच्छा, मिसेज क्रेन," उसने केबिन का ताला खोलते हुए कहा, "आप एक बार

फिर हमारे साथ हैं। ऐसा अकसर नहीं होता है कि आप केबिन लेती हों।"

"नहीं," दादी ने जवाब दिया। "लेकिन इस बार मेरे बेटे ने सोचा..."

"मैं उम्मीद करती हूँ..." परिचारिका ने कहना शुरू किया। तभी वह मुड़ी और उसने दादी की काली पोशाक और फेनेला के काले कोट, काली स्कर्ट, काले ब्लाउज और हैट में लगे क्रेप के गुलाब पर एक लम्बी और गमगीन निगाह डाली।

दादी ने सिर हिलाया। "यह खुदा की मर्जी थी," उन्होंने आहिस्ता से कहा।

परिचारिका ने अपने होंठ बन्द कर लिये। उसने एक लम्बी साँस ली।

"मैं हमेशा कहती हूँ," उसने कुछ इस अन्दाज में कहा जैसे यह खास उसकी खोज हो, "देर-सबेर हममें से हरेक को जाना है और यही नियम है।" वह साँस लेने के लिए रुकी। "मिसेज क्रेन, क्या मैं आपके लिए कुछ लाऊँ ? एक कप चाय ? मैं जानती हूँ कि ठंड भगाने के लिए आपको कुछ देने से कोई फायदा नहीं।"

दादी ने इनकार में सिर हिलाया। "शुक्रिया, हमें कुछ नहीं चाहिए। हमारे पास अंगूरी बिस्कुट है, और फेनेला के पास एक केला है।"

"मैं आपके पास बाद में आऊँगी," परिचारिका ने कहा। वह दरवाजा बन्द करते हुए वहाँ से चली गई।

कितना छोटा केबिन है यह ! ऐसा लगता है कि दादी के साथ किसी बक्से में बन्द कर दिया गया हो। वाश-बेसिन के ऊपर काली गोल आँखें जैसे उनको घूरती हुई चमक रही हों। फेनेला को शर्म आ रही थी। वह दरवाजे के करीब खड़ी थी। वह अब भी अपना सामान और छतरी अपने हाथों में पकड़े हुए थी। क्या वे यहीं कपड़े बदलेंगी ? दादी को उसने कभी नंगे सिर नहीं देखा था। वह विचित्र दिख रही थीं।

"मैं तुम्हारी माँ का क्रोशिये पर बुना मफलर लपेट लूँगी," दादी ने कहा और अपनी पोटली खोलकर उसे निकाला और सिर पर लपेट लिया। उनके छोटे-छोटे बालों के गुच्छे उनकी भवों के इर्द-गिर्द नाच रहे थे। वह बड़ी सहज लेकिन उदास निगाहों से फेनेला को ताक रही थीं। तभी उन्होंने अपनी चोली उतारी; फिर उसके नीचे से कुछ उतारा; और फिर उसके नीचे से एक और चीज उतारी। दादी के चेहरे पर शर्म की हल्की-सी लाली दौड़ गई। उन्होंने अपनी अँगिया खोली। उन्होंने राहत की एक लम्बी साँस ली और फिर नरम और आरामदेह सोफे पर बैठते हुए इलास्टिक वाले अपने बूट उतारे और दोनों बूटों को करीने से अगल-बगल रखा।

जब तक फेनेला अपना कोट और स्कर्ट उतारती और फलालेन का अपना ड्रेसिंग गाउन पहनती दादी पूरी तरह तैयार हो चुकी थीं।

"दादी, क्या मुझे भी अपने बूट उतारने होंगे ? ये तो फीतेवाले हैं।"

दादी पहले तो कुछ पल सोचती रहीं। फिर बोलीं, "मेरी बच्ची, अगर तुम उतार दोगी तो तुम्हें बहुत आराम मिलेगा। उन्होंने फेनेला के गाल चूमे। "प्रार्थना करना मत

भूलना। धरती से ज्यादा समुद्र में ईश्वर हमारे साथ होता है। और चूँकि मैं एक तजुर्बेकार मुसाफिर हूँ," दादी जल्दी-जल्दी बोली। "इसलिए मैं ऊपरवाला बर्थ लूँगी।"

"लेकिन, दादी, तुम उतना ऊपर कैसे चढ़ पाओगी ?"

फेनेला ने देखा ऊपर चढ़ने के लिए मकड़े जैसे तीन पतले-पतले डंडोंवाली एक सीढ़ी थी। बूढ़ी औरत मन ही मन हँसी और बड़ी फुर्ती से धड़ाधड़ चढ़ती हुई ऊपरी बर्थ पर पहुँच गई। फेनेला की हैरत की इन्तहा नहीं रही।

"तुम सोचती थी कि तुम्हारी दादी ऊपर नहीं चढ़ सकती, है ना ?" उन्होंने कहा। और जब वह बर्थ पर लेट गईं तो फेनेला को फिर से उनकी हँसी सुनाई दी।

साबुन के भूरे और सख्त टुकड़े से कोई झाग नहीं उठ रहा था। बोतल में रखा पानी नीले रंग की जेली की तरह दिख रहा था और कितना मुश्किल था उन कड़क कलफ लगी चादरों को खिसकाना। उन्हें चीरकर उनमें घुसना पड़ता था। कुछ और माजरा होता तो फेनेला के मुँह से खी-खी की आवाज निकल पड़ी होती। आखिरकार वह चादर के अन्दर घुसने में कामयाब रही। और जब वह वहाँ हाँफती-काँपती पड़ी थी, उसे फुसफुसाहट की लम्बी और मद्धिम आवाज सुनाई दी, जैसे कोई धीरे-धीरे टिश्यू पेपर खिसका रहा हो। यह दादी थीं जो सोने से पहले दुआ माँग रही थीं...

काफी समय बीत गया। तभी परिचारिका वहाँ पहुँची। वह दबे कदमों से आगे बढ़ी। उसने आहिस्ता से दादी की बर्थ पर हाथ रखा।

"हम जलडमरूमध्य में बस प्रवेश करने ही वाले हैं," उसने खबर दी।

"ओह !"

"यह एक खूबसूरत रात है। लेकिन जहाज ज्यादातर खाली है। इसलिए हल्के झटके लग सकते हैं।"

और सचमुच उसी पल जहाज उठा और उठता चला गया। वह हवा में इतनी देर तक टँगा रहा कि जिस्म में कँपकँपी दौड़ गई और फिर वह नीचे चला आया। नौका के किनारों से पानी के जोरदार थपेड़ों के टकराने की आवाज फिजा में गूँज रही थी। तभी फेनेला को याद आया कि उसने हंस के सिर जैसी मूठवाली अपनी छतरी बाहर खड़ी कर दी थी। क्या गिरने पर वह टूट जाएगी ? ठीक उसी वक्त दादी को भी यही ख्याल आया।

"सुनो बेटी, अगर तुम्हें एतराज नहीं हो तो मेरी छतरी लेती आओ," वह फुसफुसाई।

"अरे नहीं मिसेज क्रेन, भला मुझे क्या एतराज होगा।" परिचारिका छतरी लेकर लौटी और एक लम्बी साँस लेती हुई बोली, "तुम्हारी नन्ही पोती खूब गहरी नींद में सोई है।"

"बस ऊपरवाले की कृपा है," दादी ने जवाब दिया।

"बेचारी बिन माँ की बेटी !" परिचारिका ने आह भरी। फेनेला सोई हुई थी और दादी परिचारिका को बता रही थीं कि सब कुछ कैसे हुआ।

लेकिन फेनेला ज्यादा देर तक सोई नहीं रही। वह जागी और उसे लगा जैसे कोई चीज उसके सिर के ऊपर मँडरा रही है। क्या चीज है यह ? क्या हो सकती है ? यह एक छोटा भूरा पाँव था। अब एक और पाँव उसमें शामिल हो गया। ऐसा लग रहा था जैसे ये पाँव किसी चीज की तलाश कर रहे हों। तभी लम्बी आह भरने की आवाज आई।

"दादी, मैं जाग चुकी हूँ," फेनेला ने कहा।

"ओह, बेटी, क्या मैं सीढ़ी के नजदीक हूँ ?" दादी ने पूछा। "मुझे लगा कि यह इस कोने में है।"

"नहीं, दादी, यह दूसरे कोने पर है। मैं आपके पाँव उस पर रख देती हूँ। क्या हम पहुँच चुके हैं ? फेनेला ने सवाल किया।

"हम गोदी में पहुंच चुके हैं," दादी ने जवाब दिया। "बेटी, हमें अब उठ जाना चाहिए। बेहतर होगा अगर तुम खुद को ताजादम करने के लिए चलने से पहले एकाध बिस्कुट खा लो।"

लेकिन फेनेला को बर्थ से निकलने की जल्दबाजी थी। रात बीत चुकी थी, पर लैम्प अब भी जल रहा था। हवा में ठंडक थी। गोल खिड़की से झाँकते हुए वह दूर चट्टानों के पार देखने की कोशिश कर रही थी। कभी ये चट्टानें समुद्र के फेन में तैरती दिखतीं तो कभी उनके ऊपर से कोई समुद्री पक्षी लहराता हुआ गुजर जाता। और तभी जमीन का एक लम्बा टुकड़ा उसकी निगाहों के सामने आया।

"दादी, जमीन आ गई," हैरत में डूबी फेनेला कुछ इस तरह बोली जैसे वे कई हफ्तों से समुद्र में ही हों। उसने अपने इर्द-गिर्द अपनी बाँहें लपेट ली। वह एक पैर पर खड़ी हो गई और दूसरे पैर की एड़ी से अपना पाँव सहलाने लगी। वह काँप रही थी। ओह कितनी उदासी छाई है। क्या इसमें कोई तब्दीली आएगी ? लेकिन उसकी दादी ने बस इतना ही कहा, "बेटा, ज़ल्दी करो। तुमने इतना बढ़िया केला नहीं खाया और अब मुझे उसे परिचारिका के लिए छोड़ जाना होगा।" फेनेला ने अपने काले कपड़े फिर से पहन लिये। उसके दस्ताने का एक बटन टूटकर वहाँ लुढ़क गया जहाँ तक वह पहुँच नहीं पा रही थी। वे डेक पर पहुँचे।

अगर केबिन में सर्दी थी तो डेक पर बर्फीली ठंडक का राज था। सूरज अभी नहीं निकला था, लेकिन तारे धुँधलाने लगे थे, और ठंडे जर्द आसमान का रंग भी ठंडे जर्द समुद्र जैसा ही था। उधर जमीन पर सफेद कुहासा आ-जा रहा था। अब वे स्याह झाड़ियों को देख सकती थीं। छतरीनुमा फर्न और कंकाल की तरह दिखनेवाले उन अजीबोगरीब दरख्तों तक का आकार अब साफ दिखने लगा था...अब वे उस जगह

को देख सकती थीं जहाँ उनका जहाज लगनेवाला था। वहाँ पर छोटे-छोटे कुछ मकान, वे भी जर्द दिख रहे थे, किसी डिब्बे के ढक्कन पर जड़ी सीपियों की तरह आपस में गुत्थम-गुत्था पड़े थे। दूसरे मुसाफिर ऊपर-नीचे कर रहे थे, लेकिन कल रात के मुकाबले उनकी रफ्तार धीमी थी और उनके चेहरों से उदासी झलक रही थी।

जहाज से उतरने के लिए बना लकड़ी का प्लेटफार्म उनकी ओर आ रहा था। वह धीरे-धीरे तैरते हुए जहाज तक पहुँचा। वहाँ एक आदमी मोटे रस्से का कुंडल लिये खड़ा था। पास ही लार टपकाते एक घोड़े के साथ एक गाड़ी भी थी और एक आदमी सीढ़ी पर बैठा था।

"फेनेला, ये मिस्टर पेनरेडी हैं। हमारे लिए आए हैं।" दादी ने बताया। वह खुश जान पड़ती थी। उसका सफेद मोमी गाल ठंड से नीला पड़ गया था और उसकी ठुड्डी काँप रही थी। उसे अपनी आखों और छोटी-सी सुर्ख नाक को लगातार पोंछते रहना पड़ रहा था।

"तुम ले आई हो ना मेरा..."

"हाँ, दादी।" फेनेला ने उसे छाता दिखाया।

रस्सा हवा में लहराता आया, और धप्प की आवाज के साथ डेक पर गिरा। सीढ़ी नीचे की गई। एक बार फिर फेनेला अपनी दादी के पीछे-पीछे घाट की तरफ चल दी। पल भर बाद वे बाहर थे। ठिगने घोड़े के खुर लकड़ी के पटरों पर टप-टप करते हुए चले और फिर रेतीली सड़क में जाकर आहिस्ता से जज्ब हो गए। दूर-दूर तक किसी का नामो-निशान नहीं था, आसमान में कहीं धुएँ का एक कतरा तक नहीं तैर रहा था। कुहासा उठ और गिर रहा था और साहिल की तरफ हौले-हौले कदम बढ़ाता समुद्र अब भी सोया जान पड़ता था।

"मैंने कल मिस्टर क्रेन को देखा था," मि. पेनरेडी ने कहा। "वह अपने-आप में गुम दिख रहे थे। मेरी पत्नी ने पिछले हफ्ते उन्हें ढेर सारी मीठी रोटी भिजवाई थी।"

अब नन्हा घोड़ा सीपी से दिखनेवाले घरों में से एक के सामने खड़ा था। वे घोड़ागाड़ी से नीचे उतर आए। फेनेला ने अपना हाथ फाटक पर रखा, और शबनम के लरजते हुए बड़े कतरे उसके दस्ताने के सिरे में जाकर जज्ब हो गए। सामने सफेद कंकड़ियाँ बिछी एक पतली-सी पगडंडी आगे तक चली गई थी जिसकी दोनों तरफ शबनम के कतरों से तरबतर उनींदे फूल थे। दादी के पिकोटी के नाजुक सफेद फूल ओस के बोझ से नीचे गिर पड़े थे, लेकिन इस ठंडी सुबह में उनकी प्यारी खुशबू अपना अहसास दिला रही थी। छोटे-से घर की चिक गिरी हुई थी। वे बरामदे में पहुँचे। वहाँ दरवाजे की एक तरफ चमड़े के पुराने जूतों की एक जोड़ी पड़ी थी और दूसरी तरफ पौधों में पानी डालने का बड़ा-सा लाल डिब्बा था।

"च्च ! च्च ! तुम्हारे दादा भी," दादी ने कहा। उन्होंने दरवाजे का हैंडल घुमाया।

कोई आवाज नहीं हुई। उन्होंने पुकारा, "वाल्टर !" और तुरन्त ही एक घुरघुराती-सी आवाज ने जवाब दिया, "क्या यह तुम हो, मैरी ?"

"आ रही हूँ, प्यारे," दादी माँ ने कहा। "अन्दर जाओ।" उन्होंने फेनेला को हौले से एक छोटे अँधेरे कमरे में धकेला।

मेज पर ऊँट की तरह पसरी एक सफेद बिल्ली उठी। कसमसाते हुए उसने जम्हाई ली और फिर उछलकर अपने पंजों पर खड़ी हो गई। फेनेला ने अपने ठंडे हाथ को बिल्ली के सफेद और गर्म रोओं में घुसाया और झेंपते हुए मुस्कुराई। उसने बिल्ली को हौले से थपथपाया और गौर से दादी की नरम आवाज और दादा की गूँजती आवाज को सुनने लगी।

दरवाजा चरमराया। "अन्दर चली आओ," बूढ़ी ने अन्दर आने का इशारा किया और फेनेला ने उस पर अमल किया। अन्दर कमरे में एक विशाल पलंग पर एक तरफ दादा लेटे थे। कम्बल के बाहर सिर्फ बालों के सफेद गुच्छे से ढँका उनका सिर और उनका सुर्ख चेहरा दिख रहा था जिस पर सफेद दाढ़ी चाँदी की तरह चमक रही थी। वह किसी चौकस-चौकन्ने बूढ़े परिन्दे की तरह दिख रहे थे।

"बहुत खूब मेरी बच्ची !" दादा ने कहा। "आओ मुझे एक पप्पी दो !" फेनेला ने उन्हें पप्पी दी। "उहुँ !" दादा ने कहा, "इसकी नाक एकदम ठंडी है। यह क्या पकड़े है ? दादी की छतरी ?"

फेनेला फिर मुस्कुरा पड़ी। उसने पलंग पर हंस के सिर जैसी मूठवाली छतरी रख दी। पलंग के ऊपर गहरे स्याह रंग के फ्रेम में मढ़ा एक मजमून था :

> "खो गया ! हीरे जैसे साठ मिनटों से जड़ा एक सुनहरा घंटा। ढूँढ़नेवाले को कोई इनाम नहीं मिलेगा क्योंकि यह हमेशा के लिए खो चुका है !"

"तुम्हारी दादी ने बनाया है इसे," दादा बोले और फिर अपने बालों में हाथ फिराते हुए इस कदर खुशी से उन्होंने फेनेला को देखा कि उसे लगा कि उन्होंने आँख मारी है।

मिस ब्रिल

वह एक शानदार सुबह थी। नीले आकाश पर सोना और रोशनी के बड़े टुकड़े कुछ इस तरह बिखरे थे जैसे जार्डिन्स पब्लिक्स पर सफेद शराब बिखेर दी गई हो... फिर भी मिस ब्रिल खुश थी कि उसने अपना फर का कोट ले जाने का फैसला किया था। हवा थमी हुई थी, लेकिन आप जैसे ही मुँह खोलते, एक हल्की-सी कँपकँपी होती—वैसी ही जैसी बेहद ठंडे पानी को हलक से उतारने से पहले होती है। जब-तब न जाने कहाँ से आसमान से कोई पत्ता तैरता हुआ चला आता। मिस ब्रिल ने अपने फर को स्पर्श किया। क्या शानदार चीज है ! कितना अच्छा लगता है उसे बार-बार छूना। उसने कल शाम उसे अपने बक्से से निकाला था। कीड़ों से बचाने के लिए उस पर डाला गया पाउडर झाड़ा था, उस पर खूब कसकर ब्रश मारा था और रगड़-रगड़कर उसकी बुझी-बुझी-सी नन्ही आँखों में नूर वापस लाया था "ओह, यह क्या हो रहा है मुझे," नन्ही उदास आँखों ने कहा। ओह, कितना अच्छा लगता है सुर्ख कम्बल पर पड़े हुए उसे देखना !...वह उसे उठा सकती थी और अपनी गोद में रखकर उसे सहला सकती थी। उसने अपने हाथों और बाँहों में झुनझुनी महसूस की, लेकिन उसने सोचा कि ऐसा चलने-फिरने से हो रहा है। और जब उसने गहरी साँस ली, कोई हल्की और उदास—नहीं, उदास नहीं—कोई नरम-सी चीज उसे अपने सीने में चलती महसूस हुई।

इस शाम ढेर सारे लोग बाहर निकले थे, पिछले इतवार के मुकाबले बहुत ज्यादा। बैंड की आवाज ज्यादा तेज थी और वह खूब लहक-लहककर संगीत बिखेर रहा था। दरअसल अब सीजन शुरू हुआ था। हालाँकि बैंड साल-भर इतवार के दिन अपना संगीत बिखेरता था, लेकिन सीजन न होने पर वह बात नहीं होती थी। यह वैसी ही बात थी जैसे बैंड किसी एक परिवार के लिए बज रहा हो। जब सुननेवालों में कुछ बाहर के लोग न हों तो वादकों का इस पर कतई ध्यान नहीं होता कि बज कैसे रहा है। क्या मुख्य वादक ने भी नया कोट नहीं पहन रखा है ? मिस ब्रिल को पक्का यकीन था कि कोट नया है। उसने अपने पाँव से फर्श कुरेदा और कुकड़ूकूँ की आवाज बुलन्द

करनेवाले किसी मुर्गे की तरह अपनी बाँहों को फड़फड़ाया और सब्ज गोल घेरे में बैठे दूसरे साजिन्दों ने गाल फुलाए और सामने रखी संगीत लिपि पर निगाहें जमाईं। तभी बाँसुरी की एक छोटी-सी दिलफरेब धुन फिजा में उभरी। उसे यकीन था कि यह धुन फिर दोहराई जाएगी। धुन दोहराई गई; उसने अपना सिर बुलन्द किया और मुस्कुरा दी।

सिर्फ दो लोग उसकी "खास" बेंच में हिस्सेदारी कर रहे थे। उनमें से एक मखमल का कोट पहने एक नफीस बूढ़ा आदमी था जिसने अपने हाथ में सैर की एक बड़ी-सी छड़ी थाम रखी थी। दूसरी एक लम्बी-सी बूढ़ी औरत थी। वह तनकर सीधी बैठी थी। उसके कशीदाकारी किए हुए एप्रन में बुनाई का एक गोला रखा था। वे कुछ बोल नहीं रहे थे। मिस ब्रिल को इससे मायूसी हुई क्योंकि वह हमेशा गुफ्तगू के लिए उत्सुक रहती। उसने सोचा वह सुनने के मामले में विशेषज्ञ हो गई है, लेकिन हकीकतन वह सिर्फ सुनने का भ्रम बनाती। उसे अच्छा लगता था लोगों की जिन्दगी में चन्द पलों के लिए घुसपैठ कर जाना जबकि वे उसके इर्द-गिर्द बातचीत कर रहे होते।

उसने आँखों के किनारे से बूढ़े दम्पति को देखा। शायद वे अब जल्दी ही चले जाएँगे। पिछला इतवार भी हस्बमामूल इसी तरह मजेदार नहीं रहा था। एक अंग्रेज मर्द और उसकी बीवी थी। मर्द एक भयानक-सा पनामा हैट पहने था जबकि उसकी बीवी बटनोंवाला बूट। और वह सारा वक्त यही बतियाती रही कि वह चश्मा पहनना चाहती है : उसे मालूम है कि उसे चश्मों की जरूरत है; लेकिन उसे खरीदने से ज्यादा फायदा नहीं; जरूर ही टूट जाएगा और सही-सलामत नहीं बचेगा ! उसके पति के सब्र की तो कोई इन्तहा ही नहीं थी। उसने उसे हर तरह की सलाह दे डाली—सुनहरे फ्रेम वाले चश्मे की, वैसा जो आपकी आँखों के पास जाकर मुड़ जाता है, उसमें नन्हे पैड लगे होते हैं जो नाक को तकलीफ नहीं पहुँचाते हैं। नहीं, कोई भी चीज उसे खुश नहीं कर सकती। "वह हमेशा मेरी नाक पर सरकता रहेगा !" मिस ब्रिल को लगा था कि उस औरत को झिंझोड़कर रख दे।

बूढ़े दम्पति बेंच पर बैठे थे, एकदम किसी बुत की तरह दम साधे। कोई बात नहीं, भीड़ को तो देखा ही जा सकता है। फूलों की क्यारियों और बैंड के घेरे के सामने जोड़े और लोगों के झुंड टहल रहे थे। वे एक-दूसरे से गप-शप करने, एक-दूसरे का अभिवादन करने या फिर बूढ़े भिखारी से फूल खरीदने के लिए रुक रहे थे। उनके बीच बच्चे खिलखिलाते और चहकते हुए उछल-कूद रहे थे। नन्हे लड़के रेशमी बो लगाए थे, और नन्ही लड़कियाँ, नन्ही फ्रांसीसी गुड़ियाँ मखमल और लेसों में सजी-धजी थीं। और कभी-कभी पेड़ों के नीचे से दौड़ता कोई एकदम नन्हा बच्चा अचानक ही खुले में आ जाता और फिर एक जगह थमकर लोगों को ताकता और धड़ाम से बैठ जाता जबकि ऊँची एड़ियोंवाली जूतियाँ खटखटाती उनकी माँएँ उनके बचाव के लिए

किसी जवान मुर्गी की तरह लपकतीं। दूसरे लोग बेंचों और हरी कुर्सियों पर बैठे थे, लेकिन हर बार लगभग वही लोग वहाँ बैठे रहते थे। इतवार-दर-इतवार–और मिस ब्रिल ने अकसर गौर किया है–लगभग सभी में कुछ मजेदार चीज थी। वे विचित्र थे, शान्त, लगभग सभी बूढ़े थे और जिस तरह वे घूरा करते उससे ऐसा लगता जैसे वे अभी-अभी किसी छोटे-से अँधेरे कमरे या यहाँ तक कि किसी अलमारी से निकल कर आए हों !

गोल घेरे के पीछे पतले पेड़ों का झुंड था जिनसे पीले-पीले पत्ते टपक रहे थे। और उसके पीछे समुद्र दिख रहा था और सबसे पीछे नीला आसमान था जिस पर सुनहरे रेशोंवाले बादल तैर रहे थे।

डम-डम-डम डमा-डम ! डम-डम ! टूँ-टूँ टीं-टाँ ! बैंड बज रहा था।

सुर्ख लिबास पहने दो नौजवान लड़कियाँ टहलती हुई आईं और नीले लिबास में दो नौजवान फौजी उनसे मुखातिब हुए। उन्होंने खुशगप्पियाँ की और जोड़े बनाए और बाँहों में बाँहें डाले चल दिए। तिनकों का बना अजीब-सा हैट पहने दो किसान औरतें बड़े रुआब से वहाँ से गुजरीं। उनके पीछे धूसर रंग के गधे थे। तभी एक शुष्क जर्द नन वहाँ से गुजरी। एक खूबसूरत औरत आई और उसने गुल बनफ्शा के अपने फूलों के गुच्छे को गिरा दिया, और एक नन्हा लड़का उसे सौंपने के लिए दौड़ा, और उसने उसे ले लिया और फिर एक तरफ फेंक दिया जैसे वह जहरीला हो गया हो। मिस ब्रिल को समझ में नहीं आ रहा था कि उसकी तारीफ करे या नहीं ! और तभी उसके ठीक सामने सफेद फर का कोट और हैट पहने एक औरत और भूरा सूट पहने एक पुरुष मिले। पुरुष लम्बा, अकड़ा-सा और आन-बानवाला था और औरत सफेद फर का कोट और हैट पहने थी जो उसने तब खरीदा था जब उसके बाल जर्द थे। अब हर चीज, उसके बाल, उसका चेहरा, यहाँ तक कि उसकी आँखें, सभी एक रंग की थीं, बोसीदा कोट और हैट के रंग की। औरत ने अपना हाथ अपने होंठों को पोंछने के लिए उठाया तो वह किसी जर्द पंजे की तरह दिखा। ओह, वह उसे देखकर कितना खुश थी ! उसने सोचा था कि आज शाम को उनकी मुलाकात होगी। उसने बताया कि वह कहाँ-कहाँ हो आई थी–यहाँ, वहाँ, साहिल पर, हर जगह। आज का दिन कितना प्यारा है, क्या उसकी भी यही राय नहीं है ? और शायद वह उससे सहमति नहीं जताएगा ?...लेकिन उसने सिर हिला दिया। उसने सिगरेट सुलगाई, फिर एक लम्बा-सा कश खींचा और उसके चेहरे पर धुँआ छोड़ दिया और जब वह उससे बात करने और कहकहा लगाने में मशगूल थी, उसने माचिस की तीली एक तरफ उछाली और चल दिया। सफेद फर का कोट और हैटवाली वह औरत तन्हा रह गई; वह पहले से भी ज्यादा जोर से मुस्कुराई। लेकिन लग रहा था कि बैंड तक को यह मालूम था कि वह क्या महसूस कर रही है। बैंड ने और नरमी और मुलायमियत के साथ धुनें बिखेरना शुरू किया

और ढोल की आवाज गूँज उठी। अब वह क्या करेगी ? अब क्या होने जा रहा है ? लेकिन जिस वक्त मिस ब्रिल हैरत में डूबी थी, वह औरत मुड़ी, और उसने अपना हाथ बुलन्द किया जैसे उसने किसी और को, पहले से भी बढ़िया और नफीस आदमी को देख लिया हो, और वहाँ से चली गई। बैंड ने अपनी धुन बदल दी और ज्यादा तेजी से और ज्यादा लहक-लहक कर संगीत बिखेरने लगा, और मिस ब्रिल की बेंच पर बैठा बूढ़ा जोड़ा उठ खड़ा हुआ और वहाँ से चल पड़ा। लम्बी मूँछोंवाला अजीब-सा बूढ़ा लड़खड़ाता हुआ आया और सामने से साथ-साथ आ रही चार लड़कियों से वह टकराते-टकराते बचा।

आह, कितना शानदार है सब कुछ ! कितना मजा आ रहा है उसे ! कितना मजा आता है उसे वहाँ बैठने और सब चीजों को देखने में ! यह किसी नाटक की तरह है। यह एकदम किसी नाटक की तरह है। कौन यकीन कर सकता है कि पीछे दिख रहे आसमान को पेंट नहीं किया गया है ? तभी एक नन्हा भूरा कुत्ता बड़े भव्य अन्दाज में दुलकी चाल से आया और तेज-तेज कदमों से चलता हुआ दूर चला गया, बिलकुल नाटक के किसी कुत्ते की तरह। और तभी मिस ब्रिल की समझ में आया कि यह सब उसे उत्तेजनापूर्ण क्यों लग रहा है। दरअसल वे सब मंच पर थे। वे न सिर्फ दर्शक थे, न सिर्फ देख रहे थे, बल्कि अपनी भूमिकाएँ भी निभा रहे थे। यहाँ तक कि उसकी भी भूमिका थी और वह हर इतवार उसे निभाती थी। बेशक अगर वह गैरहाजिर होती तो कुछ लोग जरूर उसे महसूस करते। आखिरकार, वह उस नाटक का हिस्सा थी। कितना अजीब है कि उसने पहले कभी इसके बारे में इस तरह नहीं सोचा ! फिर भी यही वजह थी कि हर हफ्ते एकदम निश्चित समय पर वह घर से रवाना होती मानो नाटक में पहुँचने में उसे देर नहीं हो जाए। इससे यह भी साफ हो जाता कि अंग्रेजी के अपने छात्रों को आखिर वह क्यों यह बताने में हिचकिचाती और शर्माती है कि वह इतवार की अपनी शाम कहाँ बिताती है। हैरत की कोई बात नहीं ! मिस ब्रिल ने लगभग ठहाका ही लगा दिया। वह मंच पर थी। उसने उस अपाहिज बुजुर्ग के बारे में सोचा जिसे वह हफ्ते में चार दिन दोपहर में अखबार पढ़कर सुनाती है जबकि वह बाग में सोता रहता है। वह तकिए पर पड़े उसके कमजोर सिर, खाली-खाली आँखें, खुले मुँह और ऐंठी-सी नाक को देखने की आदी हो चुकी थी। अगर वह मर भी जाता तो वह हफ्तों समझ नहीं पाती कि वह मर चुका है, वह उस पर ध्यान भी नहीं देती। लेकिन अचानक उसने महसूस किया कि उसके लिए कोई अभिनेत्री अखबार पढ़ रही है ! "एक अभिनेत्री !" बूढ़े ने सिर उठाया; उसकी बूढ़ी आँखों में रोशनी के दो बिन्दु फड़फड़ाए। "तुम अभिनेत्री हो—सचमुच ?" मिस ब्रिल ने अखबार की शिकनों को ठीक किया जैसे यह उसकी भूमिका की पाण्डुलिपि हो और नरमी से कहा, "हाँ, मैं एक लम्बे अरसे से अभिनय कर रही हूँ।"

बैंड सुस्ता रहा था। अब उसने फिर संगीत बिखेरना शुरू किया। वे जो कुछ बजा रहे थे, उसमें गर्मी थी, धूप की तपिश थी। फिर भी हल्की-सी खुनक थी--कुछ था। क्या था वह ? उदासी नहीं थी। नहीं, उदासी नहीं थी। कुछ ऐसी चीज थी जो आपको गाने के लिए उकसाती थी। संगीत की धुन ऊपर उठी, और ऊपर उठी, रोशनी चमकी; और मिस ब्रिल को लगा कि बस अगले ही पल तमाम लोग, पूरी मंडली गाने लगेगी। हँसते-खिलखिलाते और साथ-साथ चहलकदमी कर रहे नौजवान गाना शुरू करेंगे और बहादुर और दृढ़ मर्दों की आवाज उसमें साथ देने लगेगी। और फिर वह भी, हाँ वह भी और बेंच पर बैठे दीगर तमाम लोग भी शामिल हो जाएँगे। वे एक खास किस्म की संगत देंगे। और मिस ब्रिल की आँखें नम हो गईं और वह मुस्कुराते हुए मंडली के दूसरे तमाम लोगों को देखने लगी। उसने सोचा—हाँ, हम समझते हैं, हम समझते हैं। बेशक वह नहीं जानती थी कि वे क्या समझते हैं।

उसी वक्त एक लड़का और एक लड़की आए और उसी जगह बैठ गए जहाँ कुछ देर पहले बूढ़ा जोड़ा बैठा था। वे खूबसूरत कपड़े पहने थे। यह एक प्रेमी जोड़ा था। बेशक नायक और नायिका लड़के के बाप की कश्ती से बस अभी पहुँचे ही थे। और बेआवाज गाती हुई मिस ब्रिल एक लरजती हुई मुस्कुराहट के साथ उनकी बातें सुनने के लिए तैयार हो गई।

"नहीं, अभी नहीं।" लड़की बोली। "यहाँ नहीं, मैं नहीं कर सकती।"

"लेकिन क्यों ? क्या उस अहमक बुढ़िया की वजह से जो कोने में बैठी है ?" लड़के ने पूछा। "आखिर वह यहाँ आई ही क्यों—कौन उसे यहाँ देखना चाहता है ? वह अपना बुढ़ापा घर पर क्यों नहीं काट सकती ?"

"कितना बेढंगा है उसका फर," लड़की खी-खी कर हँस दी। "बिलकुल आग में पकाई गई खड़िया मिट्टी की तरह है।"

"आह, छोड़ो भी इन बातों को !" लड़के ने नाराज लहजे में सरगोशी की। "बोल मेरी लैला..."

"नहीं, यहाँ नहीं।" लड़की बोली। "अभी नहीं।"

घर लौटते हुए वह अमूमन बेकरी से हनी-केक का एक टुकड़ा खरीदती थी। यह उसका इतवार का जश्न होता। कभी-कभी उसके टुकड़े में बादाम होता, कभी नहीं होता। लेकिन इससे बहुत फर्क पड़ता था। अगर उसमें बादाम होता तो यह एक तोहफा घर लाने जैसा होता। एक ऐसी चीज लाने जैसा होता जो घर में नहीं होती। बादामी इतवार को वह लपकती हुई घर पहुँचती और जल्दी-जल्दी चूल्हे पर केतली रखती थी।

लेकिन आज वह बेकरी के पास से होती हुई गुजर गई। सीढ़ियाँ चढ़ती हुई वह अपने छोटे से तारीक कमरे में घुसी। उसका कमरा किसी अलमारी की तरह छोटा

था। वह अपने सुर्ख कम्बल पर धप्प से बैठ गई। वह वहाँ देर तक बैठी रही। फर कोट का बक्सा पलंग पर ही पड़ा था। उसने जल्दी-जल्दी अपना कोट उतारा और उसे बक्से में ठूँस दिया। लेकिन जब वह बक्से का ढक्कन लगा रही थी तो उसे लगा कि उसने किसी के रोने की आवाज सुनी है।

उसका पहला नाच

लीला के लिए यह कहना मुश्किल था कि नाच ठीक-ठीक कब शुरू हुआ। नाच में शायद उसका पहला वास्तविक साथी एक बग्घी थी। इससे कोई फर्क नहीं पड़ता था कि इस बग्घी में शेरीडन बहनें और उनका भाई भी था। वह उसमें अपने छोटे-से कोने में बैठ गई थी, और एक मसनद से उसका हाथ टिका था। उसे लगा जैसे वह किसी अनजाने नौजवान की आस्तीन हो, और वे नाचते हुए रोशनी के खम्भों और घरों और बाड़ों और पेड़ों को लाँघते-फलाँगते आगे बढ़ते जा रहे हैं।

"लीला, सचमुच तुम कभी किसी नाचघर में नहीं गई ? लेकिन, मेरी बन्नो, कितनी अजीब बात है यह..." शेरीडन बहनें चीखीं।

"हमारा सबसे करीबी पड़ोसी हमसे पन्द्रह मील दूर रहता था," लीला ने अपने हाथ पंखे को धीरे-से खोलकर उसे हिलाते-डुलाते नरमी से जवाब दिया।

उफ प्यारी, कितना मुश्किल है दूसरों की तरह सामान्य बने रहना ! उसने कोशिश की कि वह ज्यादा नहीं मुस्कुराए, ज्यादा परेशान नहीं हो। लेकिन हर चीज उसके लिए नई और अजूबा थी...मेग के बालों में सजे सफेद फूल, जोस के जूड़े में सजी तृणमणि की बो, सफेद फर कोट से उभरता लौरा का स्याह सिर जैसे बर्फ से निकलता कोई फूल। वह इन सब को हमेशा याद रखेगी। उसे यह देखकर दुख भी हुआ कि उसके चचेरे भाई लौरी ने अपने नए दस्ताने के तस्मों पर से टिश्यू पेपर का टुकड़ा निकालकर फेंक दिया। वह उस टुकड़े को यूँ ही, या फिर यादगार के तौर पर अपने पास रखना पसन्द करती। लौरी आगे की तरफ झुका और अपना हाथ लौरा के घुटने पर रख दिया।

"लौरा, मेरी दुलारी, सुनो," उसने कहा। "हमेशा की तरह तीसरा और नौवाँ। समझी ?"

ओह, कितना अच्छा होता अगर उसका भी एक भाई होता ! जज्बात में बहते हुए लीला ने महसूस किया कि अगर समय होता और अगर नामुमकिन नहीं होता तो वह बिलख-बिलखकर रोती क्योंकि वह माँ-बाप की इकलौती थी और किसी भाई ने

इस तरह उससे "समझी ?" नहीं कहा था, और कोई बहन उस तरह नहीं कहेगी जैसे मेग ने जोस से कहा, "आज रात से पहले मैंने तुम्हारे बालों को इस तरह फबते नहीं देखा था !"

लेकिन अब तो समय नहीं था। वे नाचघर पहुँच चुके थे। उनके आगे-पीछे बग्घियाँ ही बग्घियाँ थीं। सड़क की दोनों तरफ वहाँ जल रही रोशनियों से जगमग थी और फुटपाथ पर उल्लसित जोड़े इस तरह चले जा रहे थे जैसे हवा में तैर रहे हों। साटन की छोटी-छोटी जूतियाँ चिड़ियों की तरह एक-दूसरे के पीछे भाग रही थीं।

"लीला, मुझे थामे रहना; तुम गुम हो जा सकती हो," लौरा ने कहा।

"आओ लड़कियो, चलो, जल्दी करो।" लौरी ने कहा।

लीला ने लौरा के गुलाबी मखमली लबादे को हाथ से पकड़ लिया। उन्होंने किसी तरह सुनहरी लालटेन के नीचे से गुजरते हुए एक गलियारे को पार किया। वे धक्का खाते हुए एक कमरे में घुसीं जिस पर "महिलाएँ" लिखा था। वहाँ जबर्दस्त भीड़ थी और इतनी भी जगह नहीं थी कि गरम कपड़े उतारकर रखे जा सकें। वहाँ इस कदर शोर हो रहा था कि कुछ सुनाई पड़ना मुहाल था। दोनों किनारों पर दो बेंचें पड़ी थीं जिन पर शालों का ढेर ज़मा था। एप्रन पहने दो बूढ़ी महिलाएँ इधर-उधर आ-जा रहीं थी और अपने इधर-उधर फैले शालों को बेंच पर डालती जा रही थीं। हर कोई आगे बढ़ना और कोने में पड़ी सिंगार मेज और आईने तक पहुँचना चाह रहा था।

लेडीज रूम में गैस की रोशनी झिलमिला रही थी। वह इन्तजार नहीं कर सकती थी, उसकी लौ अभी से नाच रही थी। दरवाजा जब एक बार फिर खुला तो ड्रिल रूम से साजों को कसने और चुस्त-दुरुस्त करने की आवाजें उमड़ पड़ीं और हवा के झोंके से लौ छत तक उठ गई।

साँवली और गोरी लड़कियाँ खुद को सजाने-सँवारने की आखिरी कवायद में मशगूल थीं। वे अपने बालों को थपथपा रहीं थी, रिबन को फिर से बाँध रहीं थी, अपनी कुरती में आगे की तरफ रूमालों को सजा रहीं थी, और संगमरमर जैसे सफेद दस्तानों को ठीक कर रही थीं।

"क्या पारदर्शी हेयर-पिन एक भी नहीं है ?" एक आवाज गूँजी। "कितनी अजीब बात है ! मुझे एक भी ऐसा पिन नहीं दिख रहा है।"

"मेरी पीठ पर पाउडर लगाओ। प्यारी, वहाँ है पाउडर," एक दूसरी आवाज गूँजी।

"हाय, मुझे सुई और धागे चाहिए। उफ, मेरी झालर तो मीलों तक उधड़ गई है," कोई तीसरी लड़की सुबकती हुई बोली।

तभी किसी ने चिल्लाना शुरू किया,"इसे आगे बढ़ा दो, बहनो जरा आगे बढ़ा दो इसे !" कार्यक्रम वाले पर्चों की टोकरी एक हाथ से दूसरे हाथ में आगे बढ़ती गई। टोकरी में गुलाबी और चाँदी से चमचमाते पर्चे रखे थे। उनके साथ ही थी गुलाबी

पेंसिलें और रोयेंदार फुँदने। उन्हें उठाते वक्त लीला की उँगलियाँ काँपी। उसने किसी से पूछना चाहा, "क्या मेरे लिए भी एक है ?" लेकिन उसके पास इतना ही वक्त था कि वह पढ़ सकती थी : "वाल्ट्ज 3, टू इन ए कैनो, पोल्का 4, मेकिंग दि फेदर्स फ्लाई।" तभी मेग ने उसे पुकारा, "तैयार हो न लीला ?" और वे धक्के देते हुए भीड़ में अपनी राह बनाते ड्रिल रूम के लम्बे-चौड़े दरवाजे की तरफ बढ़ चलीं।

नाच अभी शुरू नहीं हुआ था, लेकिन साजों को चुस्त-दुरुस्त करने का काम बन्द हो चुका था। वहाँ इस कदर शोर था कि लगता था कि जब साजों का बजना शुरू होगा, किसी को भी उसकी आवाज सुनाई नहीं पड़ेगी। लीला जोर-आजमाइश करती हुई मेग के पास आई और मेग के कन्धों पर से झाँकते हुए उसे लगा कि छत पर चारों तरफ लगी नन्ही रंग-बिरंगी झंडियाँ तक बातें कर रही हैं। ऐसे में वह शर्माना भूल गई; उसे यह याद नहीं रहा कि कैसे वह आधे कपड़े पहने और एक पाँव में जूती डाले अपने घर में पलंग पर बैठी थी और माँ से आरजू-मिन्नत कर रही थी कि वह उसकी चचेरी बहनों को फोन कर कह दे कि वह नाच में नहीं जाएगी। और अब देहात के अपने मकान के बरामदे में चाँदनी रात के उजाले में बैठकर नन्हे उल्लू की आवाज सुनने की उसकी चाहत एक अजीब से जोश और खुशी में बदल गई थी जिसे अकेले बर्दाश्त करना उसके लिए मुश्किल हो गया। उसने अपने पंखे को हाथों में जकड़ लिया और चमचमाते सुनहरे फर्श को, अजेलिया फूलों की खूबसूरत लताओं को, दिलरुबा लालटेनों को, सुर्ख कालीन से ढँके मंच को, उस पर पड़ी चमचमाती मुलम्मेदार कुर्सियों को और उसके एक सिरे पर रखे साजों को देखते हुए अपनी साँसें थामे उसने मन ही मन कहा, "बिलकुल जन्नत का नजारा है यह !"

दरवाजे के एक किनारे सभी लड़कियाँ झुंड बनाए खड़ी थी, मर्द दूसरी तरफ थे, और काली पोशाक पहने नाचघर के कर्मचारी बेवकूफों की तरह मुस्कुराते हुए चमचमाते फर्श पर नपे-तुले अन्दाज में कदम बढ़ाते हुए स्टेज की तरफ जा रहे थे।

"यह गाँव से आई मेरी छोटी बहन लीला है। इसका ख्याल रखना। इसके लिए पार्टनर ढूँढ़ दो, यह मेरी निगरानी में है," मेग ने एक-एक कर कई लड़कियों से यही बात कही।

अजनबी चेहरे लीला को देखकर मुस्कुराए। कुछ के चेहरे पर मिठास-भरी मुस्कुराहट थी तो किसी के चेहरे पर अजीब और बेमानी-सी मुस्कुराहट थी। अजनबी आवाजों ने जवाब दिया, "बेशक, बेशक !" लेकिन लीला ने महसूस किया कि लड़कियों ने वास्तव में उसे देखा ही नहीं। वे सभी मर्दों को घूर रही थीं। आखिर मर्द शुरुआत क्यों नहीं करते ? वे किसका इन्तजार कर रहे हैं ? वे खड़े हैं वहाँ, अपने दस्ताने दुरुस्त करते हुए, अपने चमकदार बालों पर हाथ फेरते हुए और आपस में ही मुस्कुराते हुए। और फिर एकदम अचानक, जैसे उन्होंने बस उसी लम्हे मन बनाया

हो कि उन्हें क्या करना है, मर्द लकड़ी के चिकने फर्श पर फिसलते हुए आए। लड़कियों में खुशी-भरा कोलाहल मच गया। एक लम्बा, खूबसूरत नौजवान उड़ता हुआ मेग के पास पहुँचा और उसके हाथ से कार्यक्रम छीनकर उस पर कुछ लिख दिया; मेग ने उस नौजवान को लीला की तरफ बढ़ा दिया। "क्या यह खुशी मेरे नसीब में है ?" उसने एक अदा से सिर झुकाया और मुस्कुरा दिया। उसके बाद चश्मा पहने एक साँवला-सा आदमी आया, फिर उसका चचेरा भाई लौरी अपनी दोस्त के साथ और फिर लौरा एक झाँईदार चेहरेवाले मर्द के साथ आई जिसकी टाई मुड़ी-तुड़ी-सी थी। और फिर एक बूढ़े-से आदमी ने लीला के हाथ से कार्यक्रम ले लिया और फुसफुसाया, "जरा मुझे देखने दो, जरा मुझे देखने दो !"। वह मोटा और पिलपिला था और उसके सिर के बीचोबीच से बाल गायब थे। वह देर तक अपने कार्यक्रम से उसके कार्यक्रम को मिलाता रहा। उसके कार्यक्रम में अनेक नाम लिखे थे जिससे वह स्याह-सा दिखने लगा था। उसे इतनी परेशानी होती दिख रही थी कि लीला शर्मा गई। "अरे, आप तकलीफ नहीं करें," लीला ने आग्रहपूर्वक कहा। लेकिन मोटे आदमी ने उसे कोई जवाब देने के बजाय उस पर कुछ लिख डाला और फिर उसकी तरफ ताकते हुए बोला, "क्या मुझे यह नन्हा हसीन चेहरा याद है ?" उसका लहजा मुलायम था। "क्या मैं तुम्हें जानता हूँ ?" उसी लम्हा बैंड बजने लगा और मोटा आदमी गायब हो गया। संगीत की लहरें चमचमाते फर्श पर उड़ती हुई आई थीं और उस मोटे आदमी को कहीं उछाल फेंका था। संगीत की इन लहरों ने लोगों के झुंड को जोड़ों में बिखेर दिया था और उनके पाँवों में फिरकी डाल दी थी।

लीला ने बोर्डिंग स्कूल में नृत्य सीखा था। हर शनिवार को तमाम बच्चों को मिशन हॉल में जमा किया जाता जहाँ लन्दनवाली मिस एक्लेस अपना चुनिंदा क्लास लेतीं। अजीब-सी बू और धूल से भरे मिशन हॉल की दीवारों पर सूती कपड़े होते और खरगोश के कान जैसी भूरी मखमली टोपी पहने भयभीत-सी दिखती एक औरत पियानो बजाने की कोशिश करती रहती। मिस एक्लेस एक छड़ी से लड़कियों के पाँवों को कुरेदतीं। लेकिन यहाँ और वहाँ में फर्क इतना जबर्दस्त था कि लीला को यकीन हो चला था कि अगर नाच में साथ देने के लिए कोई नहीं आया और उसे यह शानदार संगीत सुनते रहना और सुनहरे फर्श पर दूसरों को लहराते बल खाते देखते रहना पड़ा तो आखिर में वह मर ही जाएगी, या गश खाकर गिर पड़ेगी, या फिर अपनी बाँहों को फैला कर उन अँधेरी खिड़कियों में से किसी एक से उड़ती हुई बाहर चली जाएगी जिनसे आसमान पर झिलमिलाते सितारे दिख रहे हैं।

"मेरे ख्याल से अब हमारी बारी है–" कोई झुका, मुस्कुराया, और उसकी तरफ अपनी बाँह बढ़ाकर नाचने की दावत दी। आखिरकार उसे जान देने की जरूरत नहीं पेश आई। किसी का हाथ उसकी कमर पर पड़ा और वह झील में फेंके गए किसी

फूल की तरह तैरती हुई आगे बढ़ी।

"क्या शानदार फर्श है, है ना ? एक हल्की-सी आवाज उसकी कानों के पास गुनगुनाई।

"मैं समझती हूँ कि इससे खूबसूरत और फिसलनदार फर्श नहीं हो सकता," लीला ने कहा।

"माफ करना, क्या कहा ?" हल्की आवाज में आश्चर्य झलक रहा था। लीला ने अपनी बात दोहराई। एक पल खामोशी छाई रही और फिर लीला का साथी बोला, "हाँ, बेशक !" और उसने लहराते हुए फिर से एक दायरा बनाया।

नाच में वह कितनी महारत से पेशकदमी कर रहा था। लीला ने सोचा कि लड़कियों और मर्दों के संग नाचने में कितना फर्क होता है। लड़कियाँ आपस में टकराती रहती हैं और एक-दूसरे के पाँव कुचलती रहती हैं।

नाच की रफ्तार तेज हो चली थी और जोड़े तेजी से लहराते और बल खाते थिरक रहे थे। अजेलिया के फूलों का अब अलग कोई वजूद नहीं बचा था। वे गुलाबी और सफेद झंडियों जैसे दिख रहे थे।

"क्या तुम पिछले हफ्ते के नाच में थीं ?" वह आवाज फिर आई। उसकी आवाज से थकान झलक रही थी। लीला को समझ नहीं आ रहा था कि वह उसे रुकने के लिए कहे या नहीं।

"नहीं, यह मेरा पहला नाच है," उसने कहा।

लीला का पार्टनर हल्के से हँसा। वह हाँफ रहा था। "ओह, मेरे कहने का मतलब है..." उसने प्रतिवाद किया।

"जी हाँ, यह सचमुच पहला नाच है जिसमें मैं शामिल हुई हूँ।" लीला बहुत जोश में थी। किसी को कुछ बताने से कितनी राहत मिलती है। "तुम नहीं जानते, मैंने अब तक अपनी सारी जिन्दगी देहात में गुजारी है..."

उसी वक्त संगीत थम गया, और वे दीवार के पास लगी दो कुर्सियों की तरफ बढ़ गए। लीला ने साटन की जूतियोंवाले अपने पैरों को समेटा और कुर्सी पर आराम से बैठ गई। वह पास से गुजरते और दरवाजे से गायब होते दूसरे जोड़ों को देख रही थी।

"लीला, मजा आ रहा है ?" जोस ने अपना सुनहरा सिर हिलाते हुए सवाल किया।

लौरा वहाँ से गुजरी और उसे बिलकुल हल्के-से आँख दबाकर इशारा किया। लीला एक पल के लिए सोच में पड़ गई कि क्या वाकई वह बड़ी हो चुकी है। बेशक उसका पार्टनर ज्यादा बातें नहीं कर रहा था। वह खँखारा, अपना रूमाल हिलाया, वेस्टकोट नीचे खींचा, अपनी आस्तीन से लटकते धागे के एक टुकड़े के साथ कुछ

खींचतान की। लेकिन कोई बात नहीं। फौरन ही बैंड फिर बजने लगा और उसका दूसरा साथी जैसे छत से टपका था।

"फर्श बुरा नहीं है," नई आवाज ने कहा। क्या हर कोई हमेशा अपनी बात फर्श से ही शुरू करता है ? और फिर, "मंगलवार को तुम कहाँ थी ?" एक बार फिर लीला ने खुलासा किया। शायद यह जरा हैरानी की बात थी कि उसके साथियों को इसमें दिलचस्पी नहीं थी। उसके लिए तो यह सनसनी और उत्तेजना की बात थी। उसका पहला नाच ! वह हरेक चीज की बस शुरुआत कर रही थी। उसे तो ऐसा लग रहा था कि इससे पहले वह नहीं जानती थी कि रातें कभी ऐसी भी होती हैं। अब तक उसके लिए रातें अकसर स्याह, शान्त, खूबसूरत--और हाँ--कुछ-कुछ उदास होती थीं। तन्हा। अब कभी वैसी नहीं रहेंगी। अब रोशन रातों की शुरुआत हो चुकी है।

"आइसक्रीम लोगी ?" उसके पार्टनर ने पूछा। दोनों दरवाजे से बाहर निकले, गलियारा पार किया और खाने के कमरे में पहुँचे। लीला के गाल तमतमाए हुए थे, वह बेहद प्यासी थी। काँच की तश्तरियों में रखी आइसक्रीम कितनी प्यारी लग रही थी और चम्मच भी किस कदर ठंडा था, बर्फीला ! और जब वे लौटकर नाच के हॉल में पहुँचे तो वहाँ वही मोटा दरवाजे पर खड़ा उसका इन्तजार कर रहा था। वह यह देखकर सिहर गई कि कितना बूढ़ा है वह। उसे तो बापों और माँओं के साथ स्टेज पर होना चाहिए था। और जब लीला ने उसकी तुलना अपने दूसरे पार्टनरों के साथ की तो वह फटीचर-सा लगा। उसके वेस्टकोट पर शिकनों की भरमार थी, उसके दस्ताने से एक बटन गायब था, उसका कोट ऐसा दिख रहा था जैसे उस पर खड़िया घिस दी गई हो।

"नन्ही दोशीजा, मेरे साथ आओ," मोटे आदमी ने कहा। उसने लीला का हाथ थामने की ज्यादा कोशिश नहीं की। दोनों आहिस्ता-आहिस्ता नाचने लगे। यह नृत्य से ज्यादा चहलकदमी लग रही थी। लेकिन उसने फर्श के बारे में एक लफ्ज भी नहीं कहा। "तुम्हारा पहला नाच, है ना ?" वह फुसफुसाया।

"आप कैसे जानते हैं ?"

"आह," मोटे ने कहा, "उम्र का यही तो फायदा है !" वह हल्के-से खाँसा। "तुम जानती हो, मैं इस तरह के काम पिछले तीस साल से करता आ रहा हूँ।"

"तीस साल ?" लीला की चीख निकल गई। उसकी पैदाइश से भी बारह साल पहले !

"इसके बारे में सोचने से शायद ही कोई फायदा है, क्या कोई फायदा है ?" उस आदमी ने मायूस लहजे में कहा। लीला उसके गंजे सिर को देख रही थी। उसे उस मोटे के लिए दुख हुआ।

"मैं समझती हूँ कि इस तरह का सिलसिला जारी रखना अपने आप में शानदार

है," उसने नर्मी से कहा।

"रहमदिल नन्ही खातून," मोटे आदमी ने कहा और उसने लीला को अपने और करीब कर लिया। "बेशक," उसने कहा। "तुम उम्मीद नहीं रख सकती कि कोई चीज हमेशा कायम रहे। न-ना," मोटे ने कहा, "बहुत दिनों की बात नहीं होगी जब तुम उस प्यारे से स्याह मखमल में स्टेज पर बैठोगी, लोगों को तकते हुए। और यह हसीन बाँहें मोटी-मोटी बाँहों में तब्दील हो चुकी होंगी, और तुम किसी अलग ही किस्म के पंखे के साथ वक्त गुजार रही होगी--हाथीदाँत का काला पंखा।" मोटा आदमी लरजता-सा दिखा। "और तुम वहाँ रखे बेचारे बूढ़े हिरनों की तरह मुस्कुराओगी, और अपनी बेटी की तरफ इशारा करोगी, और अपनी बगल की बूढ़ी औरत को बताओगी कि कैसे किसी खौफनाक आदमी ने क्लब हॉल में उसे चूमने की कोशिश की। और तुम्हारा दिल तड़पेगा, तड़पेगा"--मोटे आदमी ने खींचकर उसे अपने और भी करीब कर लिया था जैसे सचमुच उस तड़पते दिल के लिए उसे कोई मलाल हो--"क्योंकि अब कोई तुम्हारा चुम्बन नहीं लेना चाहेगा। और तुम कहोगी कि कितना खराब लगता है इस चिकने चमचमाते फर्श पर चलना और कितना खतरनाक है यह। क्यों, मैडम छम्मकछल्लो ?" मोटे ने बड़ी मुलायमियत के साथ कहा।

लीला हौले से हँसी, लेकिन उसे अपनी हँसी का अहसास नहीं हुआ। क्या ऐसा हो सकता है ? यह बड़ी ही तल्ख सच्चाई लग रही थी। तब क्या उसका यह पहला नाच उसके आखिरी नाच की शुरुआत है ? इसी पल संगीत बदलता-सा प्रतीत हुआ। संगीत उदास-उदास-सा लगा, एक बड़ी-सी आह के साथ संगीत के सुर ऊपर उठे। आह ! कितनी तेजी के साथ चीजें बदल गईं ! खुशी हमेशा के लिए क्यों नहीं ठहरती ?

"मैं रुकना चाहती हूँ," लीला ने उखड़ी-उखड़ी आवाज में कहा। मोटा आदमी उसे दरवाजे की तरफ ले गया।

"नहीं," उसने कहा, "मैं बाहर नहीं जाऊँगी। मैं बैठूँगी नहीं। शुक्रिया, मैं बस यहीं खड़ी रहना चाहती हूँ।" वह पैरों से फर्श को थपथपाती, हाथों से दस्तानों को खींचती और मुस्कुराने की कोशिश करती दीवार से टिककर खड़ी हो गई। लेकिन उसके वजूद की गहराइयों में बैठी नन्ही लड़की ने अपना झबला उतार फेंका और सुबकने लगी। आखिर उसने उसकी खुशी खत्म क्यों कर डाली ?

"मेरे कहने का मतलब है," मोटे आदमी ने कहा, "नन्ही खातून, तुम्हें मेरी बातों को इतनी संजीदगी से नहीं लेनी चाहिए।"

"जैसे मैंने ले लिया हो !" लीला ने कहा और वह अपना छोटा-सा स्याह सिर मटकाने लगी और निचले होंठों को दाँतों से कुचलने लगी...

एक बार फिर जोड़े आने-जाने लगे। घूमनेवाला दरवाजा खुलने और बन्द होने

लगा। बैंडमास्टर ने अब साज पर कोई नया नगमा छेड़ा था। लेकिन लीला अब और नाचना नहीं चाहती थी। वह घर पहुँचना चाहती थी, या फिर चाहती थी कि बरामदे में बैठकर नन्हे उल्लुओं की आवाज सुने। जब उसने स्याह खिड़कियों से झाँकते हुए सितारों की तरफ निगाह की तो उनके लम्बे-लम्बे पंख नजर आए।

लेकिन बैंड ने नर्म, कानों में घुलती हुई और जादू कर देनेवाली एक धुन छेड़ दी और घुँघराले बालोंवाला एक नौजवान नाच की दावत देता हुआ उसके सामने झुका। उसे शिष्टाचार के नाते तब तक तो नृत्य करना ही होगा जब तक वह मेग को खोज नहीं लेती। लीला आहिस्ता-आहिस्ता कदम बढ़ाती हुई बीच में पहुँची, और बड़ी शान से उसने उसकी आस्तीन पर अपना हाथ रखा। लेकिन बस एक ही मिनट में, एक ही चक्कर में उसके पाँव तैरने लगे। रोशनियाँ, अजेलिया के फूल, लिबास, गुलाबी चेहरे, मखमली कुर्सियाँ, सभी एक खूबसूरत चरखी में बदल गईं। और जब उसके अगले पार्टनर ने उसे मोटे आदमी से टकरा दिया और उसने कहा, "माफ करना, गलती हो गई," तो वह जितनी खुशी से मुस्कुराई, पहले कभी नहीं मुस्कुराई थी। वह उसे फिर पहचान भी नहीं पाई।

संगीत का सबक

मायूसी, दिल में चाकू की तरह गहरी धँसी मायूसी के साथ मिस मीडोज उन ठंडे गलियारों से गुजर रही थी जो संगीत कक्ष की तरफ जाते थे। वह गाउन और कैप पहने थी और उसके हाथ में एक छोटी-सी छड़ी थी। हर उम्र की लड़कियाँ तेजी से खुशी से इठलाती, लपकती, उछलती-कूदती आ रही थीं। ऐसा जोश तो बस पतझड़ की हसीन सुबह स्कूल के लिए दौड़ लगाते हुए ही दिखता है। स्कूल के कमरों से तेजी से ठकठकाने की आवाज आई; कोई घंटी बजी; चिड़िया की तरह कोई आवाज गूँजी, "म्यूरियल।" और फिर सीढ़ियों से ढम-ढमाढम की एक जोरदार आवाज आई। किसी ने अपना डम्बल गिरा दिया था।

साइंस की टीचर ने मिस मीडोज को रोका।

"गुड मॉर-निंग," वह अपनी मीठी सुस्त आवाज में चिल्लाई। "ठंडक है ना ? शायद जा-ड़ा आ गया।"

दिल में धँसे चाकू को थामे हुए मिस मीडोज ने साइंस टीचर को नफरत से घूरा। उससे जुड़ी हर चीज शहद की तरह मीठी और जर्द थी। अगर आपको उसके जर्द बालों के गुच्छों में कोई मधुमक्खी मिल जाए तो यह हैरत की बात नहीं होगी।

"तेज ठंडक है," मिस मीडोज ने गम्भीर लहजे में कहा।

साइंस टीचर के लबों पर शहद में घुली मुस्कुराहट थी।

"तुम ठंड से जमी-सी दिख-ती हो," उसने कहा। उसकी नीली आँखें फैली हुई थीं। उसमें उपहास-भरी एक चमक कौंधी। (क्या उसने कुछ भाँप लिया था ?)

"हुँह, इतनी बुरी भी नहीं," मिस मीडोज ने कहा और उसने साइंस टीचर की मुस्कुराहट के जवाब में त्यौरियाँ चढ़ाईं और वहाँ से बढ़ गई।

चौथा, पाँचवाँ और छठा ग्रुप संगीत हॉल में जमा था। शोर से कान पड़ी आवाज भी सुनाई नहीं पड़ रही थी। चबूतरे पर पियानो के बगल में मिस मीडोज की लाडली मैरी बिएजली खड़ी थी जो संगीत में संगत देती थी। वह स्टूल को घुमा रही थी। जब मिस मीडोज पर उसकी निगाह पड़ी, उसने तेज आवाज में लड़कियों को आगाह किया,

"लड़कियो, श्श्श !" और मिस मीडोज अपनी आस्तीन में अपने हाथ घुसेड़े, बगल में छड़ी दबाए मध्य गलियारे से होते हुए सीढ़ियों पर दनदनाती चढ़ी, फिर तेजी से मुड़ी, म्यूजिक स्टैंड झपटा, उसे अपने सामने किया, और उन्हें चुप कराने के लिए अपनी छड़ी से दो बार ठकठकाया।

"चुप हो जाइये ! फौरन !" और फिर बिना किसी को देखे उसने अपने सामने रंग-बिरंगे फलालेन के ब्लाउजों के सागर की तरफ निगाह की जिसमें से सुर्ख चेहरे और हाथ लहरा रहे थे, तितलीनुमा हेयर-बो लरज रहे थे, और संगीत पुस्तिकाएँ खुली पड़ी थीं। वह अच्छी तरह जानती थी कि लड़कियाँ क्या सोच रही हैं। "मीडी गुस्से में है।" खैर, उन्हें सोचने दो ! उसकी पलकें लरजीं : उसने उनकी अवहेलना करते हुए अपना सिर झटका। एक ऐसी औरत के सामने उन छोकरियों की सोच क्या मायने रखती है जिसका दिल इस तरह के खत से टूट गया हो और जो तिल-तिल कर मर रही हो–

..."मैं ज्यादा से ज्यादा मजबूती से सोचता हूँ कि हमारी शादी एक गलती होगी। नहीं, ऐसी बात नहीं कि मैं तुमसे प्यार नहीं करता। मैं तुमसे उतना ही प्यार करता हूँ जितना किसी औरत से प्यार करना मेरे लिए मुमकिन है। लेकिन अगर मैं सच्चाई बयान करूँ तो मैं इस नतीजे पर पहुँचा हूँ कि मैं शादी करनेवाला मर्द हूँ ही नहीं, और शादीशुदा जिन्दगी गुजारने का ख्याल मुझे...से भर देता है।" यहाँ "नफरत" लफ्ज को हल्के-से खुरच कर वहाँ "अफसोस" लिख दिया गया था।

ओह, बेसिल ! मिस मीडोज पियानों की तरफ धीरे से गई। मैरी बिएजली इसी लम्हे का इन्तजार कर रही थी। वह आगे झुकी, उसके बालों की लट उसके गालों को चूमने लगी। "गुड मॉर्निंग, मिस मीडोज," और आगे बढ़कर उसने अपनी मिस्ट्रेस को जर्द गुलदाउदी का एक हसीन फूल दिया। फूल देने की यह छोटी-सी रस्म एक लम्बे अरसे से जारी थी। यह उसी तरह सबक का हिस्सा था जिस तरह पियानो को खोलना। मिस मीडोज हमेशा उससे गुलदाउदी का फूल लेती और फिर उसे अपने कोट में लगाती और उसकी तरफ झुककर कहती, "शुक्रिया, मैरी ! शुक्रिया ! बहुत अच्छा ! पेज नम्बर बत्तीस खोलो।" लेकिन आज मैरी सकते में रह गई। मिस मीडोज ने ऐसा कुछ नहीं किया। उसने गुलदाउदी के जर्द फूल को बिलकुल नजरअन्दाज कर दिया, उसके अभिवादन का कोई जवाब नहीं दिया, और बर्फ की तरह सर्द लहजे में कहा, "पेज नम्बर चौदह, और हाँ, उच्चारण सही हो।"

यह जबर्दस्त झटका था ! मैरी का चेहरा सुर्ख हो चला था। उसकी आँखों में आँसू की बूँदें लरज रही थीं। लेकिन मिस मीडोज म्यूजिक स्टैंड पर वापस जा चुकी थी। उसकी आवाज हॉल में गूँज रही थी।

"पेज नम्बर चौदह। हम पेज नम्बर चौदह से शुरू करेंगे। 'ए लेमेंट'। हाँ, और

लड़कियो, अब तक तुम्हें जान लेना चाहिए। हम एक साथ गाएँगे। अलग-अलग और टुकड़े-टुकड़े नहीं, साथ-साथ। और बिना किसी उतार-चढ़ाव के। गाओ, बिलकुल आम तरह से।"

उसने छड़ी उठायी। म्यूजिक स्टैंड को उससे दो बार ठकठकाया। मैरी के लबों से उसकी शुरुआती तान निकली; लड़कियों के बायें हाथ गिरे, हवा में लहराए, और बच्चियों की गमगीन आवाजें एक स्वर में गूँजने लगीं : "फ़ास्ट ! आह, टू फ़ास्ट फ़ेड द रो-ओ-ज़ेज़ ऑफ प्लेज़र; सून ऑटम ईल्ड्स अनटू वि-इं-टर ड्रीयर। .फ़्लीट्ली ! आह, .फ़्लीट्ली म्यू-यू-ज़िक्स गे मेजर। पासेज़ अवे फ्राम द लिसनिंग इयर।"

या खुदा इस अफसोस से ज्यादा त्रासदीपूर्ण और क्या हो सकता है ! उसका हर स्वर एक आह, एक सिसकी और लाइन्तहा गमोंवाली कराह था। मिस मीडोज ने अपने ढीले गाउन से अपने हाथ निकाले और दोनों हाथों से संगीत का संचालन करने लगी। "...मैं ज्यादा से ज्यादा मजबूती से सोचता हूँ कि हमारी शादी एक गलती होगी।" उसने हाथ लहराए। और आवाजें चिल्लाईं : ".फ़्लीट्ली ! आह, .फ़्लीट्ली।" (क्षणभंगुर ! आह, क्षणभंगुर) उस पर कौन-सा भूत सवार हुआ था जो उसने इस तरह का खत लिखा ! किस तरह वह इन ख्यालों तक पहुँचा ! इसके पीछे कोई वजह नहीं हो सकती। उसका आखिरी खत किताबें रखने के लिए शाहबलूत की अलमारी के बारे में था जिसे उसने "हमारी" किताबों के लिए खरीदा था। उसी खत में "एक छोटे-से बेहद खूबसूरत हैट स्टैंड" का जिक्र भी था जिसे उसने देखा था। उसने अलमारी के बारे में लिखा था, "एक ब्रेकेट पर उल्लू उकेरा हुआ है जो अपने पंजों में तीन हैट-ब्रश थामे है !" इस पर वह कैसे मुस्कुराई थी ! सो वह सोचता है कि किसी को तीन हैट-ब्रश दरकार होंगे ! गीत की आवाज गूँजी, "फ्रॉम द लिसनिंग इयर।"

"एक बार फिर," मिस मीडोज बोली, "लेकिन इस बार टुकड़े-टुकड़े में। अब भी किसी उतार-चढ़ाव के बगैर।" "फ़ास्ट ! आह, टू फ़ास्ट।" लड़कियों की गाने की धीमी आवाज में घुला गम माहौल की उदासी में इजाफा कर रहा था और ऐसे में बदन में दौड़ती सिहरन से बचा नहीं जा सकता था। "फेड द रोज़ेज़ ऑफ प्लेज़र।" पिछली बार जब वह उससे मिलने आया था, बेसिल ने अपने कोट में गुलाब का फूल लगा रखा था। गुलाब के उस गहरे सुर्ख फूल और शोख नीले सूट में वह कितना खूबसूरत दिख रहा था ! उसे भी यह बात मालूम थी। उसने उसे जाहिर नहीं किया। पहले उसने बालों में हाथ फेरे, फिर मूँछों पर उँगलियाँ फेरीं, और जब वह मुस्कुराया, उसके दाँत चमक उठे।

"हेडमास्टर की बीवी डिनर के लिए मेरे पीछे पड़ी रहती है। अच्छा बवाल है यह। मुझे वहाँ अपनी तरह से गुजारने के लिए कभी कोई शाम नसीब नहीं होती।"

"लेकिन तुमने इनकार क्यों नहीं कर दिया ?"

"हाँ, ठीक है, लेकिन मेरी जैसी हैसियत के किसी मर्द के लिए अलोकप्रिय होना अच्छा नहीं होता।"

"म्यूज़िक्स गे मेजर," आवाजों ने विलाप किया। ऊँची और तंग खिड़कियों के बाहर बेदमजनूँ के पेड़ हिल रहे थे। उनके आधे से ज्यादा पत्ते झड़ चुके थे। पेड़ों से टँगे छोटे कुलबुलाते पत्ते मछलियों की तरह दिख रहे थे। "...मैं शादी करनेवाला मर्द हूँ ही नहीं..." आवाजें अब शान्त थीं, पियानो इन्तजार कर रहा था।

"बहुत अच्छा," मिस मीडोज ने कहा। लेकिन अब भी उसका लहजा सर्द था और उसमें कुछ इस तरह की अजनबियत थी कि लड़कियों को खौफ सताने लगा था। "लेकिन अब चूँकि हम इसे जानते हैं, तो इसे उतार-चढ़ाव के साथ गाएँगे। तुम उसमें जिस कदर जज्बात भर सकती हो, भरो। लड़कियो, इसके लफ्जों के बारे में सोचो। अपनी कल्पनाशीलता का इस्तेमाल करो। 'फ़ास्ट ! आह, टू फ़ास्ट," मिस मीडोज चिल्लाई। "ऊँची आवाज उभरनी चाहिए, पश्चात्ताप और अफसोस का इजहार होना चाहिए। और फिर दूसरी लाइन, 'विंटर ड्रीयर' में 'ड्रीयर' का लफ्ज कुछ इस तरह अदा करो जैसे लगे कि सर्द हवाएँ उससे होकर बह रही हैं।" 'ड्री—यर !'" उसने इतनी जोर से कहा कि म्यूजिक स्टूल के पास खड़ी मैरी बिएजली को लगा कि उसकी रीढ़ में कोई चीज कुलबुला रही है। "तीसरी लाइन आरोह की होनी चाहिए। 'फ़्लीटूली ! आह, फ़्लीटूली म्यूज़िक्स गे मेजर'। आखिरी लाइन के पहले लफ्ज 'पासेज़' पर तोड़ो। और फिर लफ्ज 'अवे' पर तुमको आवाज इस तरह से मद्धिम करते जाना चाहिए कि जब 'द लिसनिंग इयर' आए तो तुम्हारी आवाज किसी सरगोशी से ज्यादा नहीं हो...तुम आखिरी लाइन पर अपनी आवाज जितनी चाहो, धीमी कर सकती हो। हाँ, तो अब शुरू करो।"

एक बार फिर दो हल्की ठकठकाहट; उसने फिर से अपने हाथ उठाए। "फ़ास्ट, आह, टू फास्ट !" "...और शादीशुदा जिन्दगी गुजारने का ख्याल मुझे नफरत से भर देता है..." नफरत ही वह लफ्ज था जो उसने लिखा था। अब कहा जा सकता था कि उनकी सगाई टूट गई है। टूट गई ! उनकी सगाई ! लोगों को इस बात पर हैरानी थी कि उसकी सगाई हो चुकी है। साइंस टीचर तो इस पर यकीन भी नहीं करेगी। जितनी हैरानी उसे हुई थी, उतनी किसी और को नहीं हुई। वह तीस साल की है। बेसिल पच्चीस का है। जब वे उस बेहद तारीक रात को चर्च से घर लौट रहे थे तो उसने कहा था, "जानती हो, पता नहीं कैसे यह हुआ, पर मैं तुम्हें चाहने लगा हूँ।" और उसने उसकी गर्दन से लिपटे शुतुरमुर्ग के पंखोंवाले दुपट्टे का एक सिरा पकड़ लिया था। "पासेज़ अवे फ्रॉम द लिसनिंग इयर।"

"दोहराओ ! दोहराओ !" मिस मीडोज ने कहा। "लड़कियो, और जज्बात ! एक बार फिर !"

"फ़ास्ट ! आह, टू फ़ास्ट !" बड़ी लड़कियों का चेहरा सुर्ख हो चला था। छोटी

लड़कियों में से कुछ चिल्लाने लगी थीं। खिड़की से बारिश की बड़ी-बड़ी बूँदें टकरा रही थीं, और बाहर बेदमजनूँ के पेड़ों को यह सरगोशियाँ करते सुना जा सकता था, "...नहीं, ऐसी बात नहीं कि मैं तुमसे प्यार नहीं करता..."

"लेकिन डार्लिंग, अगर तुम मुझसे प्यार करते," मिस मीडोज ने मन ही मन कहा, "मैं इस पर ध्यान नहीं देती कि तुम मुझे कितना प्यार कर रहे हो। तुम जितना चाहो उतना कम प्यार करो।" लेकिन वह जानती थी कि वह उससे प्यार नहीं करता है। अगर यह बात होती तो वह "नफरत" के लफ्ज को खुरचकर मिटा देता ताकि वह उसे पढ़ नहीं सके। "सून ऑटम ईल्ड्स इण्टू विण्टर ड्रीयर।" उसे यह स्कूल भी छोड़ना होगा। यह बात जाहिर हो जाने के बाद वह साइंस टीचर या लड़कियों का कभी सामना नहीं कर सकेगी। उसे कहीं गायब हो जाना पड़ेगा। "पासेज़ अवे।" आवाजें धीमी पड़ने लगी थीं, सरगोशियों में बदलने लगी थीं...लुप्त होने लगी थीं।

अचानक दरवाजा खुला। नीली पोशाक में एक छोटी लड़की घबराई हुई-सी वहाँ आई। वह सिर झुकाए हुए थी और होंठों को चबा रही थी और अपनी नन्ही गुलाबी कलाई में चाँदी की चूड़ी को हिला-डुला रही थी। वह सीढ़ियाँ चढ़ती हुई ऊपर आई और मिस मीडोज के ठीक सामने खड़ी हो गई।

"हाँ, मोनिका, क्या बात है ?"

"ओह, मिस मीडोज," हाँफते हुए नन्ही लड़की ने कहा। "मिस व्याट आपसे मिस्ट्रेस रूम में मिलना चाहती हैं।"

"अच्छी बात है।" मिस मीडोज ने कहा। फिर वह लड़कियों की तरफ मुड़कर बोली, "जब तक मैं यहाँ नहीं हूँ, तुम सबको धीमी आवाज में बातें करने की इजाजत है।" लेकिन लड़कियाँ इस कदर सहमी थीं कि वे कुछ और नहीं कर सकती थीं। उनमें से ज्यादातर अपनी नाकें बजा रही थीं।

गलियारा ठंडा और शान्त था और वहाँ सिर्फ मिस मीडोज के कदमों की चाप गूँज रही थी। हेड मिस्ट्रेस अपनी कुर्सी पर बैठी थी। एक पल के लिए उसने सिर ऊपर नहीं उठाया। वह हमेशा की तरह अपने चश्मे को छुड़ाने में लगी थी जो उसकी लेस टाई में उलझ गया था। "बैठ जाओ, मिस मीडोज," उसने बड़ी नरमी से कहा। और फिर आहिस्ता से एक गुलाबी लिफाफा उठाया। "मैंने तुम्हें इसलिए बुलाया है कि अभी-अभी तुम्हारे लिए यह टेलीग्राम आया है।"

"मिस व्याट, मेरे लिए टेलीग्राम ?"

बेसिल ! मिस मीडोज ने सोचा, उसने खुदकुशी कर ली होगी। उसका हाथ आगे बढ़ा, लेकिन मिस व्याट ने एक क्षण के लिए लिफाफेवाला अपना हाथ पीछे हटा लिया। "मैं उम्मीद करती हूँ कि इसमें कोई बुरी खबर नहीं होगी।" उसका लहजा और भी नरम हो गया था। मिस मीडोज ने लिफाफा खोल दिया।

"खत पर ध्यान मत देना, मैं शायद पागल हो गया था, हैट-स्टैंड आज खरीद लिया—बेसिल," उसने पढ़ा। वह अपनी निगाहें टेलीग्राम से हटा नहीं सकी।

"मैं उम्मीद करती हूँ कि इसमें कोई गम्भीर बात नहीं होगी," मिस व्याट ने आगे की तरफ झुकते हुए कहा।

"ओह, नहीं मिस व्याट, आपका बहुत-बहुत शुक्रिया," मिस मीडोज का चेहरा शर्म से सुर्ख हो गया, "कोई बुरी खबर नहीं है। यह..." वह हौले से हँस दी। उसकी हँसी से शर्मिन्दगी झलक रही थी। "यह मेरे मंगेतर का तार है। वह कह रहा है... वह कह रहा है कि..." एक क्षण के लिए खामोशी रही। "मैं समझ रही हूँ," मिस व्याट ने कहा। एक बार फिर कुछ क्षण के लिए खामोशी छा गई। और फिर—"मिस मीडोज, अभी तुम्हारे क्लास के पन्द्रह मिनट बचे हैं। हैं ना ?"

"जी, मिस व्याट।" वह उठ खड़ी हुई और तेजी से दरवाजे की तरफ लपकी।

"हाँ, मिस मीडोज, बस एक मिनट," मिस व्याट ने कहा। "मैं यह कहना चाहूँगी कि मैं पसन्द नहीं करती कि स्कूल के वक्त हमारी टीचरों को तार भेजा जाए जब तक कि कोई बुरी खबर न हो, जैसे मौत," मिस व्याट ने कहा, "या फिर कोई बेहद गम्भीर हादसा, या ऐसी ही कोई चीज। अच्छी खबरें, मिस मीडोज, कहीं भागी नहीं जाती हैं।"

उम्मीद, प्यार और खुशी के परों पर सवार मिस मीडोज तेजी से लपकती म्यूजिक हॉल में वापस लौटी। वह तेजी से सीढ़ियाँ चढ़ती हुई मंच पर पियानो के निकट पहुँची।

"पेज बत्तीस, मैरी," उसने कहा, "पेज बत्तीस," और पीले गुलदाउदी को उठाकर उसने अपने लबों से सटा लिया ताकि उसकी मुस्कुराहट छिप जाए। और फिर वह लड़कियों की तरफ मुड़ी और अपनी छड़ी से खटखटाते हुए बोली, "पेज बत्तीस, लड़कियो, पेज बत्तीस।"

"वी कम टुडे विद फ़्लाअर्स ओवरलेडेन। विद बास्केट्स ऑव फ्रूट्स एण्ड रिबन्स टु बूट। टु-उ कांग्राचुलेट।"

"रुको ! रुको !" मिस मीडोज चिल्लाई। "कितने भयानक ढंग से गा रही हो तुम सब।" मिस मीडोज लड़कियों की तरफ देखकर मुस्कुराई। "तुम लोगों को हो क्या गया है ? सोचो, लड़कियो, सोचो कि तुम क्या गा रही हो। तुम अपनी कल्पना शक्ति का इस्तेमाल करो। 'विद फ़्लावर्स ओवरलेडेन। बास्केट्स ऑफ फ्रूट्स एण्ड रिबन्स टु बूट' और 'कांग्राचुलेट।'" मिस मीडोज अचानक रुक गई। "लड़कियो, इतनी मायूस मत दिखो। इसमें जोश और खुशी झलकनी चाहिए। 'कांग्राचुलेट।' एक बार फिर से। हाँ, जल्दी-जल्दी।"

और इस बार मिस मीडोज की गहरी, तृप्त, दमकती हुई और जज्बात से भरपूर आवाज सबसे ज्यादा बुलन्द थी।

अजनबी

घाट पर जमा छोटी-सी भीड़ को लग रहा था कि वह फिर कभी नहीं हिलेगा। सिलवटों से भरे भूरे पानी के बीच वह निश्चल पड़ा था। उसके ऊपर धुएँ का एक दायरा लहरा रहा था। जहाज के पिछवाड़े में रसोईघर से फेंकी जानेवाली बेकार चीजों को झपटने के लिए समुद्री परिन्दे चीखें मारते हुए गोते लगा रहे थे। जोड़ों की छोटी-छोटी आकृतियॉ चहलकदमी करती देखी जा सकती थीं—दूर से वे ऐसे लग रहे थे जैसे सिलवटों से भरे भूरे मेजपोश पर रखी तश्तरी पर मक्खियाँ मटरगश्ती कर रही हों। निचले डेक पर कोई सफेद-सी चीज चमकी। यह शायद खानसामे का या फिर परिचारिका का एप्रन था। तभी एक नन्ही काली मकड़ी सीढ़ियों पर दौड़ती हुई चढ़ी और पुल पर पहुँच गई।

भीड़ के सामने शानदार कपड़े पहने मजबूत कद-काठीवाला एक अधेड़ आदमी अपनी बन्द छतरी घुमाता टहल रहा था। वह भूरे रंग का ओवरकोट पहने था। उसके गले में भूरे ही रंग का एक रेशमी स्कार्फ था। हाथों पर एक मोटा दस्ताना था और सिर पर स्याह फेल्ट हैट था। वह घाट पर जमा भीड़ का नेता लग रहा था और साथ ही उन्हें जोड़नेवाली कड़ी भी। वह गड़ेरिया और उसके कुत्ते के बीच की कोई चीज था।

लेकिन कैसा बेवकूफ था वह कि दूरबीन लेकर नहीं आया ! इतने सारे लोगों के बीच एक दूरबीन नहीं थी।

"अजीब बात है, मिस्टर स्कॉट, हममें से किसी ने दूरबीन के बारे में सोचा ही नहीं। नहीं तो हम उनको खबर कर पाते। हम उन्हें थोड़ा-बहुत संकेत तो दे ही पाते। 'घाट पर जहाज लाने से मत हिचको ! यहाँ के लोग खतरनाक नहीं हैं।' या : 'आपके स्वागत का इन्तजार है। सब कुछ माफ कर दिया गया है।' क्यों, ठीक है न ?"

हेमंड की तेज निगाहों ने घाट पर मौजूद तमाम लोगों को अपने दायरे में समेट लिया। उसकी घबराई हुई, लेकिन दोस्ताना निगाहों में वे पुराने लोग भी आ गए जो जहाज से उतरने के लिए लगाए जानेवाले पटरों के इर्द-गिर्द आवारा घूम रहे थे। हरेक

को पता था कि मिसेज हेमंड पोत पर थी, और वह इस कदर उत्तेजित था कि समझ ही नहीं पाया कि यह हकीकत सभी के लिए कुछ मायने रखती है। उसने सोचा, कितने अच्छे हैं भीड़ में शामिल ये लोग। वे पुराने लोग भी जो पटरों के पास आवारागर्दी कर रहे हैं। बढ़िया, मजबूत लोग ! कसम से, कैसे चौड़े सीने हैं ! और उसने भारी दस्तानों से ढँके अपने हाथ को अपनी जेब में डालते हुए अपने सीने की उनसे तुलना की।

"हाँ, मेरी पत्नी पिछले दस माह से यूरोप में थी। वह अपनी सबसे बड़ी बेटी से मिलने गई थी जिसकी शादी पिछले साल हुई है। मैं उसे यहाँ तक, सैलिसबरी तक खुद लाया। इसलिए मैंने सोचा कि मेरे लिए यह बेहतर होगा कि मैं यहाँ आऊँ और उसे लेता जाऊँ। जी, जी हाँ।" उसने अपनी तेज-तर्रार आँखों से निश्चल पड़े जहाज को तेजी से टटोला। उसकी निगाहों से परेशानी झलक रही थी। उसने एक बार फिर अपने ओवरकोट के बटन खोले। उसमें से एक बार फिर पुरानी घड़ी निकाली और बीसवीं...पचासवीं...सौवीं बार हिसाब लगाया।

"देखिए। उस वक्त दो बज कर पन्द्रह मिनट हुए थे जब डाक्टर का लांच रवाना हुआ था। दो बज कर पन्द्रह मिनट। और अब ठीक चार बज कर अट्ठाइस मिनट हुए। मतलब यह हुआ कि डाक्टर दो घंटे तेरह मिनट पहले गया। दो घंटे और तेरह मिनट ! हुश्श !" उसके होंठों से सीटी की एक हल्की आवाज निकली और उसने घड़ी वापस रख ली। "लेकिन मैं समझता हूँ कि अगर कोई बात थी तो हमें उसकी जानकारी दी जानी चाहिए थी। है ना, मिस्टर गैवेन ?"

"ओह, हाँ, मिस्टर हेमंड ! मुझे नहीं मालूम कि परेशानी की कोई बात है या नहीं," मिस्टर गैवेन ने अपनी पाइप की राख को झाड़ते हुए कहा। "साथ ही साथ..."

"बिलकुल यही बात है ! बिलकुल यही !" हेमंड चिल्लाया। उसने तेज-तेज कदमों से आगे-पीछे चक्कर लगाया और फिर वह स्कॉट दम्पत्ति तथा मिस्टर गैवेन के बीच अपनी जगह पर आ खड़ा हुआ। "शाम भी होने लगी है।" उसने यह कहते हुए इस अन्दाज में अपनी छतरी झटकी जैसे शाम के इस झुटपुटे में इतनी शराफत तो होगी ही कि वह कुछेक कदम पीछे हट जाएगा। लेकिन झुटपुटा दबे पाँव पहुँचा और पानी पर किसी धब्बे की तरह पसर गया। नन्ही जीन स्कॉट ने अपनी माँ का हाथ खींचा।

"मम्मी, मुझे चाय चाहिए।" वह मिनमिनाई।

"मुझे अन्दाजा है कि तुम्हें चाय चाहिए," हेमंड ने कहा। "मुझे अन्दाजा है कि यहाँ तमाम औरतें चाय की तलब महसूस कर रही हैं।" और उसने अपनी मेहरबान, शर्मसार और लगभग दयनीय निगाहों से एक बार फिर सभी को देखा। उसने सोचा

कि क्या जेनी वहाँ सैलून में चाय का आखिरी कप पी रही होगी। उसे उम्मीद इसी की थी लेकिन उसका ख्याल था कि ऐसा नहीं हुआ होगा। जेनी ऐसे मौके पर डेक छोड़कर कहीं नहीं जाएगी। ऐसे मामले में तब डेक स्टीवर्ड ही चाय ले गया होगा। अगर वह वहाँ होता तो वह किसी भी तरह वहीं चाय मँगवाता। और एक पल के लिए वह डेक पर था, जेनी के पास। वह उसके छोटे-से हाथ को देख रहा था जिसमें वह चाय के प्याले को पकड़े थी। वह इसी तरह प्याला पकड़ती थी। लेकिन अब जब कि वह यहाँ लौट आए थे, खुदा ही जानता है कि कमबख्त कप्तान कब तक जहाज को दूर धारा में रोके रखेगा। वह एक बार फिर मुड़ा और यूँ ही इधर-उधर चहलकदमी करने लगा। वह अपनी बग्घी तक यह देखने गया कि कहीं उसका साईस गायब तो नहीं हो गया है। फिर वह मुड़ा और केले की पेटियों की छाँह में जमा लोगों के झुंड की तरफ बढ़ा। जीन स्कॉट अब भी चाय की माँग कर रही थी। बेचारी ! काश, उसके पास चाकलेट होती।

"जीन, इधर आओ !" उसने कहा, "ऊपर चढ़ोगी ?" और उसने नन्ही लड़की को हाथों में उठा लिया और उसे एक ऊँचे पीपे पर बैठा दिया। इस काम ने आश्चर्यजनक रूप से उनके दिल का बोझ उतार फेंका।

"मुझे पकड़ी रहो," उसने नन्ही जीन को अपनी बाँहों के घेरे में लेते हुए कहा।

"मिस्टर हेमंड, आप जीन के लिए परेशान नहीं हों," मिसेज स्कॉट ने कहा।

"नहीं, नहीं, ठीक है मिसेज स्कॉट। मुझे कोई दिक्कत नहीं है। इसमें तो मजा आता है। जीन मेरी नन्ही दोस्त है। है ना जीन ?"

"हाँ, मिस्टर हेमंड," जीन ने कहा और वह हेमंड के फेल्ट हैट पर अपनी उँगलियाँ फिराने लगी।

लेकिन अचानक जीन ने उसका कान पकड़ लिया और चिल्लाई, "मिस्टर हेमंड, वह चल रहा है ! देखिए, वह इधर ही आ रहा है !"

खुदा की कसम ! उसने चलना शुरू कर दिया था। आखिरकार ! वह धीरे-धीरे मुड़ रहा था। दूर पानी में कहीं कोई घंटी बजी और भाप की एक जोरदार फुहार हवा में फूटी। समुद्री परिन्दे हवा में ऊपर उठे और सफेद कागज के टुकड़ों की तरह बिखर गए। हेमंड बता नहीं सकता था कि धड़धड़ाने की यह आवाज जहाज के इंजन से आई या उसके दिल से। जो भी हो, उसको खुद ही बर्दाश्त करना होगा। उसी पल बन्दरगाह के बूढ़े अधीक्षक कैप्टन जानसन घाट से उतर कर वहाँ पहुँचे। उनके हाथ में चमड़े का एक बैग था।

"जीन ठीक है," मिस्टर स्कॉट ने कहा। "मैं उसे पकड़े रहूँगा।" उन्होंने ठीक समय पर यह बात कही थी। हेमंड तो जीन को भूल बैठा था। वह बूढ़े कैप्टन का स्वागत करने आगे बढ़ा।

"आइए, कैप्टन," उसकी घबराई-सी, उत्सुक आवाज उभरी, "आखिरकार आपने हम सब पर मेहरबानी की।"

"मुझ पर इल्जाम लगाने से कोई फायदा नहीं, मिस्टर हेमंड," कैप्टन जानसन ने हाँफते हुए कहा। वह जहाज को एकटक घूर रहे थे। "अरे, हाँ ! मिसेज हेमंड पोत पर हैं, है ना ?"

"जी हाँ !" हेमंड ने कहा। वह जानसन के बगल में ही खड़ा रहा। "मिसेज हेमंड वहाँ हैं। हल्-लो ! अब तो ज्यादा देर नहीं होगी ?"

उसकी घंटी बज रही थी। इंजन की चीख फिजा में गूँज रही थी। स्याह पानी को काटता-चीरता और फेन को अपनी दोनों ओर करता बड़ा-सा जहाज उनके नजदीक आता जा रहा था। हेमंड और कैप्टन लोगों के आगे खड़े रहे। हेमंड ने अपना हैट उतार लिया। उसने डेक पर निगाह दौड़ाई। वहाँ मुसाफिरों का हुजूम था। उसने हैटवाला अपना हाथ हिलाया और जोर से चिल्लाया, "हल्-लो।" उसकी अजीब-सी चीख पानी की सतह पर फिसलती हुई दूर तक गई। फिर वह मुड़ा और जोर से हँस पड़ा और बूढ़े जानसन से कुछ कहा जिसका कोई मतलब नहीं था।

"वह दिखाई दीं ?" बूढ़े कैप्टन ने पूछा।

"नहीं, अब तक तो नहीं। थोड़ा इन्तजार करो !" और अचानक डील-डौल वाले दो अहमकों के बीच उसने एक हाथ उठा हुआ देखा। सफेद दस्तानेवाला हाथ एक रूमाल हिला रहा था। एक पल और, और—खुदा का शुक्र है, खुदा का शुक्र है !—वही है। वह जेनी थी। वह मिसेज हेमंड थीं, हाँ, हाँ, हाँ—रेलिंग से टेक लगाए, मुस्कुराती, गर्दन हिलाती और रूमाल लहराती।

"अच्छा, तो वह फर्स्ट क्लास में है, फर्स्ट क्लास। अच्छा, अच्छा, अच्छा !" उसने कयास लगाया। बिजली की रफ्तार से उसने अपना सिगार-केस निकाला और बूढ़े कैप्टन जानसन को पेश किया। "एक सिगार लो, कैप्टन ! ये बढ़िया हैं ! दो ले लो !" और उसने अपने सारे सिगार कैप्टन को थमा दिए। "होटल में मेरे पास सिगार के दो-तीन बॉक्स हैं।"

"थैंक्स, मिस्टर हेमंड !" कैप्टन जानसन ने हाँफते हुए कहा।

हेमंड ने सिगार-केस अपनी जेब में डाल लिया। उसके हाथ काँप रहे थे, लेकिन उसने खुद को काबू में रखा था। वह जेनी के रूबरू होने में सक्षम था। वह वहाँ थी, रेलिंग पर झुकी हुई। वह कुछ औरतों से बातें कर रही थी और साथ ही उसे भी ताक रही थी। वह उससे मिलने के लिए तैयार थी। उसे अचानक लगा कि उस विशाल पोत पर वह कितनी छोटी दिखती है। उसका दिल इतनी बुरी तरह से धड़का कि उसे लगा कि वह चीख पड़ेगा। वह इतनी छोटी दिखती है और उसने इतना लम्बा सफर पूरा किया और वह भी अकेले ! बिलकुल अपनी तरह। बिलकुल जेनी की तरह। उसमें

साहस है—और अब पोत का चालक दल आगे आ चुका है और मुसाफिरों को एक तरफ कर दिया है; उन्होंने मुसाफिरों के उतरने के लिए जीना नीचे किया।

साहिल और जहाज पर की आवाजें एक-दूसरे का स्वागत करने के लिए उड़ीं।

"सब कुशल मंगल ?"

"हाँ, कुशल मंगल।"

"माँ कैसी है ?"

"पहले से बेहतर।"

"हल्लो, जीन !"

"हिल्लो, एमिली आंटी !"

"सफर अच्छा रहा ?"

"शानदार।"

"अब तो ज्यादा देर नहीं है।"

"नहीं, अब नहीं।"

जहाज का इंजन थम गया। धीरे-धीरे वह घाट के किनारे लगा।

"रास्ता छोड़ो—जगह बनाओ—जगह बनाओ !" घाट के कर्मियों ने तेजी से भारी-भरकम जीना नीचे उतारा। हेमंड ने जेनी को इशारा किया कि वह जहाँ है, वहीं रहे। बूढ़ा कैप्टन आगे बढ़ा। हेमंड उसके पीछे-पीछे चला। "पहले महिलाएँ" या इस तरह की अल्लम-गल्लम कोई चीज उसके भेजे में कभी नहीं समाई।

"कैप्टन, तुम्हारे पीछे !" वह मिलनसारी भरे लहजे में चिल्लाया। बूढ़े आदमी के पीछे-पीछे चलते हुए वह जीने पर चढ़कर लोगों के बीच से होते हुए डेक पर जेनी के पास पहुँच गया। जेनी उससे लिपट गई।

"अच्छा, अच्छा, अच्छा ! हाँ, हाँ ! आखिरकार हमारी मुलाकात यहाँ हुई।" वह हकलाया। वह बस यही बात कह सका। जेनी उससे अलग हुई, और उसने अपनी शीतल आवाज में—उसके लिए तो दुनिया में बस एक यही आवाज थी—कहा,

"अच्छा, डार्लिंग ! क्या तुम देर से इन्तजार कर रहे थे ?"

नहीं, ज्यादा देर से नहीं। या, किसी भी तरह यह मायने नहीं रखता है। यह मामला तो खत्म हो चुका है। लेकिन बात यह है कि घाट के किनारे बग्घी उनके इन्तजार में खड़ी थी। क्या वह जाने के लिए तैयार है ? इस हालत में वे केबिन में रखे उसके सामान को वहीं छोड़ दे सकते थे और उसको ले जाने का मामला कल पर टाल सकते थे। वह उस पर झुका और उसने अपनी जानी-पहचानी आधी मुस्कुराहट से उसे ताका। वह वैसी की वैसी थी। वह जरा भी नहीं बदली थी। वह वैसी ही थी जैसा वह हमेशा से उसे जानता आया है। उसने अपना छोटा-सा हाथ उसकी कमीज की बाँह पर रख दिया।

"जॉन, बच्चे कैसे हैं ?" उसने पूछा।

(बच्चों को गोली मारो !) "अच्छे हैं। इससे बेहतर तो अपनी जिन्दगी में कभी रहे ही नहीं।"

"क्या उन्होंने मुझे खत नहीं लिखे हैं ?"

"हाँ, हाँ—बेशक ! मैं उन्हें होटल में छोड़ आया हूँ। तुम्हारे लिए ढेर सारी खुराक है।"

"इतना तेज मत चलो," उसने कहा। "मुझे लोगों को विदा कहना है—और फिर वहाँ कैप्टन है।" उसका चेहरा थोड़ा बुझ-सा गया तो जेनी ने समझाने के अन्दाज में उसकी बाँह को हल्के से छुआ। "अगर कैप्टल पुल पर मिल जाता है तो मैं चाहूँगी कि तुम अपनी बीवी की बढ़िया खातिरदारी के लिए उसका शुक्रिया अदा करो।" ठीक है, वह मिल तो गई है। अब् अगर वह दस मिनट और चाहती है तो हर्ज क्या है। जैसे ही वे आगे बढ़े, जेनी लोगों से घिर गई। लगता था कि पूरा फर्स्ट क्लास जेनी को विदा कहना चाहता था।

"अलविदा, मिसेज हेमंड ! अगली बार तुम सिडनी आओगी तो मेरे यहाँ जरूर आना।"

"प्यारी मिसेज हेमंड ! तुम मुझे खत लिखना मत भूलना। भूलोगी तो नहीं ना ?"

"अच्छा, मिसेज हेमंड ! तुम्हारे बगैर यह जहाज कैसा लगता ?"

यह बिलकुल साफ था कि वह जहाज पर सबसे लोकप्रिय औरत थी। और उसने इस लोकप्रियता को सहजता से लिया—हमेशा की तरह। वह बिलकुल सहज थी। चेहरे पर डाले जानेवाले बारीक पारदर्शी कपड़े को परे कर वह खड़ी थी। हेमंड ने कभी इस पर ध्यान नहीं दिया कि उनकी बीवी क्या पहन-ओढ़ रही है। उसे इससे कोई मतलब नहीं था कि वह क्या पहनती और क्या ओढ़ती है। लेकिन आज उसने ध्यान दिया कि उसने सफेद झालरवाली एक स्याह पोशाक पहन रखी है। उसे लगा कि पोशाक के गले और आस्तीन पर सफेद गोटा पट्टी टँकी है। इसी दौरान जेनी ने उसे पकड़ लिया।

"जॉन प्यारे !" और फिर : "मैं तुम्हें इनसे मिलवाना चाहती..."

आखिरकार वे वहाँ से फारिग हुए। उसके बाद वह उसे अपने 'स्टेट-रूम' में ले गई। उस गलियारे में जेनी के पीछे-पीछे चलना जिससे वह पूरी तरह अवगत थी और जो उसके लिए पूरी तरह अजनबी था और सब्ज पर्दों को सरकाते हुए उसके पीछे-पीछे अब तक जेनी के रहे केबिन में दाखिल होना उसे बहुत अच्छा लगा। लेकिन केबिन में फर्श पर परिचारिका बैठी थी। वह बिस्तर लपेट रही थी।

"मिसेज हेमंड, बस यह आखिरी है," स्टीवर्डेस ने खड़ी होकर अपनी आस्तीन ऊपर चढ़ाते हुए कहा।

एक बार फिर उसका परिचय करवाया गया, और फिर जेनी और परिचारिका दोनों गलियारे में गायब हो गईं। उसने सरगोशियाँ सुनीं। उसने सोचा कि वह टिप वगैरह कामों से निबट रही है। वह धारीदार सोफे पर बैठ गया और हैट सिर से उतार लिया। वहाँ कम्बल पड़े थे जो जेनी अपने साथ सफर पर ले गई थी। वे नए जैसे दिख रहे थे। उसका तमाम सामान बिलकुल अच्छी हालत में था। उन पर जेनी की खूबसूरत लिखावट में लेबल लगा था—"मिसेज जॉन हेमंड।"

"मिसेज जॉन हेमंड !" उसने सुकून भरी एक लम्बी आह भरी और अपनी बाँहों को मोड़कर आगे की तरफ झुक गया। उसे लग रहा था कि काश ऐसा होता कि वह सुकून—दिल पर पड़नेवाले खतरनाक बोझ से निजात पाने के सुकून—की ऐसी ही आह भरते ताउम्र वहीं बैठा रहता। खतरा टल चुका है। यह उसकी सोच थी। अब वे फिर से जमीन पर आ चुके थे।

लेकिन उसी पल एक कोने से जेनी का सिर नमूदार हुआ।

"डार्लिंग, तुम्हें बुरा तो नहीं लगेगा ? मैं बस जाकर डाक्टर को अलविदा कहना चाहती हूँ।"

हेमंड उठ खड़ा हुआ। "मैं तुम्हारे साथ चलूँगा।"

"नहीं, नहीं !" उसने कहा, "तुम तकलीफ नहीं करो। मुझे वहाँ एक मिनट भी नहीं लगेगा।"

और इससे पहले कि वह जवाब देता, वह जा चुकी थी। उसे पहले तो लगा कि वह भी उसके पीछे लपक ले, लेकिन वह वहीं बैठ गया।

क्या वह सचमुच वहाँ ज्यादा वक्त नहीं लगाएगी ? अभी कितना बजा है ? एक बार फिर घड़ी जेब से बाहर आई, लेकिन उसने उस पर नजर नहीं डाली। जेनी को लेकर उसके दिमाग में तरह-तरह के ख्याल आ रहे थे, क्या यह बात नहीं थी ? आखिर उसने परिचारिका को क्यों नहीं कहा कि वह उसकी तरफ से डाक्टर को अलविदा कह दे ? आखिर क्या जरूरत थी इस तरह जहाज के डाक्टर के पीछे दौड़े जाने की ? अगर यह मामला इतना ही जरूरी था तो वह होटल से भी एक खत भेज सकती थी। जरूरी था ? तब क्या इसका मतलब यह है कि समुद्री सफर के दौरान वह बीमार रही ? तो वह उससे कोई बात छिपा रही है ? हाँ, तो यह बात है ! उसने अपना हैट उठाया। वह अब उन हजरत को ढूँढ़ने और उनसे किसी भी कीमत पर सच्चाई उगलवाने जा रहा था। उसे लगा कि उसका ध्यान किसी चीज पर गया है। वह कुछ ज्यादा ही शान्त दिख रही थी, कुछ ज्यादा ही धीर और सन्तुलित। बिलकुल पहले ही क्षण से—

पर्दा हिला। जेनी लौट आई थी। वह झट से खड़ा हो गया।

"जेनी, क्या तुम इस सफर के दौरान बीमार पड़ी थी ?"

"बीमार ?" जेनी की जिन्दादिल आवाज ने उसका मजाक उड़ाया। वह कम्बलों

के ढेर पर चढ़ गई, और उसके करीब आ गई, उसका सीना छुआ और उसे ताकने लगी।

"डार्लिंग," उसने कहा, "मुझे मत डराओ। मैं बीमार नहीं पड़ी थी। तुम ऐसी बात क्यों सोच रहे हो ? क्या मैं तुम्हें बीमार दिख रही हूँ ?"

लेकिन हेमंड ने उसे नहीं देखा। उसने सिर्फ महसूस किया कि वह उसे ताक रही है और उसे किसी बात के लिए परेशान होने की जरूरत नहीं है। वह सब चीजों की देखभाल के लिए यहाँ आ चुकी है। अब सब ठीक है। सभी चीजें।

उसके हाथों का नरम दबाव उसे इतना सुकून दे रहा था कि उसने उसका हाथ वहीं रखे रहने के लिए उस पर अपना हाथ रख दिया। और जेनी ने कहा :

"शान्त खड़े रहो। मैं तुम्हें देखना चाहती हूँ। मैं अभी तक तुम्हें नहीं देख पायी हूँ। तुमने अपनी दाढ़ी बहुत नफासत के साथ तराशी है, और मुझे लगता है कि तुम--तुम्हारी उम्र कुछ कम लग रही है, और तुम जरूर ही कुछ दुबले भी दिख रहे हो ! अकेली जिन्दगी तुम्हें फायदा पहुँचाती है।"

"फायदा पहुँचाती है !" उसने प्यार के लिए तड़प महसूस की। उसने जेनी को खुद से और भी करीब कर लिया। और एक बार फिर हमेशा की तरह उसे लगा कि उसकी बाँहों में कोई ऐसी चीज है जो कभी उसकी नहीं थी। ऐसी चीज जो बेहद नाजुक है, बेहद बेशकीमती, जिसे एक बार अपने हाथ से निकलने दिया तो उसे हमेशा के लिए खो बैठेगा।

"खुदा के लिए अब होटल चलो ताकि हम वहाँ अपने ढंग से उठ-बैठ सकें !" हेमंड ने बड़े जोर से घंटी बजाई ताकि कोई कुली आए और उनका सामान उठा कर ले चले।

घाट के नीचे साथ-साथ चलते हुए जेनी ने उसकी बाँहें थाम लीं। उसने एक बार फिर जेनी को अपनी बाँहों में बाँध लिया। और इससे फर्क यह आया कि बग्घी में पहले जेनी चढ़ी और फिर वह। उसने लाल और पीली धारीवाला कम्बल दोनों के गिर्द डालने के बाद ड्राइवर को तेज चलने को कहा क्योंकि न तो उसने और न ही जेनी ने चाय ली थी। चाय के बिना वह कोई काम नहीं करता था। वह लौट चुकी थी। वह उसकी तरफ मुड़ा, उसकी कलाई थामी और बड़ी नरमी से, ताने कसते हुए उसने अपने "खास" अन्दाज में कहा, "मोहतरमा, बड़ी खुशी की बात है कि तुम घर लौट आई ?" वह मुस्कुराई, उसने इसका जवाब देने की जरूरत भी महसूस नहीं की, लेकिन जैसे ही वह थोड़ी रोशन सड़क पर पहुँचे, उसने आहिस्ता से अपना हाथ पीछे हटा लिया।

"होटल में हमें सबसे अच्छा कमरा मिला है," हेमंड ने कहा। "मैं उसे किसी दूसरे कमरे से बदल नहीं सकता। मैंने नौकरानी को कह दिया है कि अगर तुम्हें ठंडक

महसूस हो तो वह कमरे में थोड़ी आग जला दे। वह लोगों का ख्याल रखनेवाली एक अच्छी लड़की है। और मैंने सोचा कि अब जब हम यहाँ हैं, तो हम कल घर लौटना पसन्द नहीं करेंगे, बल्कि दिन-भर यहाँ सैर-सपाटा और तफरीह करने के बाद अगली सुबह घर जाएँगे। क्या यह तुम्हारे हिसाब से मुनासिब है ? कोई जल्दबाजी नहीं है, है क्या ? बच्चों से जल्द ही मुलाकात होगी...मैंने सोचा कि एक दिन की तफरीह से तुम्हारे सफर का अन्त अच्छा होगा—क्यों, जेनी ?"

"क्या तुम परसों के टिकट खरीद चुके हो ?" जेनी ने सवाल किया।

"मुझे लगता है कि मैं खरीद चुका हूँ !" उसने अपने ओवरकोट के बटन खोले ओर जेब से एक भारी-भरकम जेबी डायरी निकाली। "यह रहा ! मैंने कुकटाउन के लिए फर्स्ट क्लास की एक बोगी रिजर्व कराई है। यह देखो—'मिस्टर और मिसेज जॉन हेमंड।' मैंने सोचा कि हम आराम से चलेंगे, और हम नहीं चाहते कि कोई हमारे बीच आ टपके। बात सही है ना ? लेकिन अगर तुम यहाँ थोड़ा और ठहरना चाहती हो तो—?"

"अरे, नहीं !" जेनी ने बड़ी तेजी से कहा। "किसी भी तरह नहीं ! फिर ठीक है, परसों। और बच्चे—"

तब तक होटल आ चुका था। होटल का मैनेजर खूब रोशन पोर्च में खड़ा था। वह उनके अभिवादन के लिए नीचे उतरा। एक कुली उनके बक्सों को लेने लपका।

"मिस्टर आर्नल्ड, आखिरकार मिसेज हेमंड यहाँ आ गईं !"

मैनेजर उनके साथ-साथ हॉल से होते हुए लिफ्ट तक गया और खुद लिफ्ट का बटन दबाया। हेमंड को मालूम था कि वहाँ व्यापार जगत के दोस्त छोटे-छोटे टेबलों पर बैठे रात के खाने से पहले शराब की चुस्कियाँ ले रहे हैं। लेकिन वह उनकी दखलन्दाजी का खतरा नहीं उठा सकता था। उन्हें जो समझ में आए, सोचें। अगर वह नहीं समझ सकते तो वे निरे बेवकूफ होंगे—और वह लिफ्ट से बाहर आया, अपने कमरे का ताला खोला और जेनी को अन्दर ले गया। दरवाजा बन्द हो गया। आखिरकार, अब दोनों अकेले एक साथ थे। उसने लैम्प की रोशनी ऊपर की। पर्दे गिरे थे और कमरे में आतिशदान में आग जल रही थी। उसने हैट विशाल पलंग पर उछाल दिया और उसकी तरफ बढ़ गया।

लेकिन क्या आप यकीन करेंगे ! एक बार फिर उनकी तन्हाई में खलल डाला गया। इस बार पोर्टर था जो उनका सामान लेकर आया था। उसने उनका सारा सामान पहुँचाने के लिए दो चक्कर लगाए और इस दरम्यान दरवाजा खुला छोड़ गया। उसने अपने हिसाब से वक्त लगाया। बीच में वह गलियारे में हल्के सुरों में सीटियाँ बजाता रहा। हेमंड कमरे में चकराता फिरा। उसने अपने हाथों से दस्ताने नोचे, फिर स्कार्फ खींचा। आखिर में उसने अपना ओवरकोट उतारा और पलंग के एक किनारे

उछाल दिया।

आखिर वह बेवकूफ गया। दरवाजा बन्द हुआ। अब दोनों अकेले थे। हेमंड ने कहा, "जेनी, मुझे लगा कि कभी हम दोनों एक नहीं होंगे। ये कमबख्त !" और उसने जज्बात से तपतपाई अपनी व्यग्र निगाहें उस पर डालीं। "हम यहीं खाना खाते हैं। अगर हम रेस्तराँ जाते हैं तो कई लोग टपक पड़ेंगे, और फिर वहाँ संगीत की भी दखलन्दाजी होगी।" (यह वही संगीत था जिसकी शान में उसने कल बुलन्द आवाज में ढेर सारे कसीदे पढ़े थे !) "हम एक-दूसरे की आवाज ठीक से सुन नहीं पाएँगे। आओ, आग के पास बैठकर कुछ खा-पी लें। अब देर हो गई है और चाय का कोई मतलब नहीं रह गया है। मैं खाने का आर्डर देता हूँ, दूँ ना ? क्या ख्याल है ?"

"हाँ, ठीक हैं डार्लिंग !" जेनी ने कहा। "और जब तक तुम आर्डर देते हो, मैं बच्चों के खत..."

"ओह, बाद में !" हेमंड ने कहा।

"लेकिन तब तक मैं पूरा कर लूँगी," जेनी ने कहा। "और फिर मैं..."

"मुझे नीचे जाने की जरूरत नहीं है !" हेमंड ने खुलासा किया। "मैं बस घंटी बजाउँगा और आर्डर दे दूँगा...तुम मुझे बाहर भेजना तो नहीं चाहती हो, भेजना चाहती हो क्या ?"

जेनी ने इनकार में सिर हिलाया और मुस्कुरा दी।

"लेकिन तुम किसी और चीज के बारे में सोच रही हो। तुम किसी चीज के बारे में परेशान हो रही हो," हेमंड ने कहा। "क्या बात है ? आओ और यहाँ बैठो। आओ और आग के पास मेरे जानू पर बैठो।"

"मैं बस अपना हैट उतार लूँ," जेनी ने कहा, और वह सिंगार मेज की तरफ बढ़ गई। "अरे वाह !" उसके होंठों से एक हल्की-सी चीख निकल गई।

"क्या हुआ ?"

"कुछ भी नहीं डार्लिंग। मुझे बस बच्चों के खत मिल गए। हाँ यह ठीक है। ये यहीं रहेंगे। अब कोई जल्दबाजी नहीं है !" वह उन्हें अपने हाथों में पकड़े उसकी तरफ मुड़ी। उसने उन खतों को अपने लेस लगे ब्लाउज के अन्दर डाल दिया। वह खुशी से चिल्लाईः "अरे, वाह ! एकदम तुम्हारी तरह है यह सिंगार मेज !"

"क्यों ? इसका क्या मामला है ?" हेमंड ने सवाल किया।

"अगर यह हवा में तैरती होती, तो भी मैं देखते ही कह सकती थी 'जॉन !'" जेनी ने हेयर टॉनिक की बड़ी शीशी, यू डि कोलोन की बोतल, दो हेयर ब्रश और गुलाबी टेप में बँधे दर्जन भर नए कॉलरों की तरफ ताकते हुए कहकहा लगाया। "ये सब तुम्हारी चीजें है ?"

"मेरी चीजों को गोली मारो !" हेमंड ने कहा, लेकिन साथ ही साथ उसे उस पर

हँसने का जेनी का यह अन्दाज अच्छा लगा। "आओ, बातें करें। आओ मुद्दे पर आएँ। हाँ, जरा बताओ"। और जैसे ही जेनी उसके जानू पर बैठी, वह पीछे की तरफ झुका और भद्दी-सी कुर्सी पर उसे खींच लिया। "जेनी, बताओ क्या लौटने पर तुम्हें सचमुच खुशी है ?

"हाँ, डार्लिंग, मैं खुश हूँ," उसने कहा।

लेकिन जैसे ही हेमंड ने उसे अपनी बाँहों में समेटा तो उसे महसूस हुआ जैसे वह उसके आगोश से उड़ जाएगी। इसलिए हेमंड यकीनी तौर पर कभी नहीं जान पाया कि वह उतनी ही खुश थी जितना वह खुद। वह कैसे जान पाएगा ? क्या वह कभी जान पाएगा ? क्या वह जेनी को अपने वजूद का एक अभिन्न हिस्सा बनाने के लिए हमेशा तरसता रहेगा और भूख जैसी तकलीफ उसे तड़पाती रहेगी ताकि जेनी के आगोश से निकलने का खतरा उसे नहीं सताएगा। वह हरेक को, हरेक चीज को मिटा देना चाहता था। उसके दिल में अब लैम्प बुझाने की चाहत जगी। शायद अँधेरा जेनी को उसके करीबतर ला दे। और अब बच्चों के सारे खत जेनी के ब्लाउज में सरसराने लगे थे। वह उन्हें आग में फेंक दे सकता था।

"जेनी," वह फुसफुसाया।

"हाँ, डार्लिंग ?" वह उसके सीने पर लेटी थी, लेकिन बिलकुल एक किनारे। उसकी दूरी उसे साफ महसूस हो रही थी।

"जेनी !"

"क्या बात है ?"

"मेरी तरफ मुड़ो," उसने सरगोशियाँ की। उसकी पेशानी पर धीमी लेकिन गहरी लाली दौड़ गई। "जेनी मुझे चूमो ! मुझे चूमो !"

उसे लगा जैसे एक पल के लिए दुनिया थम गई हो। लेकिन यह इतना लम्बा काल था कि उसके लिए उसे बर्दाश्त कर पाना मुश्किल हो गया। तभी उसने अपने लबों पर जेनी के लबों का एक हल्का-सा स्पर्श महसूस किया। वह हमेशा उसे ऐसे ही चूमा करती है जैसे उसके चुम्बन–किन लफ्जों में वह उसे बयान करे–उनकी बातों की पुष्टि करे या उनके करारनामे पर मुहर लगाए। लेकिन वह ऐसा नहीं चाहता था, उसकी यह चाहत भी नहीं थी। अचानक उसे लगा कि वह बुरी तरह थक गया है।

"क्या तुम जानती हो," हेमंड ने अपनी आँखें खोलते हुए कहा, "कैसा था आज का यह इन्तजार। मुझे तो लगा था कि जहाज किनारे से कभी लगेगा ही नहीं। हम लोग वहाँ डटे हुए थे। देर क्यों हो रही थी ?"

जेनी ने कोई जवाब नहीं दिया। वह उसके बजाय आग के शोलों को देख रही थी। आग की लपटें कोयले के ऊपर उठ रही थीं, फड़फड़ा रही थीं और गिर रही थीं।

"सो तो नहीं गई ?" हेमंड ने कहा और उसे हौले से झटका दिया।

"नहीं," उसने कहा। और फिर वह बोली : "ऐसा मत करो। नहीं, मैं कुछ सोच रही थी। दरअसल एक मुसाफिर, एक मर्द कल रात मर गया। उसी की वजह से यह देर हुई। हम उसे साथ लाये, मेरे कहने का मतलब है कि उसे समुद्र में दफन नहीं किया गया। बेशक, इसलिए, जहाज का डाक्टर और किनारे का डाक्टर..."

"क्या था वह ?" हेमंड की आवाज में बेचैनी थी। वह मौत के जिक्र से चिढ़ता था। उसे मौत से ही चिढ़ थी। यह ऐसा ही था जैसे किसी संयोग से होटल आते वक्त वह और जेनी किसी जनाजे से रूबरू हो गए हों !

"ओह, यह कतई छूत की बीमारी नहीं थी !" जेनी ने कहा। उसकी आवाज बहुत धीमी थी। "उसे दिल का दौरा पड़ा था।" एक पल तक खामोशी रही। "बेचारा !" वह बोली, "वह जवान ही था।" और वह आग की लपटों के गिरने और उठने का सिलसिला देखती रही। "वह मेरी ही बाँहों में मरा," जेनी ने कहा।

यह झटका इतना अचानक था कि हेमंड को लगा कि उस पर बेहोशी तारी हो रही है। वह हिल-डुल नहीं पा रहा था, और न ही साँस ले पा रहा था। उसे लगा कि उसकी सारी ताकत उसके जिस्म से बहकर बाहर निकल रही है और बहती हुई स्याह कुर्सी में जज्ब होती जा रही है और स्याह कुर्सी उसे अपनी गिरफ्त में जकड़े है और उसे यह सब कुछ सहने के लिए मजबूर कर रही है।

"क्या ?" उसने अपनी थकी आवाज में कहा। "तुम यह सब क्या कह रही हो ?"

"वह बड़ी शान्ति के साथ मरा," जेनी ने कहा। "उसने बस"—और हेमंड ने जेनी को अपना मुलायम हाथ उठाते देखा—"आखिरी साँस ली।" और उसका हाथ गिर गया।

"और—कौन-कौन लोग वहाँ मौजूद थे ?" हेमंड ने जैसे-तैसे अपना सवाल पूरा किया।

"कोई नहीं। मैं उसके साथ अकेली थी।"

आह, मेरे खुदा, वह क्या कह रही है ! उसके साथ वह क्या कर रही थी ! इससे तो वह मर जाएगा ! और इसी बीच उसने फिर से कहना शुरू किया :

"मैंने देखा कि उसमें तब्दीली आ रही है और मैंने स्टीवार्ड को डाक्टर को बुलाने भेजा, लेकिन डाक्टर बहुत देर से पहुँचा। वह कुछ नहीं कर सका।"

"लेकिन—तुम क्यों, तुम क्यों ?" हेमंड कराहा।

इस पर वह तेजी से पलटी और हेमंड के चेहरे का जायजा लिया।

"जॉन, इसे दिल से मत लगाओ, क्या तुम ऐसा करोगे ?" जेनी ने सवाल किया। "तुम ऐसा नहीं करोगे—इसका तुमसे और मुझसे कोई लेना-देना नहीं है।"

वह बहुत कोशिशों के बाद किसी तरह अपने होंठों पर थोड़ी-सी मुस्कुराहट ला

सका। किसी तरह उसने हकलाते हुए कहा, "नहीं–अपनी–बात जारी रखो। मैं चाहता हूँ तुम मुझे पूरी बात बताओ।"

"लेकिन, जॉन डार्लिंग–"

"जेनी ! बताओ मुझे।"

"बताने के लिए कुछ नहीं है," वह हैरत जताते हुए बोली। "वह फर्स्ट क्लास का एक मुसाफिर था। जब वह जहाज पर सवार हुआ तो मैंने देखा कि वह बहुत बीमार है...लेकिन कल तक वह बेहतर दिख रहा था। शाम के करीब उस पर दिल का एक जबर्दस्त दौरा पड़ा। मैंने समझा कि यह घर पहुँचने की उत्तेजना और घबराहट है। और उसके बाद उसकी हालत नहीं सुधरी।"

"लेकिन आखिर परिचारिका क्यों नहीं–"

"ओह, प्यारे–परिचारिका !" जेनी ने कहा। "और इसके अलावा...शायद वह कोई पैगाम छोड़ना चाहता।"

"तो क्या उसने कोई पैगाम नहीं छोड़ा ? उसने कुछ नहीं कहा ?"

"नहीं, डार्लिंग, एक लफ्ज भी नहीं !" उसने हौले से सिर हिलाया। "जब तक मैं उसके साथ थी, वह इतना कमजोर हो चुका था...इतना कमजोर था कि एक उँगली भी नहीं हिला सकता था..."

जेनी खामोश हो चुकी थी। लेकिन उसके बेहद हल्के, बेहद नरम और बेहद बर्फीले लफ्ज हवा में चकरा रहे थे और बर्फ की तरह हेमंड की छाती पर बरस रहे थे।

आग कमजोर होती हुई लाल हो चुकी थी। एक तीखी आवाज के साथ वह बुझ गई और कमरा ठंडा हो गया। उसकी बाँहों में ठंडक घुस गई। कमरा आलीशान था और दमक रहा था। वह उसकी समूची दुनिया में समा गया। वहाँ एक विशाल पलंग पड़ा था जिस पर उसका कोट इस तरह रखा था जैसे बिना सिरवाला कोई आदमी सजदे में पड़ा दुआएँ माँग रहा हो। वहाँ सामान था जो कहीं भी ले जाए जाने के लिए, ट्रेनों में धक्के खाने और जहाजों में समुद्री सफर करने के लिए तैयार था।

"...वह बहुत कमजोर था। वह इतना कमजोर था कि एक उँगली भी नहीं हिला सकता था।" और फिर भी वह जेनी की बाँहों में मरा। जेनी–जिसने उसे कभी नहीं–इतने साल में एक बार भी नहीं–किसी एक मौके पर भी नहीं–

नहीं, उसे यह सब नहीं सोचना चाहिए। यह पागलपन है। नहीं, वह उसका सामना नहीं करेगा। वह उसके सामने नहीं आएगा। इसे बर्दाश्त करना बहुत मुश्किल है !

जेनी ने अपनी उँगलियों से उसकी टाई को छुआ। उसने टाई की गाँठ को एक तरफ थोड़ा-सा खिसका दिया।

"जॉन डार्लिंग, माफ करना, मैंने ये सारी बातें तुम्हें बताई ? इन सब से तुम दुखी तो नहीं हुए ? इन सब बातों से आज की शाम–हमारी तन्हाई बर्बाद तो नहीं हुई ?"

लेकिन इस पर उसे अपना चेहरा छिपाना पड़ा। उसनें अपना सिर जेनी की छाती में रख दिया और अपनी बाँहों से उसे जकड़ लिया।

शाम बर्बाद कर दी ! उनका एक साथ तन्हा रहना बर्बाद कर दिया ! वे अब फिर कभी एक साथ तन्हा नहीं रह पाएँगे।

बैंक अवकाश

मजबूत कद-काठी और सुर्खरू चेहरेवाला आदमी सफेद फलालेन का पैण्ट और नीला कोट पहने था। उसकी जेब से गुलाबी रूमाल झाँक रहा था। तिनके का बना उसका हैट बहुत छोटा था जिसे उसने किसी तरह अपने सिर के पिछले हिस्से पर जमा रखा था। वह गिटार बजा रहा था। कैनवास के सफेद जूते पहने एक छोटा-सा लड़का बाँसुरी बजा रहा था। उसका चेहरा किसी टूटे हुए पंख की तरह एक बड़े से फेल्ट हैट में छिपा था। फिर वहाँ एक दुबला-पतला और लम्बा आदमी था जिसके बटनवाले अजीब से जूतों पर निगाह चिपक जाती थी। वह सारंगी से धुन निकाल रहा था। खिली हुई धूप में फल की दुकान के सामने वे खड़े थे। उनके चेहरों पर मुस्कुराहट नहीं थी, लेकिन वे गम्भीर नहीं थे। गुलाबी मकड़ी जैसा हाथ गिटार पर चल रहा था। ताँबे और फीरोजा की अँगूठीवाला छोटा-सा हाथ बाँसुरी के साथ जबर्दस्ती कर रहा था। और सारंगीवाले का हाथ ऐसे चल रहा था जैसे बाजे के दो टुकड़े कर डालेगा।

वहाँ नारंगी और केले खा रहे लोगों का एक हुजूम जमा था। लोग नारंगी छील रहे थे और उसे आपस में बाँटते जाते थे। एक जवान लड़की के हाथ में स्ट्राबेरी से भरी एक टोकरी थी, लेकिन वह उसे खा नहीं रही थी। “क्या वे प्यारे नहीं हैं !” वह अपने नन्हे-नन्हे फलों को इस तरह से घूर रही थी जैसे वह उनसे डर रही हो। आस्ट्रेलियाई सैनिक हँसा। “चलो, खा जाओ। यहाँ बस लुकमा भर है।” लेकिन वह नहीं चाहता था कि वह लड़की उन्हें खाए। उसे उसके घबराए से नन्हे चेहरे को, अपनी तरफ हैरत में उठी निगाहों को ताकते रहना पसन्द था। ये निगाहें कहती थीं : “क्या ये महँगी नहीं हैं !” उसने अपनी छाती फुलाई और खीसें निपोरीं। मखमल की कुर्ती पहने बूढ़ी थुलथुल औरतें, उनकी छातियाँ जैसे पुरानी धूलभरी पिन-कुशन। जवान औरतें मलमल की पोशाक झमझमा रही थीं। उनके सिर पर हैट थे जो शायद झाड़ी में उगे थे और पाँवों में बड़ी नुकीले सिरोंवाली जूतियाँ थी। हुजूम में खाकी पोशाक में सजे-धजे मर्द, जहाजी, झोल-झाल कपड़ों में क्लर्क, नफीस कपड़ों के सूट पहने यहूदी युवा, नीली वर्दी पहने “हास्पिटल ब्याय” थे। सूरज की रोशनी उनको उजागर कर रही

थी; तेज बिन्दास संगीत उन्हें एक पल के लिए आपस में बाँधता था। नौजवान सड़क पर यहाँ-वहाँ एक-दूसरे को टहीके देते हुए और पैंतरेबाजी करते हुए मजाक और चुहलबाजियाँ कर रहे थे। बूढ़े और उम्रदराज एक-दूसरे से कह रहे थे : "तो मैंने उससे कहा, अगर तुम डाक्टर को बुलाना चाहते हो तो बुला लो।"

"और जिस वक्त उन्होंने पकाया तो इतना भी नहीं था कि तुम मेरी हथेली पर रख सकते !"

बस चुप थे तो गरीब फटेहाल बच्चे। वे संगीतकारों के करीब ही खड़े थे। उन्होंने अपने हाथ पीछे बाँध रखे थे और उनकी आँखें फैली हुई थीं। कभी-कभार उनका कोई पाँव थिरकता और हाथ नाचने की मुद्रा में उठता। उनमें एक हल्की-सी डगमगाहट आती, वह उस पर काबू पाते, एक-दो बार हिलते-डोलते और खामोशी से बैठ जाते, और फिर से थिरकने लगते।

"है ना बड़ा प्यारा ?" एक नन्ही-सी लड़की ने सरगोशी की।

संगीत के सुर चमकदार टुकड़ों में टूटते, फिर आपस में जुड़कर एक हो जाते, और एक बार फिर टुकड़ों में बिखर जाते, और फिजा में घुल जाते, और हुजूम पहाड़ी की तरफ कदम बढ़ाते हुए तितर-बितर हो जाता।

"गुदगुदाने वाले झालर ! दो पेंस में !" कौन करेगा गुदगुदी ! तार के मूठ लगे नरम झाड़ू थे। फौजी उनके सबसे ज्यादा शौकीन हैं।

"गुड़िया खरीदो ! दो पेंस में एक गुड़िया !"

"छलाँगें लगानेवाला गधा खरीदो ! एकदम जीता-जागता-सा !"

"फ्रस्ट क्लास चुँगम ! बच्चो कुछ तो ले लो !"

"गुलाब लो ! लड़को, अपनी दोस्त को गुलाब दो ! मोहतरमा, गुलाब ?"

"पंख ! पंख !" उनकी ख्वाहिश दबा पाना आसान नहीं था। लहराते हुए सब्ज, सिन्दूरी, चटख नीले, जर्द रंग के प्यारे पंख। नन्हे बच्चों तक की टोपियों में पंख लगे दिख जाते हैं।

और तीन किनारोंवाला हैट पहने एक बुढ़िया कुछ इस तरह चिल्लाई जैसे यह उसकी आखिरी नसीहत हो या फिर खुद को बचाने या अपने आदमी को होशो-हवास में लाने का आखिरी रास्ता हो : "प्यारे, तीन कोनोंवाला हैट ले लो, औ उसे पहन लो !"

वह अजीब-सा दिन था। धूप भी थी और तेज हवा बह रही थी। जब सूरज बादलों में छिप जाता, ठंड का अहसास होने लगता। जब धूप खिल उठती, गरमी का अहसास होने लगता। लोगों को लगता कि उनकी पीठ, उनका सीना और उनकी बाँहें जल रही हैं। उन्हें लगता कि उनका जिस्म फैल रहा है...इसीलिए वे आलिंगन की मुद्रा अपनाते और यूँ ही अपनी बाँहें उठाते और बस यूँ ही किसी छोटी लड़की की तरफ

हाथ बढ़ाते और फिर ठहाके लगाने लगते।

लेमोनेड ! कपड़े से ढँकी एक मेज पर उसकी पूरी टंकी पड़ी थी; और कुचली हुई मछलियों की तरह नींबू के टुकड़े पीले पानी में तैर रहे थे। मोटे शीशे के गिलासों में वह ठोस और लिजलिजा-सा दिख रहा था। आखिर लोग उसे छलकाये बिना क्यों नहीं पीते ? हर कोई उसे छलकाता है और गिलास वापस करने से पहले आखिरी बूँदें एक ओर फेंक दी जाती हैं।

आइसक्रीम वाले के धारीदार ठेले पर बच्चों की पूरी भीड़ टूटी पड़ी है। नन्हे बच्चे अपने नन्हे होंठों से आइसक्रीम को मजे ले-ले कर चाट और चूस रहे हैं। आइसक्रीम के डिब्बों से ढक्कन हटाए जा रहे हैं और लकड़ी के चम्मच से आइसक्रीम निकाली जा रही है। कोई उसका भरपूर लुत्फ लेने के लिए अपनी आँखें बन्द किए है और धीमे-धीमे उसे अपने दाँतों से कुचल रहा है।

"ये नन्ही चिड़ियाँ आपकी किस्मत बताएँगी !" इतालवी महिला एक पिंजड़े के पास खड़ी अपनी हथेलियों को खोल-बन्द कर लोगों को अपनी किस्मत जानने की दावत दे रही थी। उसकी उम्र का पता लगाना मुश्किल था। झुर्रियों से अटा पड़ा उसका चेहरा नफीस नक्शो-निगार का एक खजाना था जिस पर वह सब्ज-सुनहरा स्कार्फ बाँधे थी। जेलखाने के अन्दर खूबसूरत चिड़ियाँ कागज के टुकड़ों को देखते हुए पर फड़फड़ा रही थीं।

"आप मजबूत चरित्रवाली हैं। लाल बालोंवाले एक मर्द से आपकी शादी होगी और आप तीन बच्चों की माँ बनेंगी। किसी साँवली औरत से दूर रहिएगा।" बचो ! बचो ! तभी एक मोटा शोफर तेजी से कार चलाता हुआ पहाड़ी से नीचे की तरफ गया। कार के अन्दर एक साँवली औरत मुँह फुलाए आगे की तरफ झुकी बैठी थी। खबरदार ! खबरदार ! वह तुम्हारी तरफ ही दौड़ी चली आ रही है।

"भाइयो और बहनो, मैं नीलामी करानेवाला आदमी हूँ, और आप लोगों को जो मैं कुछ कह रहा हूँ, अगर गलत निकलेगा तो मुझसे मेरा लाइसेंस जब्त कर लिया जाएगा और मुझे भारी सजा भुगतनी पड़ेगी।" वह अपने सीने पर अपना लाइसेंस चिपकाता है; उसके चेहरे से पसीने की बूँदें फूटती हैं और उसके कालर में जज्ब हो जाती हैं। उसकी आँखें दमकती हैं। जब वह अपने सिर से अपना हैट उतारता है तो उसकी पेशानी पर शिकनें उभर आती हैं। कोई भी उसकी घड़ियाँ नहीं खरीदता।

एक बार फिर बचो ! पहाड़ी से नीचे एक इक्का चला आ रहा है। उसमें दो मोटे बूढ़े लोग बैठे हैं। औरत लेसवाली एक छतरी लिये हुई है। मर्द अपनी छड़ी का मूठ चूसता है। जैसे ही ऊबड़-खाबड़ रास्ते पर इक्का उछलता है या झटके खाता है, उनके थुलथुलाते जिस्म आपस में टकराते हैं, और खरामाँ-खरामाँ चल रहा घोड़ा लीद करता चलता है।

गाउन और टोपी पहने प्रोफेसर लियोनार्ड बैनर लिये एक पेड़ के नीचे खड़े थे। लन्दन, पेरिस और ब्रसेल्स की प्रदर्शनी के बाद वह आपके चेहरे पढ़कर आपकी किस्मत बताने के लिए "एक दिन के लिए" यहाँ हैं। वह दाँतों के किसी अनाड़ी और फूहड़ डाक्टर की तरह मुस्कुराते हुए खड़े थे। और जब बस एक पल पहले कलोलें करते और कसमें खाते उम्रदराज लोग उसे पाँच पेंस का सिक्का थमाकर उसके सामने खड़े हुए तो वे अचानक ही गम्भीर, कातर और संकोची दिखने लगे। उनके चेहरे लाल हो गए थे। वे वैसे छोटे बच्चों जैसे दिख रहे थे जिनको किसी वर्जित बगीचे में पेड़ से उतरते रँगे हाथों पकड़ लिया गया हो।

पहाड़ी की चोटी पर लोग पहुँच चुके थे। कितनी गर्मी है ! कितना अच्छा लग रहा है ! जलसाघर खुला है और लोगों का हुजूम उसमें टूटा पड़ा है। माँ फुटपाथ के किनारे अपने नन्हे बच्चे को लिये बैठी है और बच्चे का बाप उसके लिए गिलास में गहरे भूरे रंग का कोई तरल लाता है और फिर जबर्दस्ती अन्दर घुसाने की कोशिश करता है। जलसाघर से बीयर की बू का भभका निकला और लोगों की बकबक की आवाज आई।

तेज हवाओं का सिलसिला थम गया था और सूरज अब लोगों को पहले से ज्यादा झुलसा रहा था। सरकानेवाले दो फाटकों के पास बच्चों की भीड़ कुछ इस तरह टूटी पड़ी थी जैसे मिठाई के डिब्बे पर मक्खियाँ।

लोग गुदगुदानेवाले झाड़ू और गुड़िया, गुलाब और पंख लिये पहाड़ी पर चले आ रहे थे। वे चीखते-चिल्लाते, हँसते और किलकारियाँ भरते रोशनी और गर्मी में ऊपर चढ़ते चले आ रहे थे मानो उन्हें कोई चीज ऊपर की तरफ धकेल रही हो जो नीचे, बहुत नीचे थी और मानो सूरज उन्हें खींच रहा हो, जो उनसे बहुत आगे था और अपनी पूरी ताकत से दमक रहा था।

आदर्श परिवार

और उस शाम जब बूढ़े मि. नीव घूमनेवाले दरवाजे से गुजरे और तीन सीढ़ियाँ उतर कर फुटपाथ पर पहुँचे तो उन्हें जिन्दगी में पहली बार यह अहसास हुआ कि वसन्त ऋतु के लिए अब वह बहुत बूढ़े हो चुके हैं। गर्म, चपल, चंचल वसन्त वहाँ मौजूद था। सुनहरी रोशनी में उनका इन्तजार कर रहा था, सभी की तरफ लपकने के लिए, उनकी सफेद दाढ़ी को सहलाने के लिए, बहुत प्यार से उनकी बाँह थामने के लिए तैयार था। मगर वह उससे मुलाकात नहीं कर सकते थे। नहीं, वह एक बार फिर उससे रूबरू नहीं हो सकते थे और बाँके नौजवान की तरह लपककर उसकी तरफ एक लम्बा डग नहीं भर सकते थे। वह थके हुए थे और हालाँकि ढलती दोपहर का सूरज अब भी चमक रहा था, वह ठंड महसूस कर रहे थे। उन्हें लग रहा था कि पूरा जिस्म सुन्न हो रहा है। अचानक उन्हें लगा कि उनके जिस्म में ताकत नहीं बची है। वह इस उल्लासपूर्ण और गतिमान माहौल को सहन नहीं कर पा रहे थे। इसने उन्हें परेशान कर दिया था। वह खामोश खड़े रहना चाहते थे और अपनी छड़ी से उसे झटककर कहना चाहते थे, "दूर रहो !" अचानक ही अपने जान-पहचान वाले सभी लोगों, दोस्तों, परिचितों, दुकानदारों, डाकियों, ड्राइवरों का हमेशा की तरह अभिवादन करना आज उनके लिए बेहद कठिन काम बन गया था। अभिवादन के अपने खास अन्दाज में अपने जान-पहचानवालों को मुस्कुराती निगाहों से देखना उनका रोज का दस्तूर था। उनकी मुस्कुराती निगाहें साफ तौर पर पैगाम देतीं : "मैं न सिर्फ तुम्हारे मुकाबले का हूँ बल्कि उससे कुछ ज्यादा ही हूँ।" लेकिन आज उनके लिए सबकुछ मुश्किल था। वह चकरा गए। उन्होंने अपना पाँव इस तरह उठाया जैसे वह हवा में चल रहे हों जो किसी तरह भारी और पानी की तरह ठोस हो गई थी। भीड़ अपने घरों की तरफ सरपट भाग रही थी। ट्राम और छोटी गाड़ियों की खड़खड़ाहट और लोगों का कोलाहल गूँज रहा था। घोड़ागाड़ियाँ कुछ इस उद्धत विरक्ति के भाव से हिचकोले खाती चली जा रही थीं जो सिर्फ सपनों में ही होता है...

आम दिनों की ही तरह दफ्तर का आज का दिन था। कुछ भी तो खास नहीं

हुआ था। हैरोल्ड लंच करने के बाद करीब चार बजे तक नहीं लौटा था। इतनी देर वह कहाँ रहा ? क्या चक्कर है उसका ? वह अपने बाप को बतानेवाला नहीं था। मिस्टर नीव ड्योढ़ी में किसी को विदा कर रहे थे। तभी हैरोल्ड टहलता हुआ आया था। वह हमेशा की तरह शान्त, सहज और विनीत था। उसके होंठों पर वही जानी-पहचानी हल्की-सी मुस्कुराहट थी जिस पर लड़कियाँ फिदा थीं।

हैरोल्ड बेहद खूबसूरत था, बहुत ही खूबसूरत और चुस्त-दुरुस्त और यही तो सारे फसाद की जड़ था। किसी मर्द को यह हक नहीं था कि उसकी ऐसी आँखें, ऐसी पलकें, और ऐसे होंठ हों। यह अलौकिक था। और यह कहना बेजा नहीं होगा कि उसकी माँ, उसकी बहनें और उसके नौकरों ने उसे देवता का दर्जा दे रखा था। वे उसकी पूजा करते थे और उसकी किसी भी गलती को माफ कर देते थे। उसकी गलतियों को माफ करने का यह सिलसिला तेरह साल की उम्र से शुरू हुआ था जब उसने अपनी माँ का पर्स चुरा लिया था और उसमें से पैसे निकालकर पर्स को खानसामा के कमरे में छिपा दिया था। बूढ़े मिस्टर नीव ने अपनी छड़ी फुटपाथ के किनारे पर पटकी। उन्होंने याद किया—ऐसी बात नहीं है कि हैरोल्ड को बिगाड़ने के लिए अकेले उनका खानदान ही कसूरवार था। सभी उसके लिए जिम्मेदार हैं। बस हैरोल्ड को उन्हें देखकर मुस्कुराने की देर थी। लोग बिछ जाते थे। और शायद इसीलिए यह हैरत की बात नहीं थी कि वह दफ्तर में भी ऐसा ही सुलूक चाहता था। हुँह ! लेकिन ऐसा किया नहीं जा सकता। चाहे वह कितना ही कामयाब, जमा-जमाया और भारी मुनाफेवाला क्यों न हो, किसी भी व्यापार के साथ खिलवाड़ नहीं किया जा सकता। आपको उसमें पूरे दिलो-जान से लगना होगा, या फिर अपनी निगाहों के सामने उसे तिनके-तिनके बिखरते देखना होगा।

शार्लोट और लड़कियाँ हमेशा कहती रहती थीं कि वह रिटायर हो जाएँ और आजाद जिन्दगी का लुत्फ उठायें और तमाम चीजों को हैरोल्ड के कन्धों पर डाल दें। जिन्दगी का लुत्फ ! बूढ़े मिस्टर नीव सरकारी इमारतों के बाहर लगे नारियल के पुराने पेड़ों के झुंड के नीचे जाकर रुक गए। जिन्दगी का लुत्फ ! शाम की तेज हवा में पत्तों की खड़खड़ाने की आवाज गूँज रही थी। घर में बैठे मक्खी मारते रहो और अपने सामने देखते रहो कि जिन्दगी-भर की तुम्हारी पूरी कमाई हैरोल्ड की बारीक नफीस उँगलियों के बीच से निकली चली जा रही है, गुम होती जा रही है, और हैरोल्ड मुस्कुरा रहा है।

"पापा, आफिस जाने की आपकी इतनी जिद क्यों है ? आफिस जाने की आपको कोई जरूरत नहीं है। हमें कितनी शर्मिन्दगी उठानी पड़ती है जब लोग लगातार दोहराते रहते हैं कि आप कितने थके-थके से दिखते हैं। कितना आलीशान मकान और बाग है यह ! सचमुच, यह—यह तब्दीली आपको पसन्द आएगी। या आप कोई शौक-शगल

शुरू कर लीजिए।"

छोटी लोला ने बड़ी उदात्तता के साथ सुर में सुर मिलाते हुए दोहराया था, "सभी मर्दों का अपना कोई ना कोई शगल होना चाहिए। अगर यह नहीं होता तो जिन्दगी बड़ी कठिन हो जाती है।"

ठीक है, ठीक है ! वह अपने होंठों पर तल्ख मुस्कुराहट आने से रोक नहीं पाए क्योंकि उन्होंने हारकोर्ट एवेन्यू पहुँचने के लिए पहाड़ी पर चढ़ना शुरू किया था और यह एक तकलीफदेह काम था। वह जानना चाहते थे कि अगर उन्होंने अपने शौक पूरे करने शुरू कर दिये तो लोला और उसकी बहनों और शार्लोट का क्या होगा ? शौक और शगल से शहर के आलीशान मकान का, और समुद्र का नजारा करानेवाले साहिल से लगे बँगले का, और उनके घोड़ों का, और उनके गोल्फ का, और म्यूजिक रूम में उन लोगों के नाच-गान के लिए रखे बेशकीमती ग्रामोफोन का खर्च नहीं उठाया जा सकता। ऐसी बात नहीं है कि उन्हें उन लोगों की इन चीजों से कोई नाराजगी या चिढ़ थी। नहीं, वे खूबसूरत और स्मार्ट लड़कियाँ थीं, और शार्लोट एक विलक्षण महिला थी। ऐसे में उनकी मौज-मस्ती स्वाभाविक थी। सच्चाई तो यह है कि शहर में कोई घर उनके घर की तरह लोकप्रिय नहीं था और कोई और परिवार इतना सैर-सपाटा और मौज-मस्ती नहीं करता था। और न जाने कितनी बार स्मोकिंग रूम की मेज पर बूढ़े नीव ने सिगार-बक्स खोलते हुए अपनी बीवी की, लड़कियों की, और यहाँ तक कि खुद अपनी तारीफ सुनी थी।

"आपकी तो, सर, एकदम आइडियल फैमिली है, आदर्श परिवार। बिलकुल वैसी जैसी हम किताबों में पढ़ते हैं या मंच पर देखते हैं!"

जवाब में मिस्टर नीव कहते, "ठीक है, ठीक है, मेरे बच्चे।" और फिर उसकी तरफ सिगार-बक्स खिसकाते हुए बोलते, "जरा इसे पीकर देखो, मैं समझता हूँ कि तुम इसे पसन्द करोगे। और अगर तुम बाग में सिगार पीना चाहो तो वहाँ लॉन में लड़कियों से तुम्हारी मुलाकात हो जाएगी।"

लोगों का कहना था कि इसी वजह से लड़कियों ने कभी शादी नहीं की। वे किसी से भी शादी कर सकती थीं। लेकिन घर पर वे बड़े मजे में थीं। वे सभी, लड़कियाँ और शार्लोट एक साथ रहकर बहुत खुश थीं। हुँह, हुँह ! अच्छा, अच्छा। इसीलिए शायद...

तब तक वह हारकोर्ट एवेन्यू के रईस इलाके को पार कर चुके थे; वह किनारेवाले घर, अपने घर पहुँच चुके थे। गाड़ियों के आने-जाने का फाटक खुला था और रास्ते पर पहियों के ताजा निशान थे। वह सफेद रंग के मकान के रूबरू हुए। घर की खिड़कियाँ खुली हुई थीं और उसके फ्रांसीसी पर्दे बाहर की तरफ हवा में तैर रहे थे। खिड़की के चौड़े दासों पर सम्बूल के नीले गमले थे। पोर्च की दोनों तरफ हाइड्रेंजिया

की लताओं में फूल खिले थे। खूब फैले हुए पत्तों के दरम्यान गुलाबी नीले फूलों की अपनी ही छटा थी। किसी वजह से बूढ़े मिस्टर नीव को महसूस हुआ कि घर और फूल, और यहाँ तक कि रास्ते पर पहिए के ताजा निशान उनसे कह रहे हों, "यहाँ जिन्दगी जवान है। यहाँ लड़कियाँ हैं–"

हमेशा की तरह हॉल में धुँधली रोशनी थी और शाहबलूत के सन्दूकों पर शालों, छतरियों, दस्तानों का अम्बार लगा था। म्यूजिक-रूम से प्यानो की तेज, उत्तेजक और व्यग्र आवाज गूँज रही थी। ड्राइंग-रूम के दरवाजे अधखुले थे और वहाँ की आवाजें हवा में तैर रही थीं।

"और आइसक्रीम कहाँ है ?" शार्लोट की आवाज आई। और फिर शार्लोट के रॉकिंग-चेयर की करक-करक की आवाज।

"आइसक्रीम !" एथेल चिल्लाई। "मम्मी, आपने कभी ऐसी आइसक्रीम नहीं देखी होगी। सिर्फ दो किस्म की है। और यह दुकान में मिलनेवाली मामूली स्ट्राबेरी आइसक्रीम है, नम और तरबतर झालरों में लिपटी।"

"कुल मिलाकर खाना बिलकुल वाहियात है।" यह मेरियन की आवाज थी।

"बहरहाल, आइसक्रीम के लिए अभी बहुत समय है," शार्लोट ने कहा।

"लेकिन क्यों, जब हमारे पास सब कुछ..." एथेल चिनचिनाई।

अचानक म्यूजिक-रूम का दरवाजा खुला और लोला तेजी से बाहर निकली। वह बूढ़े मिस्टर नीव को देखकर चिहुँक गई ओर लगभग चीख पड़ी।

"ओह, पापा ! आपने तो मुझे डरा ही दिया ! क्या आप अभी-अभी घर पहुँचे हैं ? चार्ल्स क्यों नहीं है यहाँ, आपको कोट उतारने में मदद करने के लिए ?"

प्यानो बजाने से लोला के गाल सुर्ख हो गए थे, उसकी आँखें चमक रही थीं और बाल पेशानी पर झुक आए थे। वह इस तरह साँसें ले रही थी जैसे वह अँधेरे में दौड़ी हो और डरी हुई हो। बूढ़े मिस्टर नीव ने अपनी सबसे छोटी बेटी की तरफ ताका। उन्हें लगा जैसे उन्होंने इससे पहले कभी लोला को नहीं देखा था। तो यह लोला थी ? लेकिन ऐसा लगता था कि लोला अपने पिता को भूल गई; यह वह नहीं था जिसका वह इन्तजार कर रही थी। और उसने अपने मुड़े-तुड़े रूमाल का सिरा अपने दाँत में दबा लिया और गुस्से से उसे खींचा। तभी टेलीफोन की घंटी बजी। अ-आह ! उसके मुँह से सिसकी जैसी चीख निकली और वह तेजी से दौड़ते हुए उनके बगल से गुजर गई। टेलीफोन-रूम का दरवाजा धड़ाम से बन्द हुआ और लगभग उसी वक्त शार्लोट चिल्लाई, "आप आ गए ?"

शार्लोट ने उलाहना देने के स्वर में कहा, "आज आप फिर थके हैं।" और उसने कुर्सी को हिलाना बन्द कर दिया और अपना गर्म गुदाज गाल उनकी तरफ कर दिया। चमकीले बालोंवाली एथेल ने उनकी दाढ़ी चूमी जबकि मेरियन ने अपने होंठों से उनका

कान सहलाया।

"आप पैदल चलकर आए हैं ?" शार्लोट ने पूछा।

"हाँ, मैं पैदल चलकर घर आया हूँ," बूढ़े मिस्टर नीव ने कहा, और ड्राइंग-रूम की विशाल कुर्सियों में से एक में धँस गए।

"लेकिन आपने गाड़ी क्यों नहीं ले ली ?" एथेल ने कहा। "इस वक्त तो वहाँ सैकड़ों गाड़ियाँ होती हैं।"

"प्यारी एथेल," मेरियन चिल्लाई, "अगर पापा खुद ही थकना पसन्द करते हैं तो सचमुच मुझे नहीं लगता कि हमें इसमें कोई दखलन्दाजी करनी चाहिए।"

"बच्चो, बच्चो ?" शार्लोट ने खुशामद की।

लेकिन मेरियन कहाँ रुकनेवाली थी। "नहीं, मम्मी, आपने पापा को बिगाड़ दिया है, और यह अच्छी चीज नहीं है। आपको उनके साथ सख्ती बरतनी चाहिए। वह बड़े शरीर हैं।" उसने एक जोरदार ठहाका लगाया और आईना देखकर बाल दुरुस्त करने लगी। अजीब बात है ! जब वह नन्ही बच्ची थी तो उसकी नरम और हिचकिचाहट भरी आवाज थी; यहाँ तक कि वह हकलाने लगती थी, और अब, अब वह जो कुछ कहती, यहाँ तक कि अगर वह कहती "पापा, जैम बढ़ाना" तो आवाज इस तरह गूँजती जैसे वह किसी मंच पर हो।

"प्यारे, क्या हैरोल्ड तुमसे पहले आफिस से निकल गया था ?" शार्लोट ने पूछा और फिर अपनी कुर्सी डुलाने लगी।

"मैं यकीन के साथ नहीं कह सकता," मिस्टर नीव ने कहा। "मैं यकीन के साथ नहीं कह सकता। मैंने उसे चार बजे के बाद नहीं देखा।"

"उसने कहा था–" शार्लोट ने कहना शुरू किया।

लेकिन उसी क्षण कुछ कागजों को उलट-पलट रही एथेल दौड़ती हुई माँ के पास आई और उसके पास ही एक कुर्सी पर बैठ गई।

"ये देखिए," वह चिल्लाई। "मम्मी, यही मैं चाहती हूँ। चाँदी की झलकवाला पीला। क्या आप मुझसे सहमत नहीं हैं ?"

"मेरी लाडली, मुझे दो," शार्लोट ने कहा। वह कछुए की खालवाला अपना चश्मा टटोलने लगी। उसने अपनी छोटी थुलथुली उँगलियों से पन्ने को थपथपाया, और होंठों को गोल करते हुए गुनगुनाते हुए बोली, "बहुत बढ़िया !" उसने अपने चश्मे के शीशे से एथेल को देखा। "लेकिन इसमें ट्रेन* नहीं होनी चाहिए।"

"ट्रेन नहीं !" एथेल दुखी हो गई और कहा, "लेकिन असली मामला तो ट्रेन का ही है।"

"माँ, आप मुझे फैसला करने दें।" मेरियन ने मजाक में पन्ना शार्लोट के हाथ

* ट्रेन : समारोह में पहने जानेवाले गाउन के पीछे लहराता लम्बा-सा घेर

से छीन लिया। "मैं माँ की बातों से सहमत हूँ," वह विजयी भाव से चिल्लाई। "ट्रेन बहुत भारी हो जाएगी।"

बूढ़े मिस्टर नीव को सब लोग भुला बैठे थे। वह कुर्सी में धँसे ऊँघ रहे थे। वह सारी बातें सुन रहे थे, लेकिन उन्हें लग रहा था जैसे सब कुछ सपना हो। इसमें कोई शक नहीं था कि वह थक चुके थे; वह अपनी पकड़ खो चुके थे। यहाँ तक कि आज की रात शार्लोट और लड़कियाँ भी उन्हें सुहा नहीं रही थीं। वे बहुत...बहुत...लेकिन उनका ऊँघता दिमाग जो कुछ सोच रहा था, उन्हें वह समझ में नहीं आ रहा था। और वह तमाम चीजों के पीछे कहीं एक बदहाल बूढ़े इनसान को अन्तहीन सीढ़ियों पर चढ़ते देख रहे थे। कौन था वह इनसान ?

"मैं आज रात कपड़े नहीं बदलूँगा," वह बड़बड़ाए।

"क्या कुछ कह रहे हैं, पापा ?"

"आँ, क्या, क्या ?" बूढ़े मिस्टर नीव चिहुँककर जाग उठे और उन्हें घूर-घूरकर देखने लगे। "आज रात मैं कपड़े नहीं बदलूँगा," उन्होंने दोहराया।

"लेकिन, पापा, आज लूसिल आ रही है, और फिर हेनरी डेवनपोर्ट और मिसेज टेडी वाकर।"

"मैं बहुत अलग-थलग लगूँगा।"

"तुम्हारी तबियत तो ठीक है ना, प्यारे ?"

"आपको कोशिश करने की कोई जरूरत नहीं है। चार्ल्स किसलिए है ?"

"लेकिन अगर तुम सचमुच अच्छा नहीं महसूस कर रहे हो," शार्लोट अस्थिर हो गई।

"ठीक है ! ठीक है !" बूढ़े मिस्टर नीव उठ खड़े हुए और सीढ़ियाँ चढ़ रहे उस बूढ़े शख्स का साथ देने ड्रेसिंग-रूम तक चले गए...

वहाँ युवा चार्ल्स उनका इन्तजार कर रहा था। वह गर्म पानी की एक बाल्टी के गिर्द तौलिया लपेट रहा था और कुछ इस तरह चाक-चौबन्द था जैसे सारी चीजों का दारोमदार उसी पर हो। युवा चार्ल्स तब से ही उनका पसन्दीदा खादिम था जब उसने सुर्ख चेहरेवाले छोटे-से लड़के के रूप में आतिशदान की देखभाल करनेवाले की हैसियत से घर में कदम रखा था। बूढ़े मिस्टर नीव झुके और बेंत की आरामकुर्सी में पसर गए। उन्होंने अपने पाँव पसारे और मजाक किया, "चार्ल्स, चलो, बुड्ढे को सजाना शुरू करो !" और तेज-तेज साँसें भरता चार्ल्स आगे की तरफ झुका और उनकी टाई से पिन निकालने लगा।

हुँह, हुँह ! बढ़िया, बहुत बढ़िया ! खुली खिड़की से आ रही हवा खुशगवार है। कितनी प्यारी शाम है। नीचे टेनिस कोर्ट में घास काटी जा रही है; उन्होंने घास काटने की मशीन की सर्र-सर्र की हल्की आवाज सुनी। जल्द ही लड़कियाँ अपनी टेनिस

पार्टियों का सिलसिला शुरू कर देंगी। और सोच के इसी मोड़ पर उन्हें मेरियन की आवाज आती प्रतीत हुई, "ओह, पार्टनर, बढ़िया शाट...ओह बहुत अच्छे, पार्टनर... ओह, सचमुच जबर्दस्त।" फिर शार्लोट बरामदे से पुकारती है, "हैरोल्ड कहाँ है ?" और एथेल जवाब देती है, "यहाँ तो नहीं है, मम्मी।" और शार्लोट की धीमी आवाज, "उसने कहा था..."

बूढ़े मिस्टर नीव ने आह भरी। वह उठ खड़े हुए और एक हाथ अपनी दाढ़ी पर रखा। उन्होंने चार्ल्स से कंघी ली और बड़े एहतियात से सफेद दाढ़ी को उससे सँवारने लगे। चार्ल्स ने उनको तह किया एक रूमाल दिया, उनकी घड़ी और मुहरें, और चश्मे का केस थमाया।

"ठीक है, मेरे बच्चे।" दरवाजा बन्द हुआ, वह वहीं बैठ गए। वह तन्हा थे...

और अब वह बूढ़ा शख़्स कभी नहीं खत्म होनेवाली उन सीढ़ियों से उतर रहा था जो एक रोशन और सुहाने डाइनिंग-रूम में जाती थीं। क्या टाँगें थी उसकी ! मकड़े की तरह—पतली और जर्जर।

"आपका आदर्श परिवार है, सर, आइडियल फैमिली।"

लेकिन अगर यह बात सही है तो शार्लोट या लड़कियाँ उसे रोकती क्यों नहीं हैं ? क्यों वह जिन्दगी की इन सीढ़ियों पर चढ़ने-उतरने में तन-तन्हा है ? कहाँ है हैरोल्ड ? आह, हैरोल्ड से कुछ उम्मीद करना बेकार है। नीचे, और नीचे वह बूढ़ा मकड़ा उतरा, और फिर बूढ़े मिस्टर नीव खौफजदा रह गए जब उन्होंने देखा कि मकड़ा डाइनिंग-रूम से गुजरता चला गया और फिर पोर्च, अँधेरे रास्ते, फाटक, आफिस जा पहुँचा। अरे, रोको उसे, उसे रोको !

बूढ़े मिस्टर नीव चौंककर उठ बैठे। ड्रेसिंग-रूम में अँधेरा था और खिड़कियों पर जर्द-सी चमक थी। कितने समय तक वह सोते रहे ? उन्होंने सुनने की कोशिश की और आलीशान, हवादार, तारीक घर में दूर-दूर की आवाजें तैरने लगीं। उन्होंने कयास लगाया कि वह काफी देर तक सोते रहे हैं। उन्हें भुला दिया गया है। इन सबका उनसे क्या सरोकार है—यह घर, शार्लोट, लड़कियाँ और हैरोल्ड—वह उनके बारे में क्या जानते हैं ? वे सब उनके लिए अजनबी हैं। उनकी जिन्दगी गुजर चुकी है। शार्लोट उनकी बीवी नहीं है। उनकी बीवी !

...अँधेरी ड्योढ़ी, उस पर उदास और गमगीन पैसीफ्लोरा की झाड़ियाँ इस तरह झुकी हैं और उसके आधे हिस्से को ढँकी हैं जैसे वह सब कुछ समझती हों। नन्ही गरम बाँहें उनके गले के इर्द-गिर्द थीं। एक नन्हा जर्द चेहरा उनकी तरफ उठा, और एक आवाज ने साँसें भरी, "अलविदा, मेरी जान।"

मेरी जान ! "अलविदा, मेरी जान !" उनमें से किसने यह बात कही ? क्यों उन्होंने अलविदा कहा उनको ? कुछ जबर्दस्त गलती हुई है। वह उनकी बीवी थी, वह

नन्ही जर्द लड़की, और उनकी बाकी की जिन्दगी एक सपना थी।

तभी दरवाजा खुला, और रोशनी में खड़ा युवा चार्ल्स दोनों हाथ बगल में सटाकर किसी सैनिक की तरह चीखा, "खाना मेज पर लग चुका है, सर।"

"मैं आ रहा हूँ, मैं आ रहा हूँ!" बूढ़े मिस्टर नीव ने कहा।

बेगम और नौकरानी

ग्यारह बजे हैं। दरवाजे पर दस्तक होती है...मैडम, उम्मीद है कि मेरी वजह से आपको परेशानी नहीं हुई होगी। आप सोई हुई तो नहीं थीं, सोई थीं क्या ? लेकिन मैंने अभी-अभी अपनी मालकिन को उनकी चाय दी है, और वह इतनी उम्दा चाय थी, मैंने सोचा, शायद...

...मैडम, बिलकुल नहीं। मैं हमेशा आखिर में एक कप चाय बनाती हूँ। वह प्रार्थना के बाद खुद को गरम करने के लिए सोने से पहले लेती हैं। जब वह सजदे में जाती हैं, मैं चाय की केतली आग पर रख देती हूँ और उससे कहती हूँ, "अब तुम्हें अपनी प्रार्थना पूरी करने में जल्दबाजी करने की जरूरत नहीं है।" लेकिन हमेशा यही होता है कि मालकिन की प्रार्थना आधी बची ही रहती है और पानी उबलने लगता है। आप तो समझती हैं, मैडम, हम ढेर सारे लोगों को जानते हैं, और उन सबके लिए प्रार्थना करनी पड़ती है, हरेक के लिए। मालकिन ने एक लाल डायरी में सबके नाम लिख रखे हैं। जब कोई नया आदमी हमसे मिलने आता है तो उसके जाने के बाद मालकिन मुझसे कहती हैं, "एलेन, जरा मुझे मेरी लालवाली छोटी डायरी तो देना।" मैं तो पागल हो जाती हूँ। "एक और शामिल हो गया," मैं सोचती हूँ, "उन्हें हर मौसम में बिस्तर से बाहर रखने के लिए।" और मैडम, आप जानती हैं, वह कुशन नहीं लेती हैं। वह कड़ी दरी पर ही सजदे करती हैं। उन्हें देखकर मुझे जोरों की चुलबुलाहट होने लगती है। मैंने उन्हें धोखा देने की कोशिश भी की है, मैंने तोशक बिछा दिया। लेकिन मैंने जब यह काम पहली बार किया तो, उफ, उन्होंने मुझे ऐसी निगाहों से देखा। मैडम, खुदा की कसम। "एलेन, क्या प्रभु यीशु के पास तोशक था ?" उन्होंने पूछा। लेकिन–उस वक्त मेरी उम्र कम थी–और उसी की वजह से मैंने कह दिया, "नहीं, लेकिन प्रभु यीशु आपकी उम्र के नहीं थे, और उनको मालूम नहीं था कि कमरदर्द की तकलीफ क्या होती है।" क्या यह शरारत नहीं थी ? लेकिन, मैडम आप जानती हैं, वह बहुत अच्छी हैं। मैंने अभी-अभी उन्हें सुलाया तो ध्यान से देखा। वह चित लेटी थीं, उनके दोनों हाथ बाहर की तरफ फैले थे और उनका सिर तकिए पर था। वह

बड़ी खूबसूरत थीं और मेरे मन में बरबस यह ख्याल आया, "प्यारी, आप बिलकुल अपनी माँ की तरह दिख रही हैं जब मैंने उनको आखिरी सफर के लिए तैयार किया था।"

...जी हाँ, मैडम, सब कुछ मुझ पर ही छोड़ दिया गया था। उफ, वह कितनी प्यारी दिखती थीं। मैंने उनके नरम और मुलायम बाल सँवारे थे। उनकी पेशानी के गिर्द प्यारी-प्यारी लटें बिखेरी थीं, और उनकी गरदन की एक तरफ बैंगनी पैनसी के बेहद खूबसूरत फूलों का एक गुच्छा रखा था। मैडम, पैनसी के उन फूलों से उनकी गजब की तस्वीर उभर रही थी ! मैं जिन्दगी-भर उसे भूल नहीं पाउँगी। आज रात जब मैंने मालकिन को देखा तो मैंने सोचा, "अब, बस अगर पैनसी के फूलों का गुच्छा होता तो कोई फर्क नहीं महसूस कर पाता।"

...बस पिछले ही साल, मैडम। बस वह जब थोड़ी और–हाँ–आप कह सकती हैं कि थोड़ी और कमजोर हो गईं। बेशक, कभी उनकी सेहत खतरनाक हालत में नहीं पहुँची। वह बेहद प्यारी बुढ़िया थीं। लेकिन न जाने कैसे उन्हें लगा कि उनका कुछ खो गया है। वह चुपचाप नहीं रह सकती थीं, कहीं एक जगह जम नहीं सकती थीं। दिन-भर उनका ऊपर-नीचे, ऊपर-नीचे आने जाने का सिलसिला जारी रहता। सीढ़ियों पर, ड्योढ़ी पर, बावर्चीखाने की तरफ जाते हुए–हर जगह वह मिल जाती थीं। वह आपको देखतीं और किसी बच्ची की मानिन्द कहतीं, "मैंने उसे खो दिया, वह खो गया।" "मेरे साथ आइए," मैं कहती, "मेरे साथ आइए, मैं आपको सुकून देने की कोशिश करूँगी।" लेकिन वह बस मेरे हाथ थाम लेतीं–वह मुझे सबसे ज्यादा चाहती थीं–और फुसफुसातीं, "एलेन, ढूँढ़ो उसे। मेरे लिए उसे ढूँढ़ो।" है ना दुःखद ?

...नहीं, मैडम, वह कभी ठीक नहीं हो पायीं। आखिर में उनको दिल का दौरा पड़ा। उन्होंने अपनी बेहद कमजोर आवाज में जो आखिरी शब्द कहे, वे थे, "वहाँ जरूर ढूँढ़ना, वहाँ–" और फिर उन्होंने दम तोड़ दिया।

...नहीं, मैडम, मैं नहीं कह सकती कि मैंने उस पर ध्यान दिया। लेकिन जैसा कि आप जानती हैं, मालकिन के सिवा मेरा कोई और नहीं है। जब मैं चार साल की थी, माँ तपेदिक से मर गई, और मैं अपने नाना के साथ रहने लगी जिनकी हजामत की दुकान थी। मैं अपना सारा वक्त दुकान की एक मेज के नीचे अपनी गुड़िया के बालों को सजाने-सँवारने में बिताया करती। शायद मैं उनके सहायकों की नकल करती थी। वे हमेशा मुझपर मेहरबान रहा करते थे। वे मेरे लिए तमाम रंग के बिलकुल नए फैशन के नन्हे-नन्हे विग बनाते। मैं वहाँ चुपचाप सारा दिन बैठा करती, इतना चुपचाप कि ग्राहक को मेरी मौजूदगी का पता तक नहीं चलता। बस कभी-कभार मैं मेजपोश के नीचे से झाँक लिया करती।

...लेकिन एक दिन मुझे किसी तरह एक कैंची मिल गई और–आप यकीन

करेंगी, मैडम ? मैंने अपने सारे बाल काट डाले, टुकड़े-टुकड़े कर डाले। बिलकुल नन्ही बन्दरिया थी मैं। नाना बहुत नाराज हुए ! मैं वह दिन कभी भूल नहीं सकती, उन्होंने सँड़सी ली और मेरे हाथ पकड़ लिये और मेरी उँगलियों को सँड़सी में बन्द कर दिया। "इससे सबक मिलेगा !" उन्होंने कहा। बहुत तेज जलन हुई थी। आज के दिन भी उसका दाग है।

...जी हाँ, मैडम, आप समझ रही हैं न कि उन्हें मेरे बालों पर नाज़ था। वह ग्राहकों के आने से पहले मुझे काउण्टर पर बैठा लेते, और मेरे बाल तरह-तरह से सजाते। वह बड़े-बड़े और खूबसूरत घूँघर बनाते और उन्हें सारे सिर पर बिखेर देते। मुझे याद है कि उनके सहायक इर्द-गिर्द होते और मैं नाना की दी हुई चवन्नी हाथ में थामे उसी में खोई होती और नाना मेरे बालों को सजाते-सँवारते। लेकिन काम खत्म होने के बाद वह हमेशा अपनी चवन्नी वापस ले लेते। बेचारे नाना ! मैं उन्हें डरा दिया करती। लेकिन उस दिन उन्होंने मुझे डरा दिया। मैडम, क्या आपको मालूम है कि मैंने क्या किया ? मैं घर से भाग गई। जी हाँ, मैं भाग गई—यहाँ-वहाँ, इधर-उधर मैं भागती फिरी। ओह, फ्राक में हाथ घुसाए और बाल उलझे हुए—मैं बस अजूबा लगती हूँगी। लोग मुझे देखकर जरूर हँसते होंगे...

...नहीं, मैडम, नाना कभी यह बात नहीं भूल पाए। उन्होंने फिर मुझे देखना पसन्द नहीं किया। अगर मैं वहाँ होती तो वह खाना तक नहीं खा पाते। इसलिए मेरी फूफी मुझे अपने साथ ले गई। वह एक अपंग सोफासाज थी। बिलकुल छोटी-सी थी वह ! सोफा के पीछे का कवर काटने के लिए उन्हें सोफे पर खड़ा होना पड़ता था। और उनकी मदद करने के दौरान मालकिन से मेरी मुलाकात हुई।

...नहीं, ज्यादा नहीं मैडम ! मैं तेरह की थी, बस हुई ही थी। और मैंने कभी, आप कह सकती हैं, खुद को बच्ची नहीं समझा। आपने देखा वहाँ मेरी अलग वर्दी थी, और यह चीज और वह चीज। मालकिन ने पहले दिन से मुझे कलफदार कपड़े पहनाने शुरू कर दिये थे। ओह हाँ—एक बार मैंने किया था ! यह बहुत मजे-दार था ! दरअसल ऐसा हुआ। बेगम साहिबा के साथ ही उनकी दो छोटी-छोटी भतीजियाँ भी रहती थीं। तब हम शेलडन में थे। उस वक्त मेला लगा हुआ था।

"हाँ तो, एलेन," उन्होंने कहा, "मैं चाहती हूँ कि तुम दोनों लड़कियों को अपने साथ ले जाओ और उन्हें गधे पर सैर कराओ।" हम सभी साथ गए। दोनों को गधों पर चढ़ने का शौक था। लेकिन जब हम गधों के पास पहुँचे, दोनों शरमा गईं और गधों पर सवार होने से इनकार कर दिया। इसलिए हम खड़े रहे और उन्हें देखते रहे। बहुत सुन्दर गधे थे वे ! पहली बार हमने उन्हें गाड़ी से अलग देखा था। वे खूबसूरत थे। चाँदी-सा चमकता उनका धूसर रंग था। उस पर लाल रंग की छोटी-सी जीन और नीली लगाम डाली हुई थी। उसके कानों में छोटी-छोटी प्यारी घंटियाँ बँधी थीं। और

बड़ी-बड़ी लड़कियाँ–जी, मुझसे ज्यादा उम्र की लड़कियाँ भी–सवार होकर मस्ती कर रही थीं। यह एक आम बात नहीं थी, मेरे कहने का मतलब है, मैडम, हम बस लुत्फ उठा रहे थे। और मैं बता नहीं सकती कि मेरी क्या हालत थी, लेकिन वह अपने नन्हे पाँवों से जैसे चल रहा था, और उसकी आँखें–कितनी प्यारी थीं–और नरम-नरम कान–इन सबसे मुझे लगा कि मैं इस दुनिया में कुछ और नहीं बस गधे पर सवार होना चाहती हूँ।

...बेशक, मैं ऐसा नहीं कर सकी। मेरे साथ लड़कियाँ थीं। और मैं अपनी वर्दी में बैठी कैसी लगती ? लेकिन उसके बाद दिन-भर मेरे मन-मस्तिष्क पर बस गधा ही सवार रहा। मुझे लगा कि अगर मैं यह बात किसी से नहीं कहूँगी तो बस फट पड़ूँगी, लेकिन वहाँ कौन था जिसे मैं यह बात बताती ? लेकिन जब मैं सोने गई–मैं मिसेज जेम्स के बेडरूम में सोती थी, जो उस समय हमारी बावर्चिन थी–और जैसे ही बल्ब बुझाए गए, वहाँ घंटियाँ बजाते, अपने साफ-सुथरे पाँवों से उदास आँखोंवाले मेरे गधे मौजूद हो गए...हाँ, मैडम, क्या आप इस पर यकीन करेंगी, मैं लम्बे समय तक इन्तजार करती रही और सोने का बहाना करती रही, और फिर अचानक ही उठ बैठी और जितनी तेज आवाज में मुमकिन था, मैं चिल्ला पड़ी, "मैं गधे पर घूमना चाहती हूँ। मैं भी गधे की सवारी करना चाहती हूँ !" आपने देखा, मैंने अपनी बात कह डाली, और मैंने सोचा कि अगर उन्हें यह मालूम होगा कि मैं सिर्फ सपना देख रही थी तो वे मुझ पर नहीं हँसेंगी। बहुत सलीके का काम किया था–है ना ? बस कोई शैतान लड़की क्या सोचेगी...

...नहीं, मैडम, फिर कभी नहीं। बेशक, एक बार मेरे मन में ख्याल आया था। लेकिन मैंने उस पर अमल नहीं किया। सड़क के किनारे उसकी फूलों की दुकान थी। उसी सड़क के पार हम रहते थे। है ना दिलचस्प बात ? और फिर मैं फूलों की दीवानी। उस वक्त हमारे यहाँ आने-जानेवालों का ताँता लगा रहता था, और दुकान पर मेरा आना-जाना होता रहता था। हैरी और मैं (हाँ, उसका नाम हैरी था) इस पर झगड़ते रहते कि कैसे चीजों को रखा और सजाया जाए–और उसी से शुरुआत हुई। फूल ! आप यकीन नहीं करेंगी, मैडम, उसने मुझे अपनी तरफ खींचने के लिए फूलों का इस्तेमाल किया। वह कुछ भी करने को तैयार रहता। उसने कई बार मुझे घाटियों से आनेवाले लिली के फूल पेश किए, और मैं बढ़ा-चढ़ा कर बातें नहीं कर रही हूँ ! जी हाँ, बेशक हम शादी करनेवाले थे और दुकान में रहनेवाले थे, और चीजें बस इसी तरह चल रही थीं, और मुझे खिड़की सजानी थी...उफ, कैसे एक शनिवार को मैंने खिड़की सजाई थी ! नहीं सचमुच, बेशक, मैडम, आप कह सकती हैं, जैसे वह कोई सपना था। मैंने उसे क्रिसमस के लिए सजाया था। और ईस्टर के कुमुदिनी के फूलों में एक शानदार और बड़ा-सा तारा था जिसके बीच में डैफोडिल थे। मैंने उसे टाँग दिया–जी

हाँ, बस यह बहुत था। वह दिन भी आया जब वह फर्नीचर पसन्द करने के लिए मुझे बुलानेवाला था। क्या मैं उसे कभी भूल सकती हूँ ? वह मंगल का दिन था। उस दिन दोपहर को मालकिन अपने आपे में नहीं थीं। ऐसी बात नहीं कि उन्होंने कुछ कहा, बेशक वह कभी ऐसा नहीं करती हैं और कभी ऐसा नहीं करेंगी। लेकिन जिस तरह वह अपने ऊपर कपड़ों की परतें चढ़ा रही थीं और मुझसे पूछ रही थीं कि क्या ठंडक ज्यादा है—और उनकी नाक सुर्ख थी, उससे मैं सारी बात समझ रही थी। मैं उन्हें छोड़ना नहीं चाहती थी, मुझे मालूम था कि उनके बगैर मैं हमेशा परेशान रहूँगी। आखिरकार मैंने उनसे पूछ ही लिया कि क्या वह चाहती हैं कि मैं यह सब टाल दूँ। "ओह नहीं, एलेन," उन्होंने कहा, "तुम मेरी फिक्र मत करो। तुम्हें अपने नौजवान को मायूस नहीं करना चाहिए।" और, मैडम, आप जानती हैं, वह खुद से लापरवाह बहुत खुश दिखाई दे रही थीं। इससे मैं पहले से ज्यादा परेशान हो गई। मुझे हैरत होने लगी...और तब उन्होंने अपना रूमाल गिरा दिया और उसे उठाने के लिए खुद से झुकने लगीं। उन्होंने पहले कभी यह काम नहीं किया था। "आप यह क्या कर रही हैं !" मैं उनको रोकने के लिए दौड़ी और चिल्लाई। "हाँ," उन्होंने मुस्कराते हुए कहा,"मुझे अभ्यास शुरू कर देना होगा।" ओह, इस पर मैं रोने के सिवा कुछ और नहीं कर सकती थी। मैं बर्दाश्त नहीं कर सकी और सिंगार मेज तक गई और उनसे पूछा कि क्या वह चाहती हैं कि मैं...शादी नहीं करूँ। "नहीं, एलेन," उन्होंने कहा—यह उनकी आवाज थी, बिलकुल ऐसी जैसी मेरी—"नहीं, एलेन, बिलकुल नहीं !" लेकिन जब वह यह बात कह रही थी, मैडम—मैं उन्हें आईने में देख रही थी; बेशक उन्हें यह पता नहीं था कि मैं उन्हें देख सकती हूँ—उन्होंने उसी तरह अपना नन्हा हाथ अपने दिल पर रखा जिस तरह उनकी प्यारी माँ रखा करती थीं, और निगाहें ऊपर कीं...ओह, मैडम !

जब हैरी आया तो मैंने उसके खत, और अँगूठी और एक ब्रूच तैयार रखे थे। उसने वह नन्हा ब्रूच मुझे दिया था जिसमें एक परिन्दा बना था जिसकी चोंच में एक चेन था और चेन के आखिर में खंजर के साथ एक दिल था। बस यही चीजें थीं। मैंने उसके लिए दरवाजा खोला। मैंने उसे एक लफ्ज तक कहने का मौका नहीं दिया। "ये रही तुम्हारी चीजें," मैंने कहा। "तुम इन्हें वापस ले जाओ," मैंने कहा। "मामला खत्म हो गया है। मैं तुमसे शादी नहीं करने जा रही हूँ," मैंने कहा, "मैं मालकिन को तन्हा नहीं छोड़ सकती हूँ।" सफेद ! वह किसी औरत की तरह सफेद हो गया। मुझे झटके से दरवाजा बन्द करना पड़ा, और मैं वहाँ उस वक्त तक हाँफती-काँपती खड़ी रही जब तक मुझे यह लग नहीं गया कि वह चला गया है। जब मैंने दरवाजा खोला—आप मुझ पर यकीन करें या न करें, मैडम—वह शख्स जा चुका था ! मैं जिस हालत में थी, उसी हालत में एप्रन और घर की जूती पहने बाहर सड़क पर दौड़ पड़ी,

और मैं बीच सड़क पर खड़ी रही...ताकते हुए। अगर लोगों ने मुझे देखा होगा तो वे जरूर हँस रहे होंगे...

...हाय ! यह क्या हुआ ? रात के बारह बजने वाले हैं ! और मैं आपको जगाये रख रही हूँ। ओह, मैडम, आपको मुझे रोक देना चाहिए था...क्या मैं आपके पाँव समेट दूँ ? मैं हमेशा अपनी मालकिन के पैर समेटा करती थी, हर रात, इसी तरह। और वह कहतीं, "शुभ रात्रि, एलेन। जाओ गहरी नींद सोओ और सुबह जल्दी उठो !" मैं नहीं जानती हूँ कि अब वह यह बात नहीं कहेंगी तो मैं क्या करूँगी।

...ओह, मैं कभी-कभी सोचती हूँ...जो कुछ भी करने का हो, मुझे करना चाहिए...लेकिन, सोचने से ही कुछ भला नहीं होनेवाला है–है क्या, मैडम ? सोचने से कोई मदद नहीं मिलती। ऐसी बात नहीं कि मैं हमेशा ऐसा करती हूँ। और अगर कभी ऐसा होता है तो मैं अपनी जोरदार खिंचाई कर डालती हूँ, "अब फिर, एलेन। फिर शुरू हो गई–बेवकूफ लड़की ! क्या तुम्हें सोचने के अलावा और कोई ढंग का काम नहीं मिलता !...

●●●